Sabath · Meyer

Auffrischungsschulung für Gefahrgutfahrer

1. Auflage 2022

ecomed
SICHERHEIT

Bibliografische Information der Deutschen Nationalbibliothek

Die Deutsche Nationalbibliothek verzeichnet diese Publikation in der Deutschen Nationalbibliografie; detaillierte bibliografische Daten sind im Internet über http://dnb.dnb.de abrufbar.

Bei der Herstellung des Werkes haben wir uns zukunftsbewusst für umweltverträgliche und wiederverwertbare Materialien entschieden.

Auffrischungsschulung für Gefahrgutfahrer
1. Auflage 2022

Justus-von-Liebig-Str. 1, 86899 Landsberg/Lech
E-Mail: kundenservice@ecomed-storck.de
Telefon: 089/2183-7922, Telefax: 089/2183-7620
Internet: www.ecomed-storck.de
Verfasser: U. Sabath, T. Meyer, begründet von K. Ridder

Satz: Fotosatz Pfeifer, 82152 Krailling
Druck: Westermann Druck, Zwickau

ISBN 978-3-609-69538-9
11/2022

Vorwort

Entsprechend dem verbindlichen Kursplan des Deutschen Industrie- und Handelskammertages (DIHK) dient die Auffrischungsschulung der Vermittlung der seit dem letzten Schulungsbesuch eingetretenen technischen, rechtlichen und stoffbezogenen Neuerungen sowie der Auffrischung des Wissens. Insbesondere bei der Erarbeitung der in den einzelnen Kapiteln enthaltenen Kontrollfragen sollten auch die Erfahrungen der Teilnehmer einbezogen werden.

Die Schulung ist inhaltlich auf den verbindlichen Kursplan des DIHK abgestimmt und enthält die Neuerungen des ADR 2023. Die Reihenfolge der einzelnen Kapitel dieses Schulungshefts entspricht derjenigen des Kursplans des DIHK.

Auch mit dieser Auflage wurden am Ende einzelner Kapitel weitere Kontrollfragen aufgenommen. Dabei sind auch Sachverhalte behandelt, die zwar zu dem Komplex des jeweiligen Kapitels gehören, auf die aber im Lehrstoff nicht näher eingegangen wird. Es handelt sich dabei aber ausschließlich um Themen, die dem Schulungsteilnehmer aufgrund seiner täglichen Praxis bekannt sein sollten.

Zur Selbstkontrolle sind am Ende des Buches die Lösungen der Fragen enthalten. Das Stichwortverzeichnis am Ende des Hefts hat sich in der Praxis bewährt.

Bei Abbildungen, die lediglich unterschiedliche Fahrzeugarten darstellen, wurde grundsätzlich und bewusst auf die Fahrzeugkennzeichnung nach ADR verzichtet. Diese wird in Kapitel 5 erläutert.

Für die Unterrichtsgestaltung ist zu den Teilnehmerheften für Gefahrgutfahrer auch ein Download mit Präsentationsprogramm bei ecomed erhältlich.

In diesem Teilnehmerheft werden alle Geschlechter gleichermaßen angesprochen, auf Grund der besseren Lesbarkeit wird jedoch nur die männliche Form verwendet.

Uta Sabath
Tom Meyer

Bielefeld/Osnabrück, im November 2022

Inhalt

Vorwort 3

1 Allgemeine Vorschriften 6
1.1 Umfang und Bedeutsamkeit der Gefahrgutbeförderung 6
1.2 Wichtigste Regelwerke zum Gefahrgutrecht 7
1.3 Gefahrgutvorschriften für den Straßentransport 8
1.4 Ausnahmen von GGVSEB und ADR 11
1.5 Andere Regelwerke 12
1.6 Sicherung gegen Terror 14
1.7 Fürs Gedächtnis 15
1.8 Kontrollfragen 16

2 Allgemeine Gefahreneigenschaften 20
2.1 Gefahreneigenschaften gefährlicher Güter 20
2.2 Stoffbenennung 20
2.3 Tunnelbeschränkungscode 22
2.4 Erscheinungsformen gefährlicher Güter 22
2.5 Gefahrklassen 23
2.6 Einwirkung auf Umwelt und Mensch 42
2.7 Fürs Gedächtnis 46
2.8 Kontrollfragen 47

3 Dokumentation 52
3.1 Begleitpapiere (8.1.2 ADR) 52
3.2 Beförderungspapier (5.4.1 ADR) 54
3.3 Schriftliche Weisungen (5.4.3 ADR) 66
3.4 Lichtbildausweis (1.10.1.4 ADR) 72
3.5 ADR-Zulassungsbescheinigung (9.1.3.1 ADR) 72
3.6 Bescheinigung über die Prüfung des Aufsetztanks (6.8.2.4.5 ADR, § 19 (2) GGVSEB) 74
3.7 Besonders gefährliche Güter (§§ 35 bis 35c GGVSEB) 76
3.8 Ausnahmen 77
3.9 ADR-Schulungsbescheinigung (8.2.2.8 ADR) 78
3.10 Zusätzliche Papiere für Klasse 1 81
3.11 Zusätzliche Papiere für Klasse 7 81
3.12 Fürs Gedächtnis 82
3.13 Kontrollfragen 83

4 Fahrzeug- und Beförderungsarten, Umschließungen, Ausrüstung 87
4.1 Beförderungsarten/Fahrzeugarten 87

4.2 Fahrzeuge ... 95
4.3 Gefahrgutumschließungen ... 99
4.4 Besondere elektrische Anlage ... 107
4.5 Nichtelektrische Ausrüstung der Tankfahrzeuge und Explosivstoff-Fahrzeuge zur Verhütung von Explosions- und Feuergefahren .. 108
4.6 Ausrüstung der Fahrzeuge ... 109
4.7 Fürs Gedächtnis ... 115
4.8 Kontrollfragen ... 116

5 Kennzeichnung, Bezettelung und orangefarbene Tafeln ... 125
5.1 Kennzeichnung und Bezettelung der Versandstücke ... 125
5.2 Kennzeichnung und Bezettelung der Fahrzeuge ... 130
5.3 Fürs Gedächtnis ... 152
5.4 Kontrollfragen ... 153

6 Durchführung der Beförderung ... 158
6.1 Abfahrtskontrolle ... 158
6.2 Be- und Entladen ... 161
6.3 Durchführung der Beförderung ... 176
6.4 Fahrverhalten von Fahrzeugen ... 185
6.5 Fürs Gedächtnis ... 189
6.6 Kontrollfragen ... 190

7 Pflichten und Verantwortlichkeiten, Sanktionen ... 195
7.1 Allgemeine Sicherheitspflichten ... 195
7.2 Am Gefahrguttransport beteiligte Personen ... 197
7.3 Fürs Gedächtnis ... 201
7.4 Kontrollfragen ... 202

8 Maßnahmen nach Unfällen und Zwischenfällen ... 206
8.1 Erstmaßnahmen bei Unfällen ... 206
8.2 Hinweise aus Schriftlichen Weisungen ... 208
8.3 Verhalten in Tunnelanlagen ... 208
8.4 Fürs Gedächtnis ... 211
8.5 Kontrollfragen ... 212

9 Lösungen der Kontrollfragen ... 217

10 Abkürzungs- und Begriffsverzeichnis ... 219

11 Stichwortverzeichnis ... 221

Hinweis: Die mit dem Zeichen gekennzeichneten Seiten dieses Hefts sind auf der entsprechenden Referenten-CD-ROM mit den **Lösungen** zu finden.

1 Allgemeine Vorschriften

1.1 Umfang und Bedeutsamkeit der Gefahrgutbeförderung

Es werden jährlich ca. 312 Millionen Tonnen Gefahrgüter in der Bundesrepublik Deutschland befördert, der prozentual größte Teil davon auf der Straße (Quelle: Destatis, Zahlen von 2018).

Um den Gefahren vorzubeugen, die mit der Beförderung dieser Güter auf öffentlichen Straßen und Wegen verbunden sind, und auch auf Grund steter Neuerungen bei der Entwicklung von Stoffen, Gemischen und gleichsam in der Transport- und Schutztechnik, hat der Gesetzgeber umfangreiche Vorschriften und technische Regelwerke erlassen. Im Lauf der Zeit entstand so eine umfangreiche Ansammlung von Rechtsnormen, welche unter anderem auch übergreifend agiert. Es sei daher angemerkt, dass generell nicht eine Rechtsvorschrift alleine für einen Rechtsbereich, hier: das Gefahrgutrecht, zuständig ist. Sollte es zu einem schwerwiegenden Verstoß kommen, dann muss mit einem umfangreichen Ermittlungsverfahren gerechnet werden, in welchem zur Gesamtbeurteilung des Sachverhaltes unter anderem das Haupt- und Nebenstrafrecht, das Verkehrsrecht und das Arbeitsrecht zusätzlich zum Gefahrgutrecht zur Anwendung kommen. Im Kapitel 1.3 ist diesbezüglich ein Auszug der betreffenden Rechtsnormen aufgelistet.

Um den Gefahren vorzubeugen, die mit der Beförderung dieser Güter auf öffentlichen Straßen und Wegen verbunden sind, hat der Gesetzgeber umfangreiche Vorschriften erlassen.

Diese Vorschriften sollen

- die am Transport unmittelbar **beteiligten Personen**
- die **Öffentlichkeit**

und

- die **Umwelt** (Tiere, Pflanzen, Sachen, Gewässer, Erdreich)

vor Schäden schützen. Trotzdem muss eine wirtschaftliche Gefahrgutbeförderung möglich sein.

Im Jahr 2020 bei Straßenkontrollen im Gefahrgutrecht festgestellte Beanstandungen bei 11 371 kontrollierten Fahrzeugen:

„Hitliste“ der Verstöße:

1. Kennzeichnung/Bezettelung	471 Beanstandungen (25,4 %)
2. Ausrüstung	378 Beanstandungen (20,4 %)
3. Beförderungspapier/Schriftliche Weisungen	342 Beanstandungen (18,5 %)
4. Ladungssicherung	134 Beanstandungen (7,2 %)

Quelle: BAG

1.2 Wichtigste Regelwerke zum Gefahrgutrecht

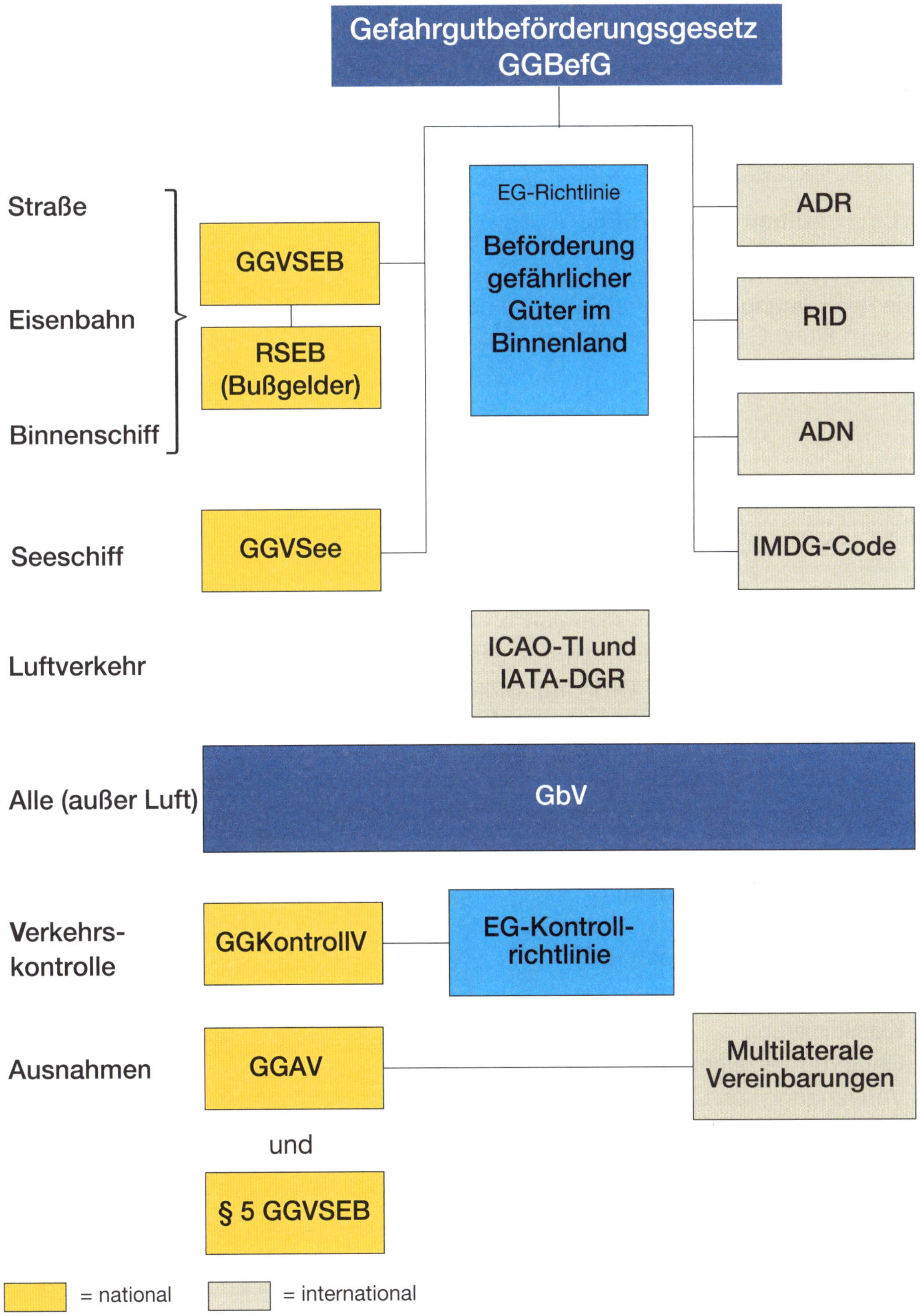

1.3 Gefahrgutvorschriften für den Straßentransport

Der Gesetzgeber versucht, die Gefahrgutbeförderung im europäischen Landverkehr für die Verkehrsträger möglichst einheitlich zu regeln. Darum wurden die Vorschriften für Straßen-, Schienen- und Binnenschiffstransporte und für nationale und internationale Beförderungen weitgehend angeglichen. Nachfolgend wird in diesem Buch daher besonders auf das ADR als internationale Rechtsvorschrift und die GGVSEB als nationale Rechtsvorschrift eingegangen, um genau dieses Ansinnen des Gesetzgebers zu verdeutlichen.

1.3.1 Aufbau der GGVSEB

GGVSEB ist die Abkürzung für „Verordnung über die innerstaatliche und grenzüberschreitende Beförderung gefährlicher Güter auf der Straße, mit Eisenbahnen und auf Binnengewässern" (kurz: Gefahrgutverordnung Straße, Eisenbahn und Binnenschifffahrt, nachfolgend GGVSEB genannt).

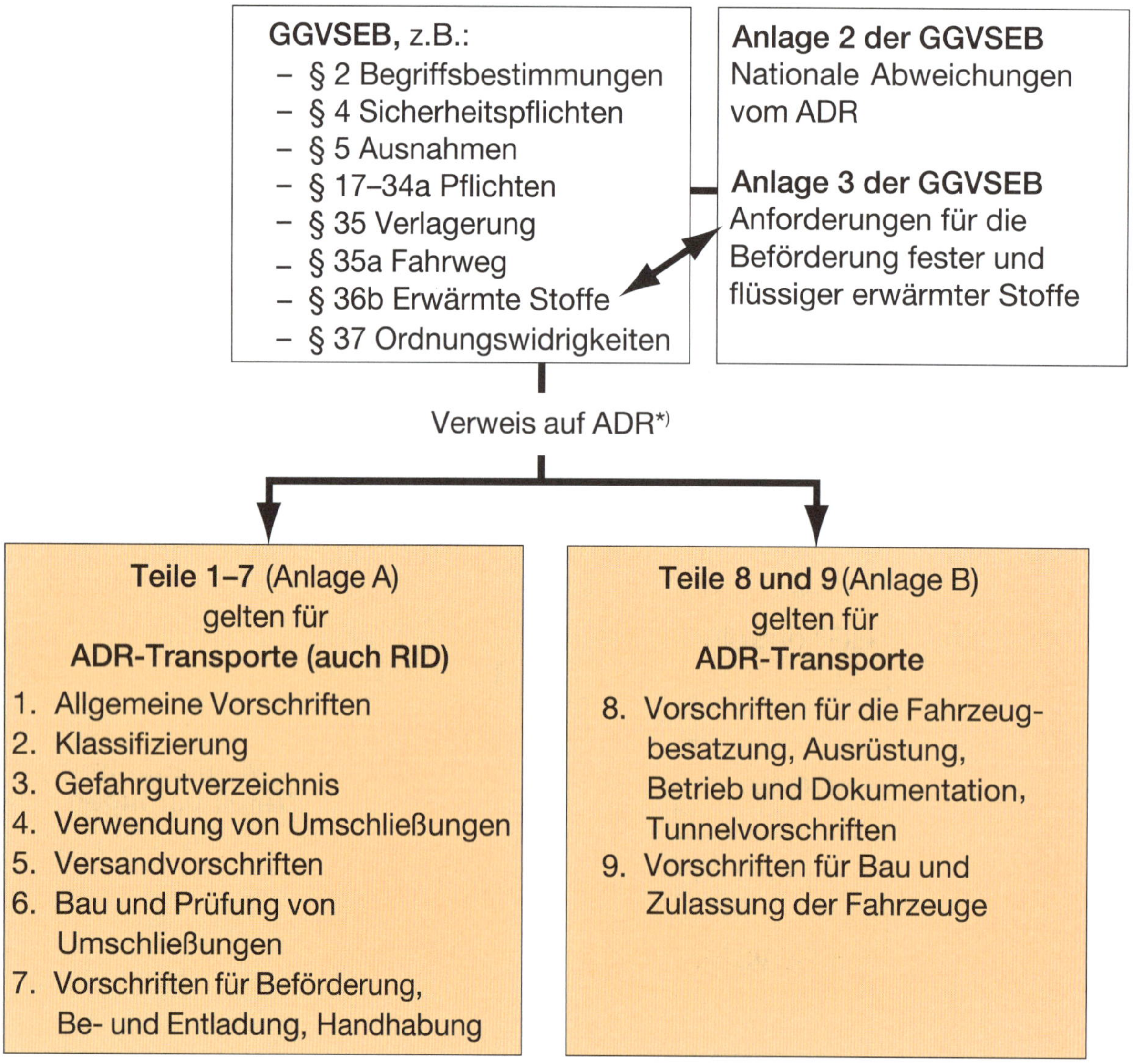

*) ADR steht für „Übereinkommen über die internationale Beförderung gefährlicher Güter auf der Straße" und gilt derzeit in 54 Vertragsstaaten

1.3.2 Das Verzeichnis der gefährlichen Güter „Tabelle A“

Alle für die Beförderung wesentlichen Stoffangaben sind im ADR in der umfangreichen **Tabelle A** Kapitel 3.2 nach **UN-Nummern** aufsteigend zusammengefasst. Zur Vereinfachung des Sprachgebrauchs wird die „Tabelle A Verzeichnis der gefährlichen Güter“ in diesem Heft als „Gefahrgut-Verzeichnis“ bezeichnet. Ein Auszug aus der Tabelle befindet sich auf der Seite 10.

Wichtig sind insbesondere die Spalten

- 1 UN-Nummer
- 2 Benennung und Beschreibung
- 3a Klasse
- 4 Verpackungsgruppe
- 5 Gefahrzettel
- 10 Anweisungen ortsbewegliche Tanks/Schüttgutcontainer
- 15 Beförderungskategorie/Tunnelbeschränkungscode
- 16 Sondervorschriften für Beförderung in Versandstücken
- 17 Sondervorschriften für Beförderung in loser Schüttung
- 18 Sondervorschriften für Be- und Entladung, Handhabung
- 19 Sondervorschriften für Betrieb
- 20 Nummer zur Kennzeichnung der Gefahr

Das Verzeichnis der gefährlichen Güter „Tabelle A“ (Auszug)

UN-Nummer	Benennung und Beschreibung	Klasse	Klassifizierungscode	Verpackungsgruppe	Gefahrzettel	Sondervorschriften	Begrenzte und freigestellte Mengen		Verpackung		
									Anweisungen	Sondervorschriften	Zusammenpackung
	3.1.2	2.2	2.2	2.1.1.3	5.2.2	3.3	3.4.6/3.5.1.2		4.1.4	4.1.4	4.1.10
(1)	(2)	(3a)	(3b)	(4)	(5)	(6)	(7a)	(7b)	(8)	(9a)	(9b)
1017	CHLOR	2	2TOC		2.3 + 5.1 + 8		0	E0	P200		MP9
1263	FARBE oder FARBZUBEHÖRSTOFFE ...	3	F1	II	3	163 367 640C 650	5L	E2	P001	PP1	MP19
1361	KOHLE oder RUSS, tierischen oder pflanzlichen Ursprungs	4.2	S2	III	4.2	665	0	E0	P002 IBC08 LP02 R001	PP12 B3	MP14
1965	KOHLENWASSERSTOFFGAS, GEMISCH, VERFLÜSSIGT, N.A.G. (Gemisch A, A01, A02, A0, A1, B1, B2, B oder C)	2	2f		2.1	274 392 583 652 662 674	0	E0	P200		MP9
2794	BATTERIEN (AKKUMULATOREN), NASS, GEFÜLLT MIT SÄURE, elektrische Sammler	8	C11		8	295 598	1L	E0	P801		
2814	ANSTECKUNGSGEFÄHRLICHER STOFF, GEFÄHRLICH FÜR MENSCHEN	6.2	I1		6.2	318	0	E0	P620		MP5
3102	ORGANISCHES PEROXID TYP B, FEST	5.2	P1		5.2+1	122 181 274	100 g	E0	P520		MP4
3480	LITHIUM-IONEN-BATTERIEN (einschließlich Lithium-Ionen-Polymer-Batterien)	9	M4		9A	188 230 310 348 376 377 387 636	0	E0	P903 P908 P909 P910 P911 LP903 LP904 LP905 LP906		

ortsbewegliche Tanks und Schüttgut-Container		ADR-Tanks		Fahrzeug für die Beförderung in Tanks	Beförderungskategorie (Tunnelbeschränkungscode)	Sondervorschriften für die Beförderung				Nummer zur Kennzeichnung der Gefahr	UN-Nummer
Anweisungen	Sondervorschriften	Tankcodierung	Sondervorschriften			Versandstücke	lose Schüttung	Be- und Entladung, Handhabung	Betrieb		
4.2.5.2, 7.3.2	4.2.5.3	4.3	4.3.5, 6.8.4	9.1.1.2	1.1.3.6 (8.6)	7.2.4	7.3.3	7.5.11	8.5	5.3.2.3	
(10)	(11)	(12)	(13)	(14)	(15)	(16)	(17)	(18)	(19)	(20)	(1)
T50 (M)	TP19	P22DH (M)	TA4 TT9 TT10	AT	1 (C/D)			CV9 CV10 CV36	S14	265	1017
T4	T1 TP8 TP28	L1,5BN		FL	2 (D/E)				S2 S20	33	1263
T1	TP33	SGAV		AT	4 (E)	V1 V13	VC1 VC2 AP1			40	1361
T50 (M)		PxBN (M)	TA4 TT9 TT11	FL	2 (B/D)			CV9 CV10 CV36	S2 S20	23	1965
					3 (E)		VC1 VC2 AP8			80	2794
					0 (-)			CV13 CV25 CV26 CV28	S3 S9 S15		2814
					1 (B)	V1 V5		CV15 CV20 CV22 CV24	S9 S17		3102
					2 (E)						3480

1.4 Ausnahmen von GGVSEB und ADR

In besonderen Fällen ist die Einhaltung von GGVSEB/ADR nicht oder nur mit unverhältnismäßig hohem Aufwand möglich. Es gibt deshalb verschiedene Möglichkeiten, in Ausnahmefällen legal von den Regelvorschriften abzuweichen.

Ausnahmen

Einzelausnahme gemäß § 5 GGVSEB nur auf Antrag	**Allgemeine Ausnahme** GGAV	**Multilaterale Vereinbarung** (ADR-Vereinbarungen)
national	national	international
Beispiel: Ein Fahrer kann auf Grund langer Krankheit seine ADR-Schulungsbescheinigung nicht fristgerecht verlängern. Mit entsprechendem Attest besteht bei der zuständigen Landesbehörde die Möglichkeit, eine Ausnahme gemäß § 5 GGVSEB zu beantragen. Mit der entsprechenden Ausnahme darf der Fahrer die Auffrischungsschulung zu einem späteren Zeitpunkt besuchen und seine ADR-Schulungsbescheinigung damit verlängern, obwohl sie abgelaufen ist. (**Hinweis**: Andere Einzelausnahmen müssen ggf. mitgeführt und Auflagen daraus eingehalten werden.)	Diese Ausnahmen können in Deutschland bzw. auf der deutschen Teilstrecke von der Allgemeinheit angewendet werden. Sie werden in der **Gefahrgut-Ausnahmeverordnung (GGAV)** bekanntgegeben und ermöglichen Abweichungen von einzelnen Bestimmungen des ADR. **Beispiel:** **Ausnahme 18 (S): Beförderungspapier** Beförderung von Gefahrgütern ohne Beförderungspapier unter Einhaltung der Mengengrenzen des Unterabschnitts 1.1.3.6 bzw. Beförderung von leeren ungereinigten Tankfahrzeugen, MEGC, Batteriefahrzeugen usw. oder Verzicht auf Angaben im Beförderungspapier bei örtlich begrenzten Verkehren (Verteilerverkehr) Die Ausnahme ist befristet bis zum 30.06.2027.	Dies sind Abweichungen (Erleichterungen) vom ADR, die zwischen ADR-Staaten vereinbart wurden. Sie gelten nur auf dem Gebiet dieser Staaten. Im Beförderungspapier wird diese Abweichung eingetragen, wenn das der Text der Multilateralen Vereinbarung vorschreibt. **Beispiel:** Ansteckungsgefährliche Stoffe, die den Affenpockenvirus enthalten, dürfen unter der UN-Nummer 3373 bzw. UN 3291 befördert werden (mit Ausnahme von Kulturen). Im Beförderungspapier muss folgender Vermerk eingetragen sein: **„Beförderung gemäß der Multilateralen Vereinbarung M347"**. Diese Vereinbarung gilt derzeit in Deutschland, Großbritannien und Norwegen und ist bis zum 31. Dezember 2025 befristet.

**) Stand September 2022*

1.5 Andere Regelwerke

Welche Bestimmungen aus anderen Regelwerken sind bei der Gefahrgutbeförderung zu beachten?

Regelwerk	Einzelne Bestimmungen
Straßenverkehrs-Ordnung (StVO)	– Verkehrszeichen speziell für Gefahrguttransporte/ Tunnel – Schlechtwetterregel (angepasste Fahrweise bzw. Fahrverbot)
Wasserhaushaltsgesetz (WHG)	– Sicherheitseinrichtungen gegen Überfüllen, Überwachen des Umfüllvorgangs (§ 23 AwSV)
Gefahrstoffverordnung (GefStoffV), CLP, GHS, REACH	– Gefahrenpiktogramme, Gefahr- und Sicherheitshinweise für den Umgang mit gefährlichen Stoffen – Einstufung und Kennzeichnung von Chemikalien
Kreislaufwirtschaftsgesetz (KrWG)	– Begleitscheine zur Kontrolle der ordnungsgemäßen Beseitigung – Kennzeichnung mit „A“ auf weißer Tafel – Beförderungserlaubnis
Produktsicherheitsgesetz, BetrSichV – TRBS – TRGS **ODV**	– Technische Anforderungen an Tanks – Prüfvorschriften (sind bei Beachtung der GGVSEB erfüllt) – Verfahrensregeln
GGKontrollV	– Prüfliste für Kontrollorgane
Sprengstoffgesetz (SprengG)	– Befähigungsschein
Strahlenschutzgesetz (StrlSchG) **Strahlenschutzverordnung** (StrlSchV)	– Beförderungsgenehmigung

1.5.1 Straßenverkehrs-Ordnung (StVO)

Zeichen 327 „Tunnel“

Das Zeichen steht an jeder Tunneleinfahrt. Beim Durchfahren des Tunnels ist Abblendlicht zu benutzen. Das Wenden im Tunnel ist verboten. Im Falle eines Notfalls oder einer Panne sollen nur vorhandene Nothalte- und Pannenbuchten genutzt werden.

Vor Tunneln ist mit Zeichen nach folgendem Muster zu rechnen.

Zeichen 261 mit Zusatzschild

Bedeutung: Tunnelkategorie „B“ mit Durchfahrverbot für Tunnelbeschränkungscode **(B)** sowie für **(B1000C)** (bei Nettoexplosivstoffmasse > 1000 kg), **(B/D)** und **(B/E)** (in Tanks).

Sind Versandstücke oder Fahrzeuge mit dem Kennzeichen für umweltgefährdende Stoffe versehen, so muss das Verkehrszeichen 269 „Verbot für Fahrzeuge mit einer Ladung wassergefährdender Stoffe“ beachtet werden! Das Zeichen 269 gilt ab einer Ladungsmenge von **20 l je Beförderungseinheit**. Der Verstoß gegen das Verkehrszeichen sieht ein Bußgeld gegen den Fahrzeugführer von 100,00 € und 1 Punkt im Fahreignungsregister vor.

1.6 Sicherung gegen Terror

Die Sicherungsvorschriften des ADR sollen helfen, durch besondere Maßnahmen oder Vorkehrungen dafür zu sorgen, dass ein Diebstahl oder Missbrauch gefährlicher Güter verhindert oder minimiert werden kann. Diebstahl oder Missbrauch gefährlicher Güter können Personen, Güter oder die Umwelt gefährden. Der 11. September 2001 hat das Thema Sicherheit in Bezug auf gefährliche Güter in die Vorschriften des ADR hineingebracht.

Das ADR schreibt daher vor, dass die an der Beförderung **gefährlicher Güter mit hohem Gefahrenpotenzial** (Tabellen 1.10.3.1.2 und 1.10.3.1.3 ADR) Beteiligten (Beförderer, Absender und andere) Sicherungspläne erstellen müssen. Grundsätzlich ist das beteiligte Personal durch Unterweisungen auf Gefahren durch Terrorismus hinzuweisen.

Auch der Fahrzeugführer muss darauf achten, dass mit den ihm anvertrauten Gefahrgütern keine terroristischen Anschläge verübt werden können. Hinweise auf eventuelle Bedrohungen und auf fehlende Ladung bzw. Fahrzeuge sind sofort der Polizei zu melden!

Wichtig ist es auch, dass die Fahrzeugbesatzung sich durch **Lichtbildausweise** (also Pass, Personalausweis, Führerschein, digitale Fahrerkarte oder ADR-Schulungsbescheinigung) gegenüber Absendern, Verladern, Befüllern und Empfängern jederzeit ausweisen kann.

Gefährliche Güter dürfen nur Beförderern zur Beförderung übergeben werden, deren Identität in geeigneter Weise festgestellt wurde.

Auf Fahrzeugen, die gefährliche Güter mit hohem Gefahrenpotenzial (siehe Tabellen 1.10.3.1.2 und 1.10.3.1.3 ADR) befördern, müssen vorhandene Vorrichtungen, Ausrüstungen oder Systeme zum Schutz gegen Diebstahl des Fahrzeugs oder dessen Ladung verwendet werden; es sind Maßnahmen zu treffen, um sicherzustellen, dass diese jederzeit eingeschaltet sind und funktionieren.

Es sollen Telemetriesysteme (GPS) oder andere Methoden oder Vorrichtungen, die eine Transportverfolgung von gefährlichen Gütern mit hohem Gefahrenpotenzial ermöglichen, eingesetzt werden, soweit sie vorhanden sind.

Güter mit hohem Gefahrenpotenzial sind zum Beispiel bestimmte entzündbare Gase, giftige Gase, entzündbare Flüssigkeiten (Benzin) sowie bestimmte giftige Stoffe, insbesondere bei der Beförderung in Tanks.

1.7 Fürs Gedächtnis

! Die **GGVSEB** regelt den innerstaatlichen, grenzüberschreitenden und innergemeinschaftlichen Gefahrguttransport auf Straßen, Eisenbahnen und auf Binnengewässern. Sie verweist auf die Anlagen A und B (Teile 1–9) des **ADR**.

! Bei innerstaatlichen Transporten gelten neben dem ADR noch **nationale Besonderheiten**. Zu beachten sind u.a.:

- Anlagen 2 und 3 der GGVSEB
- Wasserhaushaltsgesetz (WHG) und Verordnung über Anlagen zum Umgang mit wassergefährdenden Stoffen (AwSV)
- Kreislaufwirtschaftsgesetz (KrWG)
- Gefahrstoffverordnung (GefStoffV), CLP und GHS
- Produktsicherheitsgesetz (ProdSG)
- Betriebssicherheitsverordnung/(BetrSichV) i. Verbindung mit TRBS, TRGS
- Ortsbewegliche-Druckgeräte-Verordnung (ODV)
- Gefahrgutkontrollverordnung (GGKontrollV), Gefahrgutausnahmeverordnung (GGAV), Gefahrgutbeauftragtenverordnung (GbV)

! Das ADR gilt in derzeit 54 europäischen und außereuropäischen Staaten.

! Wesentliche Vorschriften der GGVSEB/des ADR beziehen sich auf

- Verantwortlichkeiten und Zuständigkeiten der am Transport beteiligten Personen,
- Fahrzeuge und ihre Ausrüstung,
- Klassifizierung der Gefahrgüter,
- Vorschriften für Gefahrgutumschließungen (Verpackungen, Tanks, Schüttgut-Container).

! Es gelten besondere **Verkehrszeichen** für Gefahrguttransporte:

- Wasserschutzgebiet (vorsichtig fahren)
- Verbotszeichen für kennzeichnungspflichtige Gefahrgutfahrzeuge
- Verbotszeichen für Fahrzeuge mit wassergefährdender Ladung
- Zusatzzeichen für Tunnelkategorien

und die **Schlechtwetterregel**.

! Gefahrguttransporte, soweit möglich, vor terroristischen Anschlägen **schützen**.

! Hinweise auf **Bedrohungen** der Polizei melden.

! **Durchfahrverbote für Tunnel** entsprechend Tunnelkategorie und Tunnelbeschränkungscode der Ladung beachten.

! Achtung: **Winterreifen-Pflicht** und **Fahrverbot** bei entsprechenden Wetterverhältnissen.

1.8 Kontrollfragen

1. Wie heißt das internationale Regelwerk, das grundsätzlich bei grenzüberschreitenden Gefahrguttransporten auf der Straße zu beachten ist?

❑ A GGVSEB

❑ B GGAV

❑ C ADN

❑ D ADR (1.2)

2. Bei welchen Gefahrgutbeförderungen ist dieses Verkehrszeichen zu beachten?

❑ A Bei allen Beförderungen

❑ B Nur bei Stückguttransporten

❑ C Nur bei der Beförderung von Containern

❑ D Bei allen kennzeichnungspflichtigen Beförderungen (Basiskurs)

3. Wie müssen Sie sich als Fahrzeugführer einer kennzeichnungspflichtigen Gefahrgutbeförderungseinheit bei einer Sichtweite von weniger als 50 m bei starkem Schneefall verhalten?

❑ A Auf dem nächsten Parkplatz sofort Winterreifen oder Schneeketten montieren.

❑ B Sie müssen sich so verhalten, dass jede Gefährdung anderer Verkehrsteilnehmer ausgeschlossen ist.

❑ C Sofort auf dem Standstreifen anhalten.

❑ D Sie dürfen höchstens mit einer Geschwindigkeit von 40 km/h bis zur nächsten Abladestelle fahren. (Basiskurs)

4. **Welches Verkehrszeichen gilt als Vorwegweiser bei Umleitungsstrecken für kennzeichnungspflichtige Gefahrgut-Fahrzeuge?**

❑ A 

❑ B 

❑ C 

❑ D 

(Basiskurs)

5. **Wie muss sich ein Fahrzeugführer bei diesem Verkehrszeichen verhalten?**

❑ A Ein Beifahrer ist vorgeschrieben.

❑ B Das Wasserschutzgebiet muss umfahren werden.

❑ C Er darf nicht halten.

❑ D Wenn das Fahrzeug wassergefährdende Stoffe geladen hat, muss der Fahrzeugführer sich besonders vorsichtig verhalten.

(Basiskurs)

6. **Welche Maßnahme soll der missbräuchlichen Verwendung von Gefahrgütern (z.B. zu terroristischen Zwecken) entgegenwirken?**

❑ A Reisepass bzw. Personalausweis mitführen

❑ B Nur tagsüber mit Gefahrgut fahren

❑ C Zuständige Behörde bei Ausfahrt vom Firmengelände informieren

❑ D Keine besonderen Maßnahmen erforderlich (1.5)

7. **Welches Ziel soll mit den Vorschriften des ADR erreicht werden?**

❑ A Ausschließlich die Sicherheit des Fahrzeugführers ist das Ziel.

❑ B Es soll besondere Sicherheit für Gefahrguttransporte auf der Straße, mit der Eisenbahn und im Luftverkehr erreicht werden.

❑ C Sie sollen den Gefahrguttransport auf Straßen möglichst sicher machen.

❑ D Die Gefahrgutvorschriften dienen nur dem Umweltschutz. (1.1)

8. **Welche gefahrgutrechtliche Vorschrift neben dem ADR kennen Sie noch?**

❑ A Arbeitsstättenverordnung

❑ B Straßenverkehrszulassungsordnung

❑ C §§ 35 bis 35c GGVSEB

❑ D Mutterschutzgesetz (1.3.1)

9. **Für welche Beförderungen gilt die GGVSEB?**

❑ A Für Gefahrgutbeförderungen auf der Straße, mit Eisenbahnen und mit Binnenschiffen

❑ B Für Gefahrgutbeförderungen auf Seeschiffen und Binnenschiffen

❑ C Für Gefahrgutbeförderungen auf Binnenschiffen und Straßen

❑ D Nur für Gefahrgutbeförderungen mit der Eisenbahn (1.3.1)

10. **Welche Vorschriften sind zu beachten, wenn gebrauchte Kraftstofffilter befördert werden sollen?**

❑ A Kein Gefahrgut, kein Abfall; deshalb nur StVO beachten

❑ B Kein Gefahrgut, aber Abfall; deshalb das Abfallgesetz beachten

❑ C Gefahrgut- und abfallrechtliche Vorschriften sind zu beachten

❑ D Nur Gefahrgut; deshalb gefahrgutrechtliche Vorschriften beachten (Basiskurs)

11. **Darf eine mit Versandstücken beladene und kennzeichnungspflichtige Beförderungseinheit mit Gefahrgütern des Tunnelbeschränkungscodes (C/E) diesen Tunnel durchfahren?**

- ❑ A Die Durchfahrt ist für diese Beförderungseinheit verboten.
- ❑ B Verbot für Fahrzeuge mit kennzeichnungspflichtigen Mengen gefährlicher Güter
- ❑ C Diese Beförderungseinheit darf den Tunnel durchfahren.
- ❑ D Dieses Verkehrsschild hat nichts mit gefährlichen Gütern zu tun.

(1.4.1, 6.3.7)

12. **Welches Verkehrszeichen gilt ausschließlich für Sie, wenn Sie Versandstücke übernehmen, die mit diesem Kennzeichen versehen sind?**

- ❑ A 

- ❑ B 
- ❑ C 
- ❑ D 

(1.4.1)

2 Allgemeine Gefahreneigenschaften

2.1 Gefahreneigenschaften gefährlicher Güter

Unter Gefahrgütern versteht man nach dem Gefahrgutbeförderungsgesetz **Stoffe und Gegenstände, von denen bei Unfällen oder bei unsachgemäßer Behandlung während des Transportes Gefahren für Menschen, Tiere, Sachen und die Umwelt ausgehen können**. Sie werden entsprechend ihren chemischen Eigenschaften (z.B. entzündbar), ihrem Aggregatzustand (flüssig, gasförmig, fest) und den von ihnen ausgehenden Erstgefahren nach **Klassen** geordnet.

2.2 Stoffbenennung

Im Gefahrgut-Verzeichnis wird fast allen Stoffen, Stoffgemischen und Gegenständen eine UN-Nummer (= Stoffnummer) zugeteilt. Stoffe werden einer Klasse und einer Verpackungsgruppe (I, II oder III), Gegenstände nur einer Klasse zugeordnet. Im Luftverkehr gibt es hinsichtlich der UN-Nummer zwei Abweichungen.

Beispiele:

UN-Nummer (1)	**Benennung und Beschreibung** (2)	**Verpackungsgruppe** (4)	**Gefahrzettel** (5)
1263	FARBE oder FARBZUBEHÖRSTOFFE	II	3
3480	LITHIUM-IONEN-BATTERIEN	-	9A

Die Stoffbenennung und die in den Beispielen genannten Angaben finden Sie im Beförderungspapier (siehe Themensektor 3).

2.2.1 Verpackungsgruppen

Innerhalb der meisten Klassen (Ausnahmen Klassen 1, 2, 5.2, 6.2, 7 und teilweise 9) sind die einzelnen Stoffe in Abhängigkeit von ihrem jeweiligen Gefahrengrad nach **Verpackungsgruppen (I, II oder III)** eingeteilt.

Die Verpackungsgruppe ist bei Stoffen ein Anhaltspunkt für den **Gefahrengrad** und bestimmt die Anforderungen an die Verpackung: Je gefährlicher das Gut, desto sicherer muss die Verpackung sein.

Die Verpackungsgruppen I, II oder III bedeuten im Allgemeinen

Verpackungsgruppe **I**	Stoffe mit **hoher** Gefahr	(z.B. UN 2014 Wasserstoffperoxid, wässerige Lösung, ..., Klasse 5.1)
Verpackungsgruppe **II**	Stoffe mit **mittlerer** Gefahr	(z.B. UN 1203 Benzin, Klasse 3)
Verpackungsgruppe **III**	Stoffe mit **geringer** Gefahr	(z.B. UN 1202 Dieselkraftstoff, Klasse 3)

In der Klasse 8 beispielsweise haben die Verpackungsgruppen abweichende Bedeutungen:

a) Verpackungsgruppe I: sehr gefährliche Stoffe und Gemische
b) Verpackungsgruppe II: Stoffe und Gemische, die eine mittlere Gefahr darstellen
c) Verpackungsgruppe III: Stoffe und Gemische, die eine geringe Gefahr darstellen

Gegenstände, die Gefahrgut enthalten, werden keiner Verpackungsgruppe zugeordnet. Die Anforderungen an die Verpackung ergeben sich aus den dazugehörigen Verpackungsanweisungen.

2.2.2 Klassifizierungscode

Eine Abkürzung in Buchstaben, welche auf die Gefahr hinweist, die von dem jeweiligen Stoff oder Gegenstand ausgeht (z.B. „F" für entzündbare flüssige Stoffe ohne Zusatzgefahr (*weitere Codes auf Seite 26*)). Der Klassifizierungscode wird für den jeweiligen Stoff in Spalte 3b im Gefahrgut-Verzeichnis in Teil 3 des ADR angegeben und ist nur bei Beförderung von Gefahrgütern der Klasse 1 für den Fahrer von Bedeutung.

2.2.3 Sammeleintragungen

Nicht alle Stoffe oder Gegenstände können namentlich im Gefahrgut-Verzeichnis aufgeführt werden, sie fallen dann unter eine Sammelbezeichnung und haben den Zusatz „n.a.g." (n.a.g. = **n**icht **a**nderweitig **g**enannt). Die Sammelbezeichnungen beinhalten Gemische aus verschiedenen gefährlichen Stoffen. Stoffe mit nicht gefährlichen Beimischungen müssen unter der UN-Nummer und Benennung des Einzelstoffes mit dem Zusatz „Lösung" oder „Gemisch" klassifiziert werden.

Beispiele für Sammelbezeichnungen:

UN 1965 KOHLENWASSERSTOFFGAS, GEMISCH, VERFLÜSSIGT, **N.A.G.** (Gemisch C), 2.1, (B/D)

UN 3082 UMWELTGEFÄHRDENDER STOFF, FLÜSSIG, **N.A.G.** ((R)-p-Mentha-1,8-dien), 9, III, (–)

UN 1987 ALKOHOLE, **N.A.G.** (2-Propanol, Ethanol), 3, II, (D/E)

2.3 Tunnelbeschränkungscode

Der Tunnelbeschränkungscode (nachfolgend TBC genannt) gibt an, welcher Gefahrengrad von jedem gefährlichen Gut im Zusammenhang mit Tunneldurchfahrten ausgeht. In Abhängigkeit von der Tunnelkategorie gibt der TBC an, ob der Tunnel durchfahren werden darf oder ob die Umleitungsstrecke benutzt werden muss. Der TBC wird für die Gefahrgüter im Gefahrgut-Verzeichnis des ADR in Spalte 15 vorgegeben (*siehe Tabelle Seite 10*). Er muss auch im Beförderungspapier angegeben sein, z.B. „(D/E)“, außer wenn sichergestellt ist, dass kein Tunnel mit Beschränkungen durchfahren wird.

Für einige wenige UN-Nummern (UN 2814, 2900 (nur ein Eintrag), 2908, 2909, 2910, 2911, 2919, 3077, 3082, 3166, 3171, 3291, 3331, 3359, 3373) gibt es keinen Tunnelbeschränkungscode. Bei UN 2919 und 3331 können durch die Staaten Beschränkungen hinsichtlich der Tunneldurchfahrt ausgesprochen werden. (*Anwendung siehe Kapitel 6.3.7*). Hier muss im Beförderungspapier die vorgeschriebene Angabe „**(-)**“ eingetragen werden.

Merke

✔ Bei der Tunnelkategorie E gelten die „schärfsten“ Durchfahrtbeschränkungen.
✔ Der Buchstabe, den ich sehe, ist verboten. „(E)“ im Beförderungspapier und Tunnel mit Zusatzschild = verboten (gleicher Buchstabe = verboten)

2.4 Erscheinungsformen gefährlicher Güter

Gefahrgüter haben die unterschiedlichsten Erscheinungsformen, z.B.:

- Gase können verflüssigt, verdichtet, tiefgekühlt verflüssigt, gelöst, adsorbiert oder in Gegenständen enthalten bzw. als Chemikalien unter Druck sein.
- Flüssigkeiten können verdampfen.
- Feststoffe können staubförmig, körnig oder granulatförmig sein.
- Gefahrgüter können niedrige oder hohe Temperaturen aufweisen.

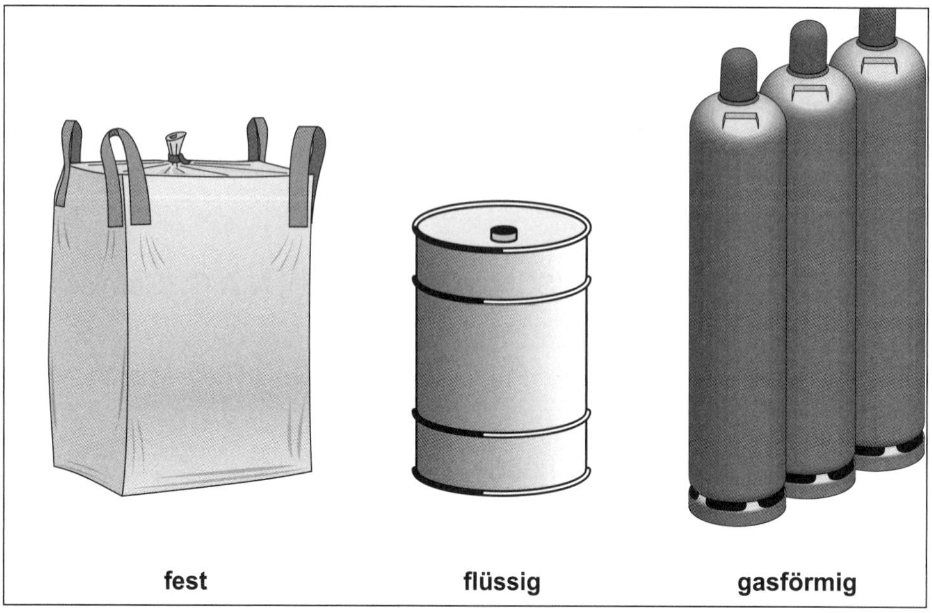

2.5 Gefahrklassen

2.5.0 Übersicht: Klassen der Gefahrgüter

Klasse	Bezeichnung der Klasse	Gefahrzettel
1	Explosive Stoffe und Gegenstände mit Explosivstoff	
2	Gase	
3	Entzündbare flüssige Stoffe	
4.1	Entzündbare feste Stoffe, selbstzersetzliche Stoffe, polymerisierende Stoffe und desensibilisierte explosive feste Stoffe	
4.2	Selbstentzündliche Stoffe	
4.3	Stoffe, die in Berührung mit Wasser entzündbare Gase entwickeln	
5.1	Entzündend (oxidierend) wirkende Stoffe	
5.2	Organische Peroxide	
6.1	Giftige Stoffe	
6.2	Ansteckungsgefährliche Stoffe	
7	Radioaktive Stoffe	
8	Ätzende Stoffe	
9	Verschiedene gefährliche Stoffe und Gegenstände	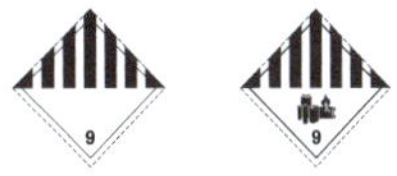

2.5.1 Klasse 1 – Explosive Stoffe und Gegenstände mit Explosivstoff

Gefahrzettel

(Nr. 1)

(Nr. 1.4)

(Nr. 1.5)

(Nr. 1.6)

mögliche Nebengefahren

(Nr. 6.1)

(Nr. 8)

GHS-Piktogramm

explosiver Stoff, Gegenstand mit explosivem Stoff

* Angabe der Verträglichkeitsgruppe, z.B. E
** Angabe der Unterklasse, z.B. 1.1

Merke

Hantieren mit explosiven Stoffen erfordert größte Vorsicht!

- ✔ Stoß-, Schlag- und Reibeempfindlichkeit
- ✔ Empfindlich gegen Temperaturerhöhung (Feuer)
- ✔ Empfindlich gegen Funken
- ✔ Empfindlich gegen elektromagnetische Strahlung
- ✔ Teilweise Entwicklung von giftigen und/oder ätzenden Nebeln, Dämpfen oder Rauch

Die Klasse 1 ist in folgende **Unterklassen** eingeteilt:

1.1 Stoffe und Gegenstände, die **massenexplosionsfähig** sind.

1.2 Stoffe und Gegenstände mit der Gefahr der Bildung von Splittern, Spreng- und Wurfstücken, die aber **nicht massenexplosionsfähig** sind.

1.3 Stoffe und Gegenstände, die eine **Feuergefahr** besitzen und die entweder eine geringe Gefahr durch Luftdruck oder eine geringe Gefahr durch Splitter, Spreng- und Wurfstücke oder durch beides aufweisen, aber **nicht massenexplosionsfähig** sind.

1.4 Stoffe und Gegenstände, die bei Entzündung oder Zündung aufgrund ihrer geringen Explosionsgefahr **keine bedeutsame Gefahr** darstellen.

1.5 Sehr **unempfindliche massenexplosionsfähige** Stoffe. Die Zündung oder der Übergang vom Brand zur Detonation ist unter normalen Beförderungsbedingungen sehr gering.

1.6 **Extrem unempfindliche Gegenstände,** nicht massenexplosionsfähig.

Beispiele:

- UN 0209 Trinitrotoluen (TNT)
- UN 0027, UN 0028 Schwarzpulver
- UN 0428, UN 0429, UN 0430, UN 0431, UN 0432 Pyrotechnische Gegenstände (z.B. Wunderkerzen, Gegenstände für technische Zwecke)
- UN 0333, UN 0334, UN 0335, UN 0336, UN 0337 Feuerwerkskörper

Hinweis: In der Klasse 1 wird **nicht** nach Verpackungsgruppen unterschieden, sondern nach der Verträglichkeitsgruppe.

Beispiele: UN 0336 Feuerwerkskörper 1.4G
UN 0337 Feuerwerkskörper 1.4S

(siehe „Aufbaukurs Klasse 1“)

2.5.2 Klasse 2 – Gase

Gefahrzettel

(Nr. 2.1)

entzündbares Gas (F)

(Nr. 2.3)

giftiges Gas (T)

(Nr. 2.2)

nicht entzündbares, nicht giftiges Gas (A)

mögliche Nebengefahren

(Nr. 8)

(Nr. 5.1)

GHS-Piktogramme

Merke

Gase können viele Gefahreneigenschaften haben

- ✔ Entzündbar – rote Grundfarbe
- ✔ Im Gemisch mit Sauerstoff oder Luft explosionsgefährlich
- ✔ Brandfördernd
- ✔ Giftig – Totenkopf
- ✔ Ätzend
- ✔ Reizend
- ✔ Extreme Kälte
- ✔ **Erstickend** – grüne Grundfarbe

Diese Eigenschaften sind z.T. aus den der Ziffer zugehörigen Buchstabenkombinationen (sog. Klassifizierungscode) zu ersehen. So bedeutet z.B.:

		Beispiele:
A	= **erstickend**	UN 1066 Stickstoff, verdichtet, 2.2
O	= **o**xidierend	UN 1072 Sauerstoff, verdichtet, 2.2 (5.1)
F	= entzündbar	UN 1978 Propan, 2.1; UN 1011 Butan, 2.1
T	= giftig	UN 1062 Methylbromid, 2.3
TF	= giftig, entzündbar	UN 1023 Stadtgas, verdichtet, 2.3 (2.1)
TC	= giftig, ätzend	UN 1005 Ammoniak, wasserfrei, 2.3 (8)
TO	= giftig, oxidierend	UN 3083 Perchlorylfluorid, 2.3 (5.1)
TFC	= giftig, entzündbar, ätzend	UN 2189 Dichlorsilan, 2.3 (2.1, 8)
TOC	= giftig, oxidierend, ätzend	UN 1017 Chlor, 2.3 (5.1, 8)

Hinweis: In der Klasse 2 wird **nicht** nach Verpackungsgruppen unterschieden.

Zur Klasse 2 gehören sowohl „Chemikalien unter Druck“ (UN 3500 bis 3505) als auch adsorbierte Gase.

Diese Gase sind für die Beförderung an einer porösen Oberfläche angereichert und entsprechend verpackt (UN 3510 bis 3526). In die Klasse 2 gehören auch:

- GEGENSTÄNDE, DIE ENTZÜNDBARE GASE ENTHALTEN, N.A.G. (UN 3537)
- GEGENSTÄNDE, DIE NICHT ENTZÜNDBARES, NICHT GIFTIGES GAS ENTHALTEN, N.A.G. (UN 3538)
- GEGENSTÄNDE, DIE GIFTIGES GAS ENTHALTEN, N.A.G. (UN 3539)

Merke

✔ Die erstickende Wirkung ist vornehmlich in der Klasse 2 anzutreffen.

2.5.3 Klasse 3 – Entzündbare flüssige Stoffe

Gefahrzettel

(Nr. 3)

entzündbarer
flüssiger Stoff

mögliche Nebengefahren

(Nr. 6.1)

(Nr. 8)

GHS-Piktogramm

Merke

Explosionsgefahr bei Verdampfung
- ✔ Entzündbar
- ✔ Brennbar
- ✔ Explosiv
- ✔ Ätzend
- ✔ Giftig
- ✔ Wassergefährdend/Umweltgefährdend
- ✔ Heiß (erwärmt)*)

Entzündbare flüssige Stoffe werden aufgrund ihres Gefahrengrades unterteilt in folgende Verpackungsgruppen:

I	= Stoffe mit hoher Gefahr	= hochentzündlich
II	= Stoffe mit mittlerer Gefahr	= leichtentzündlich
III	= Stoffe mit geringer Gefahr	= entzündlich

Beispiele:

UN 1203 Benzin; UN 1202 Heizöl, leicht; UN 1987 Alkohole; UN 1210 Druckfarbe; UN 1133 Klebstoffe;
auch Gegenstände, die entzündbare flüssige Stoffe enthalten
(UN 3540 GEGENSTÄNDE, DIE EINEN ENTZÜNDBAREN FLÜSSIGEN STOFF ENTHALTEN, N.A.G.)

Merke

- ✔ Rote Grundfarbe = Feuer, Flamme

*) *Einige erwärmte flüssige Stoffe sind Stoffe der Klasse 9 (UN 3257).*

Erläuterungen zu entzündbaren Flüssigkeiten

Drei Voraussetzungen zum Feuer:

Die drei Komponenten müssen im richtigen Mengenverhältnis vorliegen.

Darstellung zum Flammpunkt:

Der Flammpunkt kennzeichnet die niedrigste Temperatur (Umgebungstemperatur) eines flüssigen Stoffes, bei der die Dämpfe der Flüssigkeit mit der Luft ein entzündbares Gemisch bilden.

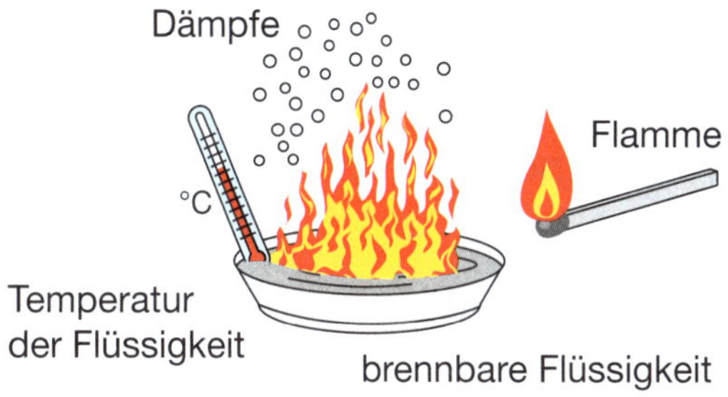

Darstellung zum Siedepunkt:

Die Temperatur, bei der eine Flüssigkeit in den gasförmigen Zustand übergeht.

Merke

✔ Beispiel zur Verdeutlichung:

Flammpunkt eines Stoffes: 23 °C, **Umgebungstemperatur**: 23 °C und höher → Der Stoff entwickelt Dämpfe, die mit Luft ein entzündbares Gemisch bilden!

Darstellung zum Zündpunkt:

Ein zündwilliges Gas-Luft- (oder Staub-Luft)-Gemisch wird durch eine **heiße Zündquelle** (z.B. Auspuff) zur Entzündung gebracht.

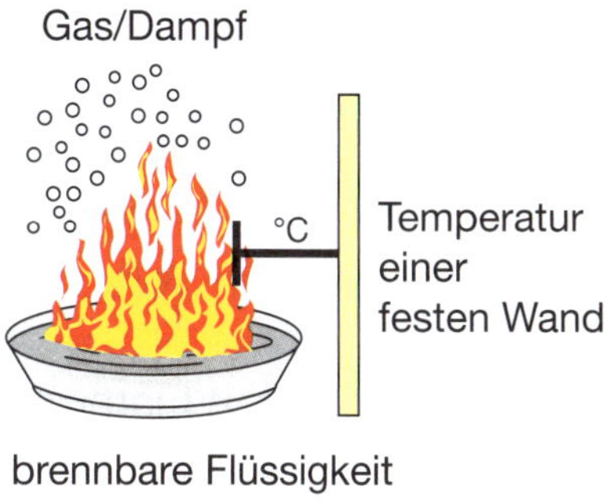

Elektrostatische Aufladung

Durch elektrostatische Aufladung (z.B. durch **Reibung** von elektrisch schlecht leitenden Materialien) können Funken entstehen, die zur Entzündung von Stäuben oder brennbaren Flüssigkeiten führen können.

Flammpunkte*) einiger gefährlicher Güter

Stoff	Flammpunkt	Verwendung
Leichtbenzin	– 45 °C	für chirurgische und feinmechanische Zwecke
Aceton	– 20 °C	Lösungsmittel
Cyclohexan	– 18 °C	Extraktionsmittel für Öle und Fette
Benzen, rein	– 11 °C	
Waschbenzin	0 °C	für chemische Reinigung
Toluen, rein	+ 6 °C	
Methanol	+ 9 °C	Beimischung zu Rennsport-Kraftstoffen
Ethanol	+ 12 °C	Spiritus, Schnaps
Isopropanol	+ 12 °C	Reinigungsmittelzusatz
Kerosin	> 38 bis + 55 °C	Düsenkraftstoff
Heizöl, leicht/ Dieselkraftstoff	+ 55 bis + 75 °C	
Erwärmte Stoffe: Bitumen	120 bis 180 °C	Straßenbau

Dampfdruck

Der Dampfdruck ist ein stoff- und temperaturabhängiger Gasdruck.

Anschaulich gesprochen ist der Dampfdruck der Umgebungsdruck, unterhalb dessen eine Flüssigkeit beginnt, bei konstanter Temperatur in den gasförmigen Zustand überzugehen.

Merke

- ✔ Je niedriger der Flammpunkt, desto gefährlicher der Stoff.
- ✔ Je mehr Gas über dem Flüssigkeitsspiegel, desto größer der Dampfdruck und damit die Gefahr.
- ✔ Bestimmte dickflüssige (viskose) Stoffe (z.B. Farbstoffe, Lacke) unterliegen bei entsprechender Zähflüssigkeit (Viskosität) entweder erleichterten Bedingungen oder nicht den Vorschriften des ADR bei Verpackungsgrößen bis zu maximal 450 l.
- ✔ Auch über den Flammpunkt erwärmte Stoffe sind Gefahrgüter.
- ✔ Beim Beladen/Befüllen Gefahr der elektrostatischen Aufladung durch zu hohe Fließgeschwindigkeiten oder durch unkontrolliertes Einfüllen.

*) *Quelle: GESTIS-Stoffdatenbank*

2.5.41 Klasse 4.1 – Entzündbare feste Stoffe, selbstzersetzliche Stoffe, polymerisierende Stoffe und desensibilisierte explosive feste Stoffe

Gefahrzettel

(Nr. 4.1)

entzündbare feste Stoffe, selbstzersetzliche Stoffe, polymerisierende Stoffe und desensibilisierte explosive feste Stoffe

mögliche Nebengefahren

(Nr. 6.1)

(Nr. 1)

(Nr. 8)

GHS-Piktogramm

Merke

- ✔ Bei Feuer können giftige Gase entstehen
- ✔ Leicht entzündbar durch Funken, Feuer, heiße Gegenstände (Auspuff)
- ✔ In trockenem Zustand explosiv
- ✔ Stäube können explodieren

Entzündbare feste Stoffe werden aufgrund ihres Gefahrengrades unterteilt in folgende Verpackungsgruppen:

II = Stoffe mit mittleren Gefahren **III** = Stoffe mit geringen Gefahren

Selbstzersetzliche Stoffe sind keiner Verpackungsgruppe zugeordnet, **polymerisierende Stoffe** der Verpackungsgruppe III.

Beispiele:

a) selbstzersetzliche Stoffe:	4-Nitrosophenol (Verwendung als Vulkanisationsbeschleuniger, Zwischenprodukt bei der Herstellung von Schwefel-Farbstoffen) Hinweis: Selbstzersetzliche Stoffe mit Temperatur der selbstbeschleunigenden Zersetzung (SADT) von höchstens 55 °C müssen unter Temperaturkontrolle befördert werden.
b) entzündbare feste Stoffe:	Aluminiumpulver, Zelluloid, Schwefel, Kautschuk (Im Abfallbereich ist „UN 3175 Feste Stoffe, die entzündbare flüssige Stoffe enthalten, n.a.g." die häufig verwendete UN-Nummer für lösemittelhaltige Betriebsmittel – Putzlappen, Filter usw.)

c) desensibilisierte explosive feste Stoffe:	Nitrocellulose
d) polymerisierende Stoffe:	Divinylbenzol (DVB), p-tertiär-Butylstyren (findet z.B. Verwendung bei der Herstellung von langkettigen Styrolverbindungen); diese Stoffe reagieren mit sich selbst, wenn die eingesetzten Stabilisatoren nicht wirken.

Auch in dieser Klasse gibt es eine UN-Nummer für nicht näher im ADR bezeichnete Gegenstände, die Stoffe der Klasse 4.1 enthalten:

UN 3541 GEGENSTÄNDE, DIE EINEN ENTZÜNDBAREN FESTEN STOFF ENTHALTEN, N.A.G.

2.5.42 Klasse 4.2 – Selbstentzündliche Stoffe

Gefahrzettel

(Nr. 4.2)

selbstentzündliche Stoffe

mögliche Nebengefahren

(Nr. 4.3)

(Nr. 6.1)

(Nr. 8)

GHS-Piktogramm

Merke

Neigung zur Selbstentzündung bei Berührung mit Wasser oder feuchter Luft bei einigen Stoffen

- ✔ Selbstentzündung ohne Flammeneinwirkung durch Kontakt mit Sauerstoff
- ✔ Selbsterhitzung: Reaktion mit Sauerstoff erzeugt Wärme, was zur Verbrennung führt
- ✔ Teilweise heftige Reaktion mit Wasser
- ✔ Teilweise Beförderung unter Wasser-/Lösungsmittelüberdeckung

Stoffe der Klasse 4.2 sind aufgrund ihres Gefahrengrades in die folgenden Verpackungsgruppen unterteilt:

I = selbstentzündlich (pyrophor)	= Entzündung durch Berührung mit Luft schon in kleinen Mengen innerhalb von 5 Minuten
II = selbsterhitzungsfähig	= Entzündung großer Mengen (mehrere kg) durch Berührung mit Luft nach einem längeren Zeitraum (Stunden oder Tage)
III = weniger selbsterhitzungsfähig	= Die Stoffe reagieren unter Wärmebildung mit der Luft (Sauerstoff). Die Wärme führt zu einem Anstieg der Temperatur des Stoffes, die nach einer bestimmten Zeit zur Instabilität des Stoffes und damit zur Selbstentzündung und Verbrennung führen kann.

Beispiele: Metallalkyle, Putzlappen und Filter mit lösemittelhaltigen Stoffen (UN 3088), Kaliumnitrat und Natriumnitrit, Mischung(UN 1487), Phosphor gelb, trocken (UN 1381)

Diese Klasse enthält eine UN-Nummer für nicht näher im ADR bezeichnete Gegenstände, die Stoffe der Klasse 4.2 enthalten:

UN 3542 GEGENSTÄNDE, DIE EINEN SELBSTENTZÜNDLICHEN STOFF ENTHALTEN, N.A.G.

2.5.43 Klasse 4.3 – Stoffe, die in Berührung mit Wasser entzündbare Gase entwickeln

Gefahrzettel

(Nr. 4.3)

Stoffe, die in Berührung mit Wasser entzündbare Gase entwickeln

mögliche Nebengefahren

(Nr. 3)

(Nr. 4.2)

(Nr. 6.1)

(Nr. 8)

GHS-Piktogramm

Merke

Meist heftige Reaktion bei Berührung mit Wasser
- ✔ Entzündbare Gase werden freigesetzt
- ✔ Zündung durch Zündquellen
- ✔ Blau = Wasser

Aufgrund ihres Gefahrengrades sind Stoffe der Klasse 4.3 unterteilt in folgende Verpackungsgruppen:

I	= heftige Reaktion mit Wasser	= Bildung großer Mengen entzündbarer Gase oder Gase entzünden sich selbst
II	= leichte Reaktion mit Wasser	= Bildung größerer Mengen entzündbarer Gase
III	= langsame Reaktion mit Wasser	= Bildung kleiner Mengen entzündbarer Gase

Beispiele:

- Kalium
- Natrium
- Lithium
- Calciumcarbid (Daraus wird das Schweißgas Acetylen hergestellt.)

Auch in dieser Klasse gibt es eine UN-Nummer für nicht näher im ADR bezeichnete Gegenstände, die Stoffe der Klasse 4.3 enthalten:

UN 3543 GEGENSTÄNDE, DIE EINEN STOFF ENTHALTEN, DER IN BERÜHRUNG MIT WASSER ENTZÜNDBARE GASE ENTWICKELT, N.A.G.

2.5.51 Klasse 5.1 – Entzündend (oxidierend) wirkende Stoffe

Gefahrzettel

(Nr. 5.1)

entzündend (oxidierend) wirkende Stoffe

mögliche Nebengefahren

(Nr. 6.1)

(Nr. 8)

GHS-Piktogramm

Merke

Kontakt mit brennbaren Stoffen vermeiden

- ✔ Unterstützen Brände durch Abgabe von Sauerstoff
- ✔ Vermischung mit anderen Stoffen kann zur Entzündung führen
- ✔ Reibung oder Stoß kann Entzündung bewirken
- ✔ Explosionsfähig – Ätzwirkung – Gesundheitsschädlich
- ✔ Chemisch instabile Stoffe sind nicht zur Beförderung zugelassen

Bem.: Diese Klasse umfasst auch Gegenstände, die entzündend (oxidierend) wirkende Stoffe enthalten und keine eigenständige UN-Nummer besitzen:

UN 3544 GEGENSTÄNDE, DIE EINEN ENTZÜNDEND (OXIDIEREND) WIRKENDEN STOFF ENTHALTEN, N.A.G.

Aufgrund ihres Gefahrengrades werden die Stoffe der Klasse 5.1 einer der folgenden Verpackungsgruppen zugeordnet:

I = selbstentzündend (oxidierend) wirkend
II = entzündend (oxidierend) wirkend
III = schwach entzündend (oxidierend) wirkend

Merke

xidierend

Beispiele:

– Wasserstoffperoxid (UN 2015), Calciumhypochlorit (UN 1748), Natriumnitrat (UN 1498), Chromsäure, Lösung (UN 1755), Ammoniumnitrathaltige Düngemittel (unterliegen dem SprengG)

2.5.52 Klasse 5.2 – Organische Peroxide

Gefahrzettel

(Nr. 5.2)

organische Peroxide

mögliche Nebengefahren

(Nr. 1) (Nr. 8)

GHS-Piktogramme

Merke

Bei Zersetzung Bildung von entzündlichen und schädlichen Gasen sowie Wärme

✔ Kontakt mit Augen vermeiden → Gefahr von ernsten Hornhautschäden oder Verätzungen der Haut
✔ Peroxide sind meist brennbar (Vorsicht mit Feuer) und haben eine hohe Verbrennungsgeschwindigkeit
✔ Bestimmte organische Peroxide gekühlt befördern
✔ Gefahrzettel:
gelb = brandfördernd
rot = entzündbar

In der Klasse 5.2 wird nicht nach Verpackungsgruppen unterschieden.

Organische Peroxide werden aufgrund ihres Gefahrengrades in **7 Typen** (Typ A bis Typ G) eingeteilt. Je nach Typ sind bestimmte Höchstmengen in einer Verpackung zugelassen. Typ A ist der gefährlichste Typ, bis Typ G nimmt die Gefährlichkeit ab. Organische Peroxide des Typs A sind wegen ihrer Gefährlichkeit zur Beförderung nicht zugelassen, solche des Typs G sind nicht gefährlich und gelten deshalb nicht als Güter der Klasse 5.2.

Beispiele:

- Peroxyessigsäure (Zuordnung je nach Konzentration zu UN 3105, UN 3107 oder UN 3109, dieses organische Peroxid ist stabilisiert)
- Dibenzoylperoxid (Zuordnung je nach Konzentration und Aggregatzustand zu UN 3102, UN 3104, UN 3106, UN 3107, UN 3108 oder UN 3109)

Diese Klasse umfasst auch Gegenstände, die organische Peroxide enthalten und keine eigenständige UN-Nummer besitzen.

UN 3545 GEGENSTÄNDE, DIE EIN ORGANISCHES PEROXID ENTHALTEN, N.A.G.

2.5.61 Klasse 6.1 – Giftige Stoffe

Gefahrzettel

(Nr. 6.1)

giftiger Stoff

mögliche Nebengefahren

(Nr. 3)

(Nr. 4.1)

(Nr. 4.2)

(Nr. 4.3)

(Nr. 5.1)

(Nr. 8)

GHS-Piktogramm

Merke

Giftige Stoffe mit einem Flammpunkt unter 23 °C sind in der Regel Stoffe der Gefahrklasse 3

- ✔ Giftig – Totenkopf
- ✔ Gesundheitsschädlich (schwach giftig)
- ✔ Feuergefährlich
- ✔ Giftige Gase bei Berührung mit Wasser
- ✔ Auch nach Verdünnung mit Wasser oft noch gefährlich

Die giftigen Stoffe sind entsprechend ihrem unterschiedlichen Gefahrengrad in folgende Verpackungsgruppen unterteilt:

I = sehr giftig = Aufnahme kleinster Mengen
II = giftig = Aufnahme kleiner Mengen
III = schwach giftig = Aufnahme etwas größerer Mengen

Beispiele:

Cyanwasserstoff (Blausäure), Cadmiumverbindung, Pestizid (Schädlingsbekämpfungsmittel)

Diese Klasse umfasst auch Gegenstände, die giftige Stoffe enthalten und keine eigenständige UN-Nummer besitzen.

UN 3546 GEGENSTÄNDE, DIE EINEN GIFTIGEN STOFF ENTHALTEN, N.A.G.

2.5.62 Klasse 6.2 – Ansteckungsgefährliche Stoffe

Gefahrzettel

(Nr. 6.2)

ansteckungsgefährlicher Stoff

mögliche Nebengefahren

(Nr. 2.2)

Gas (nicht entzündbar, nicht giftig)
(betrifft ggf. Kühlflüssigkeit)

Merke

- ✔ Kontakt vermeiden
- ✔ Sauberkeit ist oberstes Gebot
- ✔ Ansteckungsgefährlich für Menschen oder Tiere

Stoffe der Klasse 6.2 werden nicht nach Verpackungsgruppen unterschieden.

Beispiele:

- UN 2814 oder UN 3291 Anatomische Bestandteile mit Krankheitserregern
- UN 3291 Klinischer Abfall, unspezifiziert
- UN 2814 Krankheitserreger wie z.B. Tollwut-Virus, Ebola-Virus

Zeichen für infektiöse Stoffe

Seit ADR 2021:
UN 3549 MEDIZINISCHE ABFÄLLE, KATEGORIE A, GEFÄHRLICH FÜR DEN MENSCHEN, fest oder

UN 3549 MEDIZINISCHE ABFÄLLE, KATEGORIE A, nur GEFÄHRLICH FÜR TIERE, fest

2.5.7 Klasse 7 – Radioaktive Stoffe

Gefahrzettel (Versandstücke)

(Nr. 7A)

(Nr. 7B)

(Nr. 7C)

(Nr. 7E)

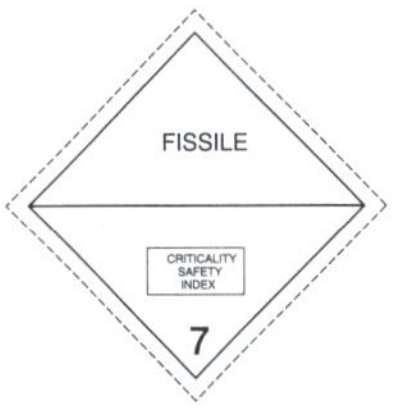

spaltbar

Fahrzeuge/ Container

(Nr. 7D)

oder

(Nr. 7D)

radioaktiver Stoff

mögliche Nebengefahren

(Nr. 8)

Merke

Von radioaktiven Stoffen gehen schädliche Strahlen aus.

- ✔ Strahlungsgefahr
- ✔ Neigung zur Kritikalität (Reaktion untereinander)
- ✔ Wärmeerzeugung

Transportsicherheit durch Versandstück:

Der radioaktive Inhalt („Aktivität“) eines Tanks oder Versandstücks ist so zu begrenzen, dass beim Freiwerden (z.B. nach Unfall) praktisch nichts „passiert“, **andernfalls** ist die Verwendung einer **unfallsicheren** Verpackung (sog. Typ B-Verpackung oder ggf. im Luftverkehr auch Typ C-Verpackung) erforderlich.
Für weitere Informationen *siehe „Aufbaukurs Klasse 7“*.

Hinweis: In der Klasse 7 wird nicht nach Verpackungsgruppen unterschieden.

Beispiele:

UN 3333 RADIOAKTIVE STOFFE, TYP A-VERSANDSTÜCK, in besonderer Form, spaltbar (z.B. Messgeräte für die Materialprüfung)

UN 2912 RADIOAKTIVE STOFFE MIT GERINGER SPEZIFISCHER AKTIVITÄT (LSA-I), nicht spaltbar oder spaltbar, freigestellt (z.B. mit Tritium verunreinigtes Wasser aus der Forschung)

2.5.8 Klasse 8 – Ätzende Stoffe

Gefahrzettel

(Nr. 8)

ätzender Stoff

mögliche Nebengefahren

(Nr. 3)

(Nr. 4.1)

(Nr. 4.2)

(Nr. 4.3)

(Nr. 5.1)

(Nr. 6.1)

GHS-Piktogramm

Merke

Ätzende Stoffe mit Flammpunkt unter 23 °C sind i.d.R. Stoffe der Klasse 3.

✔ Ätzend – greifen lebendes Gewebe an!
✔ Feuergefährlich
✔ Angreifen von Materialien
✔ Giftige Gase bei Reaktionen möglich
✔ Heftige Reaktionen untereinander möglich
✔ Auch nach Verdünnung von z.B. Säuren mit Wasser oft noch gefährlich

Die ätzenden Stoffe sind entsprechend ihrem unterschiedlichen Gefahrengrad in folgende Verpackungsgruppen unterteilt:

I = sehr gefährliche Stoffe und Gemische
II = Stoffe und Gemische, die eine mittlere Gefahr darstellen
III = Stoffe und Gemische, die eine geringe Gefahr darstellen

Verätzung

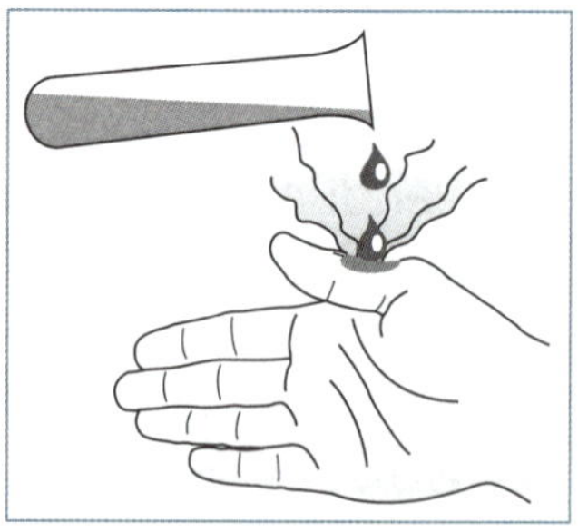

Beispiele:

- UN 1789 Chlorwasserstoffsäure (Salzsäure)
- UN 2031 oder UN 2032 Salpetersäure
- Schwefelsäure (verschiedene UN-Nummern)
- UN 1824 Natriumhydroxidlösung (Natronlauge)
- UN 1814 Kaliumhydroxidlösung (Kalilauge)
- Autobatterien (verschiedene UN-Nummern)
- UN 3350 Quecksilber in hergestellten Gegenständen

Gegenstände, z.B. Autobatterien, haben keine Verpackungsgruppe.

Diese Klasse umfasst auch Gegenstände, die ätzende Stoffe enthalten und keine eigenständige UN-Nummer besitzen.

UN 3547 GEGENSTÄNDE, DIE EINEN ÄTZENDEN STOFF ENTHALTEN, N.A.G.

2.5.9 Klasse 9 – Verschiedene gefährliche Stoffe und Gegenstände

Gefahrzettel

(Nr. 9)

(Nr. 9A)

(Lithiumbatterien)

verschiedene gefährliche Stoffe und Gegenstände

mögliche Nebengefahren

(Nr. 2.2)

Gas (nicht entzündbar, nicht giftig) (betrifft ggf. Kühlflüssigkeit)

umweltgefährdender Stoff

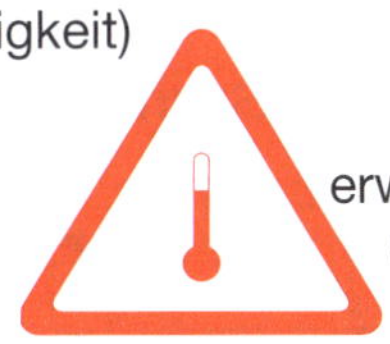

erwärmter Stoff

GHS-Piktogramm

Merke

✔ Die Klasse 9 ist eine „Auffangklasse“ für alle Stoffe und Gegenstände, die nicht den anderen Klassen zugeordnet werden können.

Die meisten Stoffe der Klasse 9 werden entsprechend ihrem Gefahrengrad in diese zwei Verpackungsgruppen unterteilt.

II = Stoffe mit mittlerer Gefahr **III** = Stoffe mit geringer Gefahr

Hinweis: In der Klasse 9 werden nicht alle Stoffe/Gegenstände nach Verpackungsgruppen unterschieden. Die Klasse 9 kann die vielfältigsten Gefahren beinhalten.

Beispiele:

- Asbest (UN 2212, UN 2590)
- PCB (kann bei Verbrennung Dioxin entwickeln UN 2315, UN 3432))
- Sicherheitseinrichtungen, elektrische Auslösung (UN 3268, ansonsten Zuordnung zu Klasse 1)
- umweltgefährdender Stoff (UN 3077, UN 3082)*)
- erwärmter Stoff (z.B. verflüssigtes Roheisen, flüssiges Aluminium, Heißbitumen, Bramme – UN 3258)
- Lithium-Ionen-Batterien, Lithium-Metall-Batterien (UN 3090, UN 3091, UN 3480, UN 3481, UN 3536, UN 3171)

UN 3258 Erwärmter fester Stoff.
Aus diesem Fahrzeug werden gerade gegossene, noch rotglühende Stahlbarren entladen.

*) *Gefahrgüter mit dem GHS-Piktogramm „Baum und Fisch“ sind, wenn keine anderen Gefahren vorliegen, den UN-Nummern 3077 und 3082 zuzuordnen.*

Gegenstände, die keine eigene Eintragung besitzen, werden der UN-Nummer UN 3548 GEGENSTÄNDE, DIE VERSCHIEDENE GEFÄHRLICHE GÜTER ENTHALTEN, N.A.G. zugeordnet.

2.6 Einwirkung auf Umwelt und Mensch

2.6.1 Einwirkung auf die Umwelt

Freiwerdende Gefahrgüter können die Umwelt schädigen, d.h. schädliche Einwirkungen auf Luft, Gewässer, Grundwasser, Erdreich sowie Pflanzen und Tiere haben.

Fast alle Mineralölprodukte sind wasserverunreinigend ...

... für das Erdreich und das Grundwasser

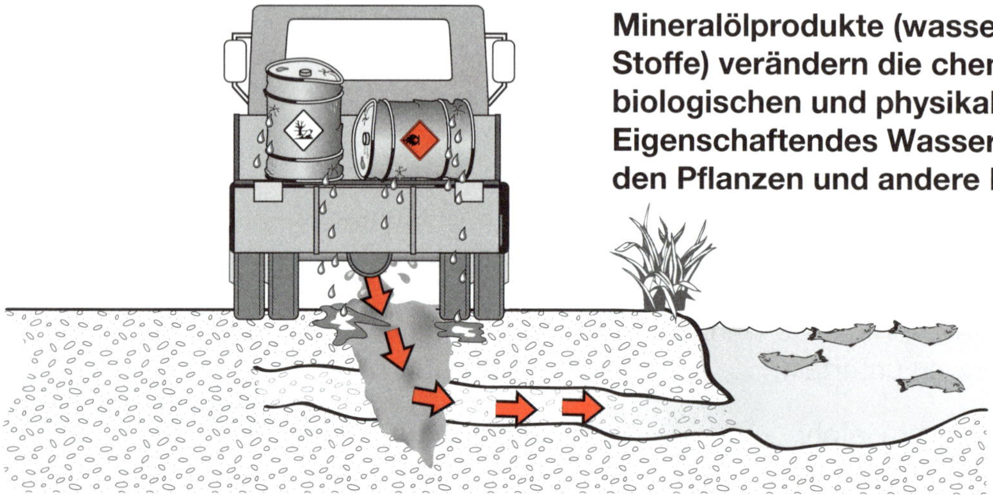

Mineralölprodukte (wassergefährdende Stoffe) verändern die chemischen, biologischen und physikalischen Eigenschaftendes Wassers und gefährden Pflanzen und andere Lebewesen.

... für Oberflächengewässer

In wenigen Minuten breitet sich Öl aus.

Nach 0,5 Min.

Nach 3,0 Min.

Nach 6,0 Min.

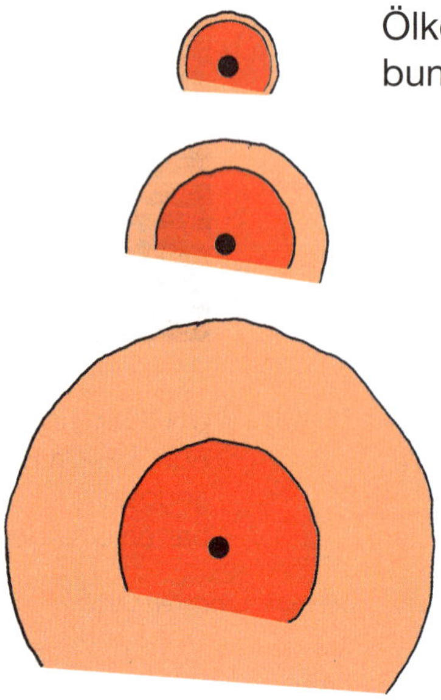

Ölkern, Dicke des Ölfilms: 1mm
bunte Farben, Dicke des Ölfilms: 0,001 mm

Gelangt zum Beispiel Benzin, Dieselkraftstoff oder Heizöl, leicht (d.h. die am häufigsten beförderten Güter) ins Erdreich, so kann selbst bei kleineren Mengen nicht ausgeschlossen werden, dass Teile davon bis ins Grundwasser vordringen und die Trinkwasserversorgung empfindlich stören. Über den Kreislauf des Wassers besteht die Gefahr der großflächigen Verteilung des gefährlichen Gutes oder seiner Bestandteile.

Auch gasförmige Gefahrgüter, Dämpfe, Stäube können durch undicht gewordene Umschließungen oder nach Explosionen und Bränden in die Luft entweichen, zur Schädigung der Ozonschicht beitragen oder über Niederschläge wieder in den Boden gelangen. Die Gefährdungsmöglichkeiten sind sehr vielschichtig.

Um wichtige Gemeingüter wie Boden, Wasser, Luft, aber auch Leben und Gesundheit von Menschen und Tieren vor derartigen Gefahren zu schützen, wurden die Gefahrgutvorschriften erlassen und müssen von allen Beteiligten eingehalten werden.

2.6.2 Kennzeichen für umweltgefährdende Stoffe

Gefährliche Güter, die zusätzlich umweltgefährdend sind, also im Wasser lebende Organismen und das Wasser-Ökosystem gefährden können, müssen mit einem zusätzlichen **Kennzeichen für umweltgefährdende Stoffe** gekennzeichnet werden. Das gilt für alle umweltgefährdenden Stoffe.

Beispiele:

- UN 1202 Dieselkraftstoff
- UN 1203 Benzin

Kennzeichnung Gefahrgut (ADR, RID etc.)

Kennzeichnung Gefahrstoffe (CLP-Verordnung)

2.6.3 Einwirkung auf den menschlichen Körper

Die Einwirkungen auf den menschlichen Körper durch gefährliche Güter können ganz unterschiedlich sein. Neben Verätzungen, Vergiftungen, Schädigung durch radioaktive Strahlung, Infektion besteht z.B. auch die Gefahr von Verbrennungen.

Verbrennung

Die Einwirkung von tiefgekühlt verflüssigten Gasen, z.B. UN 1977 Stickstoff, tiefgekühlt, verflüssigt, führt zu Erfrierungen. Erfrierungen sind nichts anderes als Verbrennungen. Die Erste-Hilfe-Maßnahme für beide Verletzungen ist Kühlen mit kaltem Wasser, danach sollten die Verletzungen einem Arzt vorgestellt werden.

Radioaktive Stoffe: Unsichtbare Strahlen

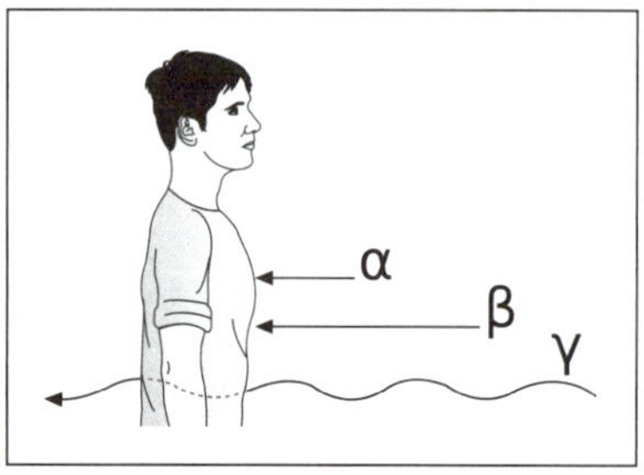

Radioaktive Strahlung kann den menschlichen Körper ohne direkten Kontakt schädigen.

Bei direktem Körperkontakt ist die **Kontamination** der Haut möglich. Bei Verschlucken **(Ingestion)** oder Einatmen **(Inhalation)** wird die Strahlenquelle in den Körper aufgenommen **(Inkorporation)** und verursacht dort Schäden wie Zerstörung der Zellen, genetische Schäden (Nachkommen!) bis hin zum Tod.

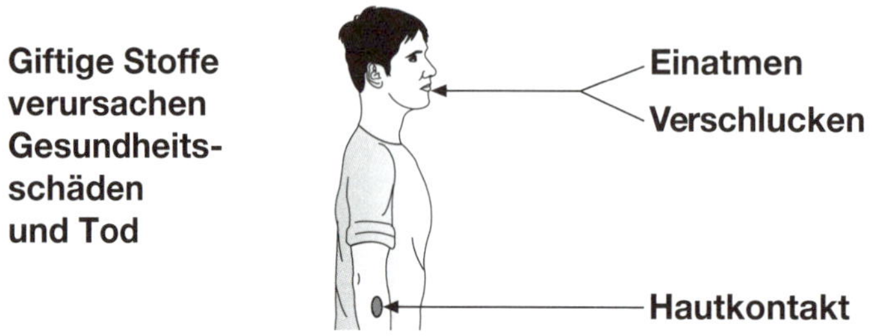

Gefahren durch Explosivstoffe

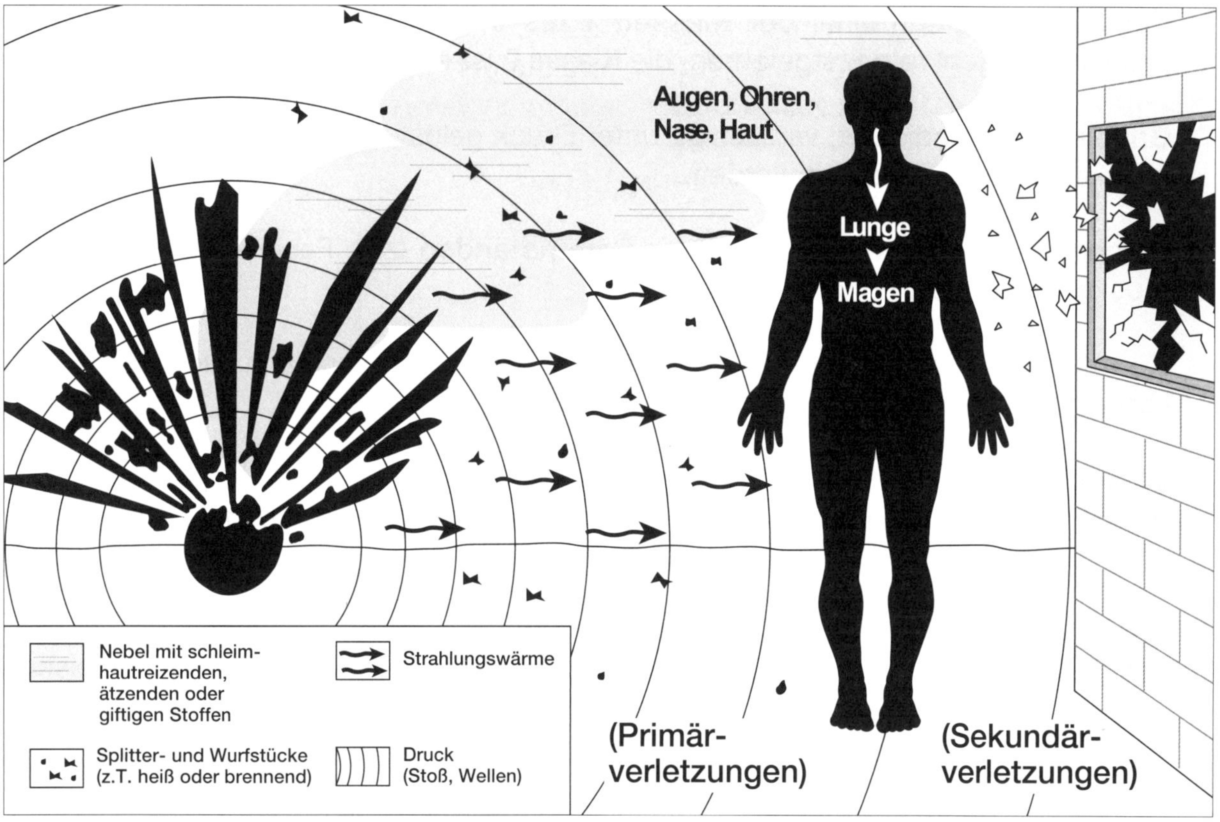

Je weiter entfernt von der Explosion, desto geringer die Gefahren!

2.7 Fürs Gedächtnis

! Gefahrgüter werden einer der **Klassen 1 bis 9** zugeordnet. Die Klassen 1 bis 8 beschreiben konkrete Erstgefahren, die Klasse 9 ist eine „Auffangklasse“.

! **Gase** können verdichtet, verflüssigt, unter Druck gelöst, adsorbiert oder als Chemikalie unter Druck befördert werden.

! Gefahrgüter können **in Geräten oder Gegenständen** (z.B. Feuerzeugen oder Laptops) **enthalten** sein.

! **Kontakt** mit Gefahrgut immer **vermeiden**. Bei giftigen Stoffen kann auch „nur“ Hautkontakt tödlich sein!

! Je **niedriger** der **Flammpunkt**, desto größer die Gefahr. („Eselsbrücke“ **Umgebungstemperatur**: Ist die Umgebungstemperatur gleich oder höher als der Flammpunkt, entstehen entzündbare Dampf-/Luftgemische.)

! **Entzündbare Stoffe** gelten nur als gefährlich, wenn sie einen Flammpunkt bis höchstens 60 °C haben (sofern sie nicht anderweitig gefährliche Eigenschaften aufweisen).

Ausnahmen: UN 1202 Heizöl, leicht, Dieselkraftstoff, Gasöl **und** Stoffe, die über ihren Flammpunkt erwärmt sind (UN 3257)

! Radioaktive Stoffe **strahlen** durch die Verpackung **hindurch**.

! Keine Gefahrgüter **ins Erdreich oder** in **Gewässer** laufen lassen (Grundwassergefährdung!).

! Vorsicht beim **Mischen** von Gefahrgütern – es kann **heftige Reaktionen** geben.

! Auch **Abfälle** können Gefahrgut sein.

! Man unterscheidet Gefahrgüter nach dem **Grad der Gefährlichkeit (= Verpackungsgruppen).**

! Gefahr der Funkenbildung bei **elektrostatischer Aufladung**.

! Je gefährlicher das Gut, desto **sicherer** muss die **Verpackung** sein.

! **Gefahrgüter gefährden** Menschen, Tiere, Umwelt und Sachen.

! Der **Klassifizierungscode** steht bei Klasse 1 anstelle des Gefahrzettelmusters und ggf. der Verpackungsgruppe im Beförderungspapier, z.B. „1.1 D“ (Angabe der Unterklasse und des Verträglichkeitsbuchstaben).

2.8 Kontrollfragen

1. Welcher der nachstehend genannten Stoffe ist ein Stoff der Klasse 5.1?

- ❑ A Ethanol
- ❑ B Kohlendioxid
- ❑ C Wasserstoffperoxid
- ❑ D Stickstoff (2.5.51)

2. In welcher Klasse sind die giftigen festen Stoffe einzuordnen?

- ❑ A Klasse 3
- ❑ B Klasse 6.1
- ❑ C Klasse 7
- ❑ D Klasse 8 (2.5.61)

3. Welche Bedeutung haben die Gefahrzettel 2.3 (8) auf einem Versandstück?

- ❑ A Stoff, der ätzende Dämpfe abgibt
- ❑ B Entzündbare Flüssigkeit mit ätzenden Eigenschaften
- ❑ C Giftiges, ätzendes Gas
- ❑ D Ätzender, ansteckungsgefährlicher Stoff (2.5.2)

4. Welche Nebengefahr geht von UN 1230 Methanol, 3 (6.1), II aus?

- ❑ A Ansteckungsgefahr
- ❑ B Giftwirkung
- ❑ C Radioaktivität
- ❑ D Erstickungsgefahr (2.5.3)

5. Welche Voraussetzungen müssen gegeben sein, damit ein Stoff entzündet werden kann?

- ❑ A Brennbarer Stoff, Stickstoff und Zündquelle
- ❑ B Brennbarer Stoff, Zündquelle
- ❑ C Zündquelle, Luft
- ❑ D Brennbarer Stoff, Luft (Sauerstoff), Zündquelle (2.5.3)

6. **Welcher Klasse des ADR sind verflüssigte Metalle zuzuordnen?**

- ❑ A Klasse 2
- ❑ B Klasse 3
- ❑ C Klasse 9
- ❑ D Klasse 1 (2.5.9)

7. **Es strömt UN 1977 Stickstoff, tiefgekühlt, verflüssigt, 2.2 aus. Welche Gefahr geht von dem austretenden Gas aus?**

- ❑ A Das Gas erwärmt sich.
- ❑ B Das Gas verdrängt den Sauerstoff, es besteht Erstickungsgefahr.
- ❑ C Das Gas explodiert.
- ❑ D Die Dampfwolke behindert die Sicht. (2.5.2)

8. **Wie verhalten sich Gase bei Erwärmung in einem geschlossenen Behälter?**

- ❑ A Der Druck im Behälter steigt.
- ❑ B Infolge des Druckanstiegs verflüssigen sich die Gase.
- ❑ C Gase werden schwerer.
- ❑ D Gase werden leichter. (2.5.2)

9. **Sie befördern UN 1017 Chlor. Auf den Versandstücken befinden sich neben dem Kennzeichen „umweltgefährdender Stoff“ folgende Gefahrzettelmuster:**

Welche Gefahren gehen von diesen Versandstücken aus?

- ❑ A Entzündend wirkend, brennbar und ansteckungsgefährlich
- ❑ B Brennbar, giftig und selbstentzündlich
- ❑ C Giftiges Gas, oxidierend (entzündend) wirkend und ätzend
- ❑ D Giftig, ätzend und brennbar (2.5.2)

10. Welcher Klasse nach ADR sind Laugen oder Säuren zuzuordnen?

❑ A Klasse 9

❑ B Klasse 8

❑ C Klasse 5.1

❑ D Klasse 4.3 (2.5.8)

11. Welche brennbare Flüssigkeit entwickelt bei einer Temperatur von 5 °C so viele Dämpfe, dass sich über der Flüssigkeit ein zündfähiges Dampf-Luft-Gemisch bilden kann?

❑ A UN 1203 Benzin, 3, II, (D/E) mit einem Flammpunkt von 4 °C

❑ B UN 1202 Dieselkraftstoff, 3, III, (D/E), Sondervorschrift 640L mit einem Flammpunkt von + 60 °C

❑ C UN 1202 Heizöl, leicht, 3, III, (D/E) mit einem Flammpunkt von + 65 °C

❑ D UN 1223 Kerosin, 3, III, (D/E) mit einem Flammpunkt von + 45 °C (2.5.3)

12. Welche Gefahr geht von Stoffen der Klasse 4.3 aus?

❑ A Diese Stoffe sind brennbar.

❑ B Diese Stoffe entwickeln bei der Berührung mit Stickstoff entzündbare Gase.

❑ C Diese Stoffe entwickeln bei der Berührung mit Wasser entzündbare Gase.

❑ D Diese Stoffe sind brennbar und ätzend. (2.5.43)

13. Sie befördern einen ätzenden staubförmigen Stoff. Welche Gefahren gehen von diesem Stoff aus?

❑ A Es besteht Vergiftungsgefahr.

❑ B Der Stoff ist oxidierend wirkend.

❑ C Es besteht keine Gefahr.

❑ D Ätzender Staub kann besonders an feuchten Körperstellen (z.B. Schleimhäute, Hände) Verätzungen verursachen. (2.5.8)

14. Wodurch entsteht elektrostatische Aufladung?

❏ A Durch Frost

❏ B Durch Reibung

❏ C Durch Erwärmung

❏ D Durch radioaktive Bestrahlung (2.5.3)

15. Welche Gefahr geht von infizierten Tieren aus?

❏ A Giftigkeit

❏ B Ansteckungsgefahr

❏ C Ätzwirkung

❏ D Ekelgefühl (2.5.62)

16. Wodurch kann ein Mensch bei der Explosion von Stoffen und Gegenständen der Unterklasse 1.1 noch in größerer Entfernung von einem Explosionsort beim Ausnutzen von Gebäuden als Deckung verletzt werden?

❏ A Es besteht keine Verletzungsgefahr.

❏ B Durch große Wurfstücke

❏ C Durch zerstörte Glasscheiben und Gebäudetrümmer

❏ D Durch die Explosionsgase (2.6.3)

17. Welchen Gütern der Klasse 6.1 ist die Verpackungsgruppe III zugewiesen?

❏ A Sehr giftigen Stoffen

❏ B Wassergefährdenden Stoffen

❏ C Schwach giftigen Stoffen

❏ D Giftigen Gasen (2.5.61)

18. Welchen Gefahrgütern ist die Verpackungsgruppe I zugewiesen?

❏ A Explosivstoffen

❏ B Giftigen Stoffen

❏ C Stoffen mit hoher Gefahr

❏ D Erwärmten Stoffen (2.2.1)

19. **Bei der Entleerung eines Tankfahrzeuges kommen Sie mit tiefgekühlt verflüssigtem Stickstoff in Berührung. Welche Erste-Hilfe-Maßnahme ist zweckmäßig?**

❑ A Ich muss gar nichts machen, Stickstoff ist nicht gefährlich.

❑ B Ich wasche die betroffenen Hautflächen mit heißem Wasser ab.

❑ C Ich lasse sofort den Notarzt rufen (Lebensgefahr).

❑ D Ich kühle den betroffenen Bereich sofort mit kaltem Wasser und suche dann einen Arzt auf bzw. rufe den Rettungsdienst bei großflächiger Berührung. (2.5.2)

20. **Welche schädliche Wirkung haben wassergefährdende Stoffe, wie z.B. Mineralölprodukte, in Gewässern?**

❑ A Mineralölprodukte schwimmen auf der Oberfläche und bilden somit keine Gefahr.

❑ B Sie verändern die biologischen, chemischen und physikalischen Eigenschaften des Wassers. Das Grundwasser wird verunreinigt.

❑ C Eine Gefährdung besteht nur in Wasserschutzgebieten.

❑ D Sie fließen mit der Strömung schnell ab und stellen deshalb keine Gefährdung dar. (2.6.1)

21. **Welche schädliche Wirkung haben Säuren (z.B. Salpetersäure) in Gewässern?**

❑ A Sie bilden auch nach Verdünnung durch das Wasser noch gefährliche Mischungen.

❑ B Sie sinken zu Boden und stellen dort keine Gefahr dar.

❑ C Sie entzünden sich bei Berührung mit Wasser.

❑ D Sie werden so stark verdünnt, dass sie keine Gefahr mehr darstellen. (2.5.8)

22. **Welche Gefahr geht von Versandstücken mit radioaktivem Inhalt aus?**

❑ A Keine

❑ B Es besteht Explosionsgefahr nur bei heftigem Anstoßen.

❑ C Die unsichtbaren Strahlen können den Körper auch ohne direkten Kontakt schädigen.

❑ D Geringe Gefahr der Dampfbildung, wenn die Verpackung undicht wird. (2.6.3)

3 Dokumentation

3.1 Begleitpapiere (8.1.2 ADR)

Unter dem Begriff „Begleitpapiere“ werden alle Dokumente, die zur Beförderung gefährlicher Güter vorgeschrieben sind, zusammengefasst. Diese sind vom Fahrzeugführer mitzuführen.

Auf Verlangen sind die Begleitpapiere den für die Überwachung zuständigen Personen auszuhändigen.

Begleitpapiere dienen

- der **Information des Fahrzeugführers**
- der **Information** der für die **Überwachung zuständigen Personen**
- der **Information** der **Unfallhilfsdienste** bei Unfällen
- dem **Nachweis** über bestimmte **Anforderungen**, z.B.
  - Qualifikation/Identität des Fahrzeugführers
  - technische Fahrzeugausstattung
  - durchgeführte Prüfungen.

Der Fahrzeugschein (Zulassungsbescheinigung Teil I nach StVZO) muss zwar auch mitgeführt werden, ist jedoch kein Begleitpapier im Sinne von GGVSEB/ADR.

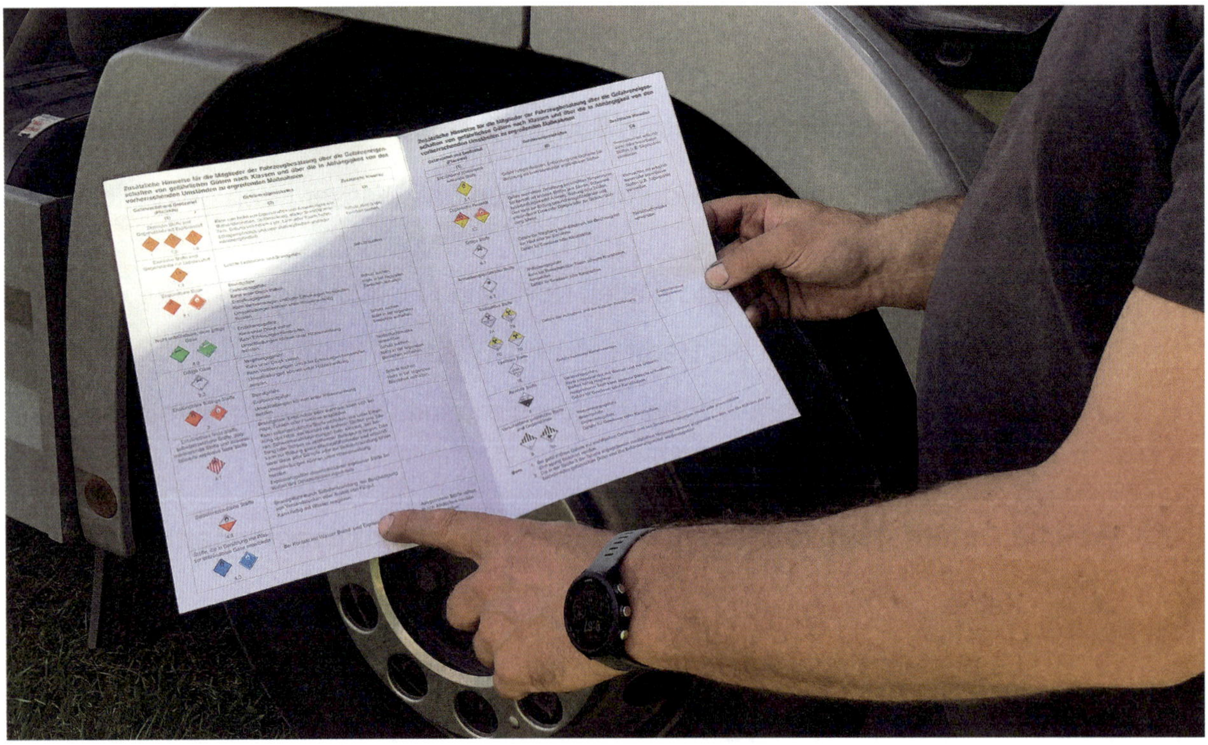

Alle Dokumente, die vom Fahrzeugführer mitzuführen sind, nennt man Begleitpapiere.

Übersicht Begleitpapiere

Begleitpapiere*)	erforderlich für
Beförderungspapier (5.4.1.1.1 ADR)	Versandstücke, lose Schüttung, Tank
Container-/Fahrzeugpackzertifikat (5.4.2) (für Güterbeförderungseinheiten, wenn Seebeförderung folgt)	Versandstücke, lose Schüttung
Schriftliche Weisungen (5.4.3)	Versandstücke, lose Schüttung, Tank
ADR-Schulungsbescheinigung (8.2.1)	Versandstücke, lose Schüttung, Tank
Lichtbildausweis (1.10.1.4)	Versandstücke, lose Schüttung, Tank
Fahrwegbestimmung (für besonders gefährliche Güter; § 35a GGVSEB) und ggf. weitere Papiere (Bescheinigung des Eisenbahn-Bundesamtes, Beförderungspapier Bahn)	Versandstücke und Tank
Ausnahme (Einzelausnahme gemäß § 5 GGVSEB)	Versandstücke, lose Schüttung, Tank
Kopie der **multilateralen Vereinbarung**, falls Mitführung in deren Text gefordert wird	Versandstücke, lose Schüttung, Tank
ADR-Zulassungsbescheinigung (9.1.3)	Tank- und Explosivstoff-fahrzeuge, MEMU, Träger- und Zugfahrzeu-ge von Tanks
ggf. Bescheinigung über die Prüfung des Aufsetztanks (6.8.2.4.5, § 19 (2) GGVSEB)	Aufsetztanks
Beförderungsgenehmigung Klasse 1 (5.4.1.2.1c)	Explosivstoffe
Beförderungsgenehmigung für radioaktive Stoffe der Klasse 7 (5.1.5.2.2)	Bestimmte radioaktive und spaltbare Stoffe
Beförderungsgenehmigung für bestimmte Stoffe Klasse 4.1 oder 5.2 (5.4.1.2.3.3)	Bestimmte selbstzer-setzliche Stoffe und organische Peroxide

**) Die Zahlenangaben in den Klammern beziehen sich auf Fundstellen im ADR.*

Für die Klassen 1 und 7 siehe auch Seite 81

3.2 Beförderungspapier (5.4.1 ADR)

Das Beförderungspapier spielt eine zentrale Rolle bei der Beförderung gefährlicher Güter. Es dient zur **Erkennung** der gefährlichen Ladung. Eine besondere Form ist dafür nicht vorgeschrieben, jedoch müssen **vorgeschriebene Angaben** gemacht werden.

Bei den meisten Beförderungen werden aus anderen Gründen bereits Papiere mitgeführt (z.B. Lieferschein, Beförderungsdokument für Seeverkehr (IMO-Erklärung), Bondruckerkarte, Begleitschein bei Entsorgung von Abfällen). Diese Papiere müssen meist nur um wenige Angaben ergänzt werden, um aus ihnen auch ein Beförderungspapier gemäß ADR zu machen.

Mit den Angaben sollen die am Transport **beteiligten Personen** sowie bei Unfällen die **Unfallhilfsdienste** darüber informiert werden, dass es sich bei der Ladung um Gefahrgut handelt.

Absender und Beförderer müssen Kopien der Beförderungspapiere und zusätzliche Informationen und Dokumentationen mindestens 3 Monate aufbewahren.

Das Beförderungspapier ist in jeder Phase des Transports aktuell zu halten, d.h. bei **Teilentladung** sind die Massenangaben zu korrigieren bzw. zu streichen. Die Erfüllung dieser Verpflichtung obliegt im ersten Schritt dem Fahrzeugführer, sofern keine anderweitige adäquate Lösung Anwendung findet. Der Verstoß gegen die stete Aktualisierung erfüllt den Tatbestand einer Ordnungswidrigkeit.

Das Beförderungspapier ist auch bei verkehrsbedingten Zwischenaufenthalten (z.B. beim Umschlag) bereitzuhalten.

Stoffe, die nicht namentlich im ADR genannt sind, aber gefährliche Eigenschaften aufweisen, können als sog. **„n.a.g.-Position“** befördert werden.

Definition einer „n.a.g.“-Eintragung

Diese „**n**icht **a**nderweitig **g**enannt“-Eintragungen sind als Sammelbezeichnung zu verstehen. Hier können Stoffgemische und Gegenstände zugeordnet werden, die

- im Gefahrgut-Verzeichnis nicht namentlich genannt sind und
- chemische, physikalische oder gefährliche Eigenschaften besitzen, die der Klasse, der UN-Nummer und der Benennung der „n.a.g.“-Eintragung entsprechen.

Bei UN 3077 und UN 3082 darf hier auch eine Benennung gewählt werden, die als Benennung im Gefahrgut-Verzeichnis selbst genannt ist. Beispiel: UN 3082 Umweltgefährdender Stoff, flüssig, n.a.g. (Farbe)

Bei den meisten n.a.g.-Eintragungen müssen Angaben zu den gefahrauslösenden Stoffen (maximal zwei Inhaltsstoffe, die zu der Einstufung führen) gemacht werden.

Gemäß 5.4.0.2 ADR darf das Beförderungspapier in elektronischer Form mitgeführt werden, wenn entweder die entsprechenden EDV-Datensätze auf der Beförderungseinheit bei Bedarf eingesehen und ausgedruckt werden können oder die Vorgaben des Leitfadens des Bundesministeriums für Digitales und Verkehr vom 04.02.2021 eingehalten werden. Hier müssen die Daten auf einem vorgegebenen Datenendgerät vorhanden und die Fahrzeugführer die Kontrollbehörden bei der Kontrolle unterstützen.

Hinweis auf begrenzte Mengen: Der Beförderer muss vor der Beförderung über die Bruttomasse der begrenzten Mengen nachweisbar informiert werden. Die Beförderungseinheit muss mit den Kennzeichen für Begrenzte Menge versehen werden, wenn die Bruttomasse von 8000 kg überschritten wird (siehe Seite 58).

3.2.1 Angaben im Beförderungspapier

Folgende Angaben muss ein Beförderungspapier für jedes Gefahrgut bei der Beförderung enthalten:

<table>
<tr><th>Bestandteil des Beförderungspapiers</th><th>Beispiel</th><th colspan="2">Bemerkungen</th></tr>
<tr><td>Name und Anschrift des Absenders</td><td colspan="3">Fa. Mustermann, xy-Straße, 12345 Vorort</td></tr>
<tr><td>Name und Anschrift des Empfängers</td><td>Fa. Empfänger, ZA-Straße, Ort</td><td colspan="2">Besonderheit: bei Lieferung an verschiedene Empfänger: Ersatz durch „Verkauf bei Lieferung“</td></tr>
<tr><td>UN-Nummer</td><td>UN 1263</td><td>immer</td><td rowspan="6">Reihenfolge ist zwingend vorgeschrieben</td></tr>
<tr><td>Benennung/ Beschreibung</td><td>Farbe</td><td>immer</td></tr>
<tr><td>Gefahrzettelmuster (in Einzelfällen ggf. andere Angaben)</td><td>3</td><td>immer; bei mehreren Gefahrzettelmustern die weiteren in Klammern „3 (6.1)“</td></tr>
<tr><td>Verpackungsgruppe</td><td>II</td><td>nur bei Stoffen, nicht bei Gegenständen</td></tr>
<tr><td>Tunnelbeschränkungscode</td><td>(D/E)</td><td>Pflichtangabe, wenn entsprechende Tunnel durchfahren werden</td></tr>
<tr><td>Menge</td><td>120 l</td><td colspan="2">Angabe der Menge als Volumen, Netto- oder Bruttomasse
Anwendung der Freistellung 1.1.3.6 ADR: siehe Seite 57</td></tr>
<tr><td>Nur bei verpackten Gütern (Versandstücken): Angabe der Art und Anzahl der Verpackungen</td><td>2 Fässer</td><td colspan="2">Hier müssen die Verpackungen eingesetzt werden, die im ADR als Verpackungen mit entsprechender Bauartzulassung angegeben sind (z.B. Fässer, Kanister, Kisten). Sind keine Verpackungen gemäß ADR vorgeschrieben, darf auch eine andere Benennung verwendet werden.</td></tr>
</table>

3.2.1.1 n.a.g.-Positionen

Stoffgemische, die nicht namentlich im ADR genannt sind, aber gefährliche Eigenschaften aufweisen, können als sogenannte „n.a.g.-Position“ befördert werden.

Absender	Empfänger
UN 1987 Alkohole, **n.a.g. (Ethanol, Isopropanol)**, 3, III, (D/E) 2 Kanister, 60 Liter	gefahrauslösende Stoffe müssen in der Regel nach „**n.a.g.**“ in Klammern genannt werden

3.2.1.2 Umweltgefährdende Stoffe

Stoffe, die für die Umwelt (Wasser) eine sofortige oder längerfristige Gefahr darstellen, sind als Zusatzgefahr „umweltgefährdend“ einzustufen.

Absender	Empfänger
UN 1654 Nikotin, 6.1, II, (D/E), **umweltgefährdend** 2 Fässer, 30 kg UN 3082 **Umweltgefährdender** Stoff, flüssig, n.a.g. (Epoxidharz), 9, III, (-) 1 Kanister, 25 Liter	(außer UN 3077 und 3082) 

3.2.1.3 Abfälle

Absender	Empfänger
UN 1263 **Abfall** Farbe, 3, II, (D/E), 1 Großpackmittel (IBC), 1000 l  	„Abfall“ wird immer zwischen UN-Nummer und Benennung eingesetzt

3.2.1.4 Freistellung 1.1.3.6 ADR

Absender	Empfänger
UN 1263 Farbe, 3, II, (D/E) UN 1334 Naphtalen, roh, 4.1, III, (E) 2 Fässer, 300 l 1 Kiste, 40 kg **Beförderungskategorie 2:** **300 l/900** **Beförderungskategorie 3:** **40 kg/40** Keine Angabe = keine Nutzung!	Angabe der Menge bei Nutzung der Freistellung 1.1.3.6 ADR: – Flüssigkeiten in Liter (l) – Gegenstände Bruttomasse in kg – Feste Stoffe, verflüssigte Gase, tiefgekühlt verflüssigte Gase und gelöste Gase die Nettomasse in kg – für verdichtete Gase, adsorbierte Gase und Chemikalien unter Druck der mit Wasser ausgeliterte Fassungsraum des Gefäßes in Liter (l)

(siehe hierzu auch Kapitel 6.3.3)

3.2.1.5 Ausnahmen

Absender	Empfänger
falls vorgeschrieben, Ausnahme der GGAV, z.B. „Ausnahme 18" Multilaterale Vereinbarungen: z.B. „Beförderung gemäß der Multilateralen Vereinbarung M347"	

3.2.1.6 Beförderungen in einer Transportkette mit Luft- oder Seeverkehr

Im kombinierten Verkehr (Straßen-/Seeverkehr, Straßen-/Luftverkehr oder Straßen-/Schienenverkehr) können die Dokumente für die entsprechenden Verkehrsträger für den Vor- oder Nachlauf im Straßenverkehr verwendet werden.

Straßen-Schienenverkehr	Eisenbahnfrachtbrief mit den vorgeschriebenen Angaben gemäß RID ist ausreichend
Straßen-Seeverkehr	IMO-Erklärung: hier müssen die vorgeschriebenen Angaben gemäß ADR ergänzt werden
Straßen-Luftverkehr	Shippers Declaration: hier müssen die vorgeschriebenen Angaben gemäß ADR ergänzt werden

Zusatz zu den vorgeschriebenen Angaben im Beförderungspapier „Beförderung nach Absatz 1.1.4.2.1“ und Angaben in der Sprache des Abgangslandes.

BEFÖRDERUNGSDOKUMENT FÜR GEFÄHRLICHE GÜTER
nach § 6 GGVSee (IMO-ERKLÄRUNG)
TRANSPORT DOCUMENT FOR DANGEROUS GOODS
(IMO-DANGEROUS GOODS DECLARATION)

Dieses Formular entspricht SOLAS 74, Kapitel VII Regel 4; MARPOL 73/78, Anlage III, Regel 4 und dem IMDG-Code, Kapitel 5.4
This form meets the requirements of SOLAS 74, chapter VII regulation 4; MARPOL 73/78, Annex III. Regulation 4 and the IMDG-Code, Chapter 5.4

Versender (Name & Anschrift) – Shipper (Name & Address)
Uta Sabath Gefahrgutberatung, Nagelsholz 61, 33739 Bielefeld / Germany
on behalf of:
XYZ GmbH, Seestraße 10, 32257 Bünde / Germany

Buchungsnummer(n) – Reference number(s)
Page 1 of 1 Pages

Frei für Text, Anweisungen und sonstige Angaben
Reserved for text, instructions or other matter
Beförderung nach Absatz 1.1.4.2.1
UN 1274 n-Propanol (n-Propylalkohol), 3, II, (D/E), 2,5 L, 1 Kiste,
UN 1230 Methanol, 3 (6.1), II, (D/E), 2,5 L, 1 Kiste
UMVERPACKUNG = 1 Kiste
Beförderungskategorie 2: 5 L / 15 Punkte

Empfänger – Consignee
Sae S.A.
Zone Industrielle du Por
09 BP 9318, Lomé
TOGO

CONTAINER/FAHRZEUG-PACKZ
CONTAINER/VEHICLE PACKING

ERKLÄRUNG
Es wird erklärt, dass das Packen de
gem. den Bestimmungen nach 5.4.2
DECLARATION
It is declared that the packing of the
accordance with the provisions of 5.

AUSFÜLLEN FÜR SENDUNGEN IN CONTAINERN ODER FAHRZEUGEN
TO BE COMPLETED FOR SHIPMENTS IN CONTAINERS OR VEHICLES

Signature on behalf of packer

Schiffsname und Nummer der Reise
Ship's name and voyage No.

Ladehafen
Port of loading

Löschhafen – Port of discharge

Frei für Text, Anweisungen und sonstige Angaben
Reserved for text, instructions or other matter
Beförderung nach Absatz 1.1.4.2.1
UN 1274 n-Propanol (n-Propylalkohol), 3, II, (D/E), 2,5 L, 1 Kiste,
UN 1230 Methanol, 3 (6.1), II, (D/E), 2,5 L, 1 Kiste
UMVERPACKUNG = 1 Kiste
Beförderungskategorie 2: 5 L / 15 Punkte

UN-Nr. UN-No.	Inhalt (richtiger technischer Name) * Proper Shipping Name (Correct technical name) *	Klasse/Unter-Klasse nach IMO IMO-Class	Verpackungs-gruppe Packing group	Markierung der Versandstücke Falls zutreffend, Identifikations-Nummer oder amtl. Kennzeichen Marks & Nos, if applicable, identification or registration number(s) of the Unit	Anzahl und Verp.-Art No. and kind of packages
UN 1274	n-Propanol (Propylalcohol, normal	3	II	Adress	1 plastic box #3 (containing 1 glass bottle x 2,5 L UN 1274)
UN 1230	Methanol	3 (6.1)	II		1 plastic box (containing 1 glass bottle x 2,5 L UN 1230)

Bruttomenge (Volumen/Masse) Gross quantity (volume/mass) Nettomenge/Volumen/Masse Net quantity/volume/mass Netto Explosivstoffmasse *** – Net explosive mass ***	Merkblatt-Nr. für Unfall-Maßnahmen EmS No.	Eigenschaften / Properties Flammpunkt / Flashpoint ** MARINE POLLUTANT ** Kontroll- und Notfalltemperatur ** Control- and emergency temperature **
net quantity: 2,5 L / gross weight 2,9 kg UN 1274	F-E, S-D	Flashpoint 15 °C (c.c.)
net quantity 2,5 L / gross weight 2,8 kg UN 1230	F-E, S-D	Flashpoint 10 °C (c.c.)

Güter angeliefert als / Goods delivered as:
☐ Stückgut/Breakbulk cargo
☐ Ladungseinheiten (Unit Loads) Unitized cargo
☐ Bulkverpackungen/Bulk packages

Art der Einheit (Container, Anhänger, Tank, Fahrzeug usw.)
Type of unit (container, trailer, tank, vehicle etc.)
☐ offen / open
☐ geschlossen / closed
Zutreffendes ankreuzen / Insert „x“ in appropriate box
(Diese Spalte kann bis auf die Überschrift freigelassen werden; in diesem Fall ist die zutreffende Beschreibung einzusetzen.)
(This column may be left empty apart from the heading, in which case insert appropriate description.)

* Marken- oder Herstellernamen allein sind nicht ausreichend. Falls zutreffend: (1) das Wort „ABFALL“ vor den Namen setzen; (2) „LEER UNGEREINIGT“ oder „RÜCKSTÄNDE – ZULETZT ENTHALTEN“ hinzufügen; (3) „BEGRENZTE MENGE“ hinzufügen. ** Falls nach Kapitel 5.4 IMDG-Code erforderlich; *** Nur bei Stoffen der Klasse 1; --- * Proprietary/trade names alone are not sufficient. If applicable: (1) the word „WASTE“ should precede the name; („) „EMPTY UNCLEANED“ or „RESIDUE – LAST CONTAINED“ should be added; (3) „LIMITED QUANTITY“ should be added. ** When required in chapter 5.4 of the IMDG-Code; *** Class 1 only;

ZUSÄTZLICHE ANGABEN – Unter bestimmten Bedingungen sind besondere Angaben/Bescheinigungen erforderlich; siehe IMDG-Code, Kapitel 5.4 (siehe Rückseite).
ADDITIONAL INFORMATION – In certain circumstances special information/certificates are required, see IMDG-Code, chapter 5.4 (see backside).

ERKLÄRUNG
Hiermit erkläre ich, dass der Inhalt dieser Sendung mit dem (den) richtigen technischen Namen vollständig und genau bezeichnet ist. Die Güter sind nach den geltenden internationalen und nationalen Vorschriften klassifiziert, verpackt, beschriftet und gekennzeichnet/plakatiert und befinden sich in jeder Hinsicht in einem für die Beförderung geeigneten Zustand.

DECLARATION
I hereby declare that the contents of this consignment are fully and accurately described by the Proper Shipping Name, and are classified, packaged, marked and labelled/placarded, and are in all respects in proper condition for transport according to the applicable international and national governmental regulations.

Name/Funktion, Unternehmen/Organisation des Unterzeichners
Name/status, company/organization of signatory
Uta Sabath, IMDG-Code supervisor
Ort und Datum
Place and date
Bünde, December 12, 2022
Unterschrift für den Versender
Signature on behalf of shipper

3.2.1.7 Freistellungen „Begrenzte Mengen“ und „Freigestellte Mengen“

Begrenzte Mengen 	Kein Beförderungspapier erforderlich, aber: Hinweis auf Begrenzte Menge und Bruttomasse der so gekennzeichneten Versandstücke	> 8000 kg (8 Tonnen) = Kennzeichnung der Beförderungseinheit erforderlich

Freigestellte Mengen 	Kein Beförderungspapier erforderlich, aber: Eintrag in den Lieferpapieren „GEFÄHRLICHE GÜTER IN FREIGESTELLTEN MENGEN“ und Anzahl der Versandstücke	Maximal 1000 Versandstücke je Fahrzeuge erlaubt 

3.2.1.8 Sonstige Besonderheiten

Besonderheiten	Beispiel	Bemerkung
Begaste, nicht belüftete Güterbeförderungseinheiten	„UN 3359 BEGASTE GÜTERBEFÖRDERUNGSEINHEIT, Klasse 9“	
Fahrzeuge oder Container, die gekühlt oder konditioniert und nicht vollständig belüftet wurden	z.B. „UN 1845 KOHLENDIOXID, FEST, ALS KÜHLMITTEL“	bei Nutzung von Kohlendioxid, fest (Trockeneis)
Bergungsverpackungen Bergungsgroßverpackungen Bergungsdruckgefäße	nach der Beschreibung der Güter „BERGUNGSVERPACKUNG“ bzw. „BERGUNGSDRUCKGEFÄSS“ einfügen	

Die Reihenfolge der Angaben zur Beschreibung des Gutes (UN-Nummer, Benennung, Gefahrzettel, ggf. Verpackungsgruppe, Tunnelbeschränkungscode) im Beförderungspapier ist festgelegt. **Beispiele** für zugelassene Beschreibungen gefährlicher Güter sind:

UN 1361 Kohle, 4.2, II, (E)
UN 2014 Wasserstoffperoxid, wässerige Lösung, 5.1 (8), II, (E)
UN 1263 Farbe, 3, VG II, (D/E), umweltgefährdend
UN 3480 LITHIUM-IONEN-BATTERIEN, 9, (E)

Hinweis: Besonderheiten der einzelnen Klassen beachten!
Beispielsweise sind bei selbstzersetzlichen Stoffen der Klasse 4.1 und bei organischen Peroxiden der Klasse 5.2 mit Temperaturkontrolle die Kontroll- und Notfalltemperaturen im Beförderungspapier anzugeben. Bei der Beförderung in loser Schüttung, bei Abfällen, Gefahrgütern der Klassen 1 und 7 oder bei der Beförderung in Tanks können zusätzliche Einträge gefordert sein. Bei Stoffen, die durch einen Zusatz stabilisiert sind, muss der Zusatz „stabilisiert“ im Beförderungspapier aufgeführt werden.

3.2.1.9 Sondervorschriften für ungereinigte leere Umschließungsmittel

a) Verpackungen

Leere Umschließung	Beispiel	Bemerkung
Ungereinigte leere Verpackungen außer Klasse 7, die Rückstände gefährlicher Güter enthalten	LEERE VERPACKUNG, 8 LEERES GEFÄSS, 2 LEERES GROSSPACKMITTEL (IBC), 3 LEERE GROSSVERPACKUNG, 4.1	Nennung der leeren Verpackung bzw. des Großpackmittels bzw. der Großverpackung und zusätzlich das/die angebrachten Gefahrzettelmuster
	UN 1263 Farbe, 3, II, (D/E), **LEER, UNGEREINIGT**	Zusatz nach den vorgeschriebenen Eintragungen im Beförderungspapier
	UN 1263 Farbe, 3, II, (D/E), **RÜCKSTÄNDE DES ZULETZT ENTHALTENEN STOFFES**	
Besonderheit		
Mehrere ungereinigte Verpackungen mit unterschiedlichen Gefahrzettelmustern	„LEERE VERPACKUNGEN MIT RÜCKSTÄNDEN VON 3, 6.1, 8."	Aufzählung der tatsächlich vorhandenen Gefahrzettelmuster in aufsteigender Zahlenfolge (2 bis 9)

b) Tanks, Fahrzeuge, Container

Ungereinigte leere **Umschließungsmittel** und ungereinigte leere Gefäße für Gase mit einem Fassungsvermögen von mehr als 1000 l (keine Verpackungen der Klasse 7) werden im Beförderungspapier mit der Beschreibung des Umschließungsmittels und der einleitenden Bemerkung „LETZTES LADEGUT" angegeben. Danach folgen die üblichen Angaben UN-Nummer, Benennung, Gefahrzettelnummer, Verpackungsgruppe, Tunnelbeschränkungscode und ggf. „UMWELTGEFÄHRDEND".

Beispiel:
„LEERER CONTAINER, LETZTES LADEGUT: UN 1338 PHOSPHOR, AMORPH, 4.1, VG III, (E), UMWELTGEFÄHRDEND"

3.2.1.10 Tankfahrzeuge, Batterie-Fahrzeuge oder MEGC zur Reparatur oder Reinigung

Bei Beförderung leerer, ungereinigter **Tanks, Batterie-Fahrzeuge** oder **MEGC** zur nächsten Reinigungs- oder Reparaturstelle ist zusätzlich zu vermerken „BEFÖRDERUNG NACH ABSATZ 4.3.2.4.3". Für ungereinigte, leere **Fahrzeuge oder Container** ist in diesem Fall zusätzlich zu vermerken „BEFÖRDERUNG NACH UNTERABSCHNITT 7.5.8.1".

3.2.1.11 Beförderung von Großpackmitteln (IBC), Tanks, ortsbeweglichen Tanks oder MEGC nach Ablauf der Frist für die wiederkehrende Prüfung

Werden Großpackmittel (IBC) nach Ablauf ihrer Prüffrist befördert, muss im Beförderungspapier ein zusätzlicher Eintrag erfolgen, der auf diese Regelung verweist:

„BEFÖRDERUNG NACH UNTERABSCHNITT 4.1.2.2 b)"

Mit dem Zusatzeintrag ist erkennbar, dass eine besondere Regelung in Anspruch genommen wird.

Werden ortsbewegliche Tanks nach Ablauf ihrer Prüffrist befördert, lautet der zusätzliche Eintrag z.B.: „BEFÖRDERUNG NACH ABSATZ 6.7.2.19.6 b)"

Zudem besteht die Möglichkeit, Gefahrgüter in Tankfahrzeugen oder MEGC noch einen Monat nach Ablauf der Prüffrist befördern zu dürfen. Voraussetzung ist, dass die Befüllung vor Ablauf der Prüffrist stattgefunden hat. Im Beförderungspapier muss folgender Eintrag vorgenommen werden: „BEFÖRDERUNG NACH ABSATZ 4.3.2.3.7 b)"

3.2.1.12 Gefährliche Abfälle

Abfälle, die vereinfacht klassifiziert wurden, müssen die offizielle Benennung folgendermaßen ergänzen: „ABFALL NACH ABSATZ 2.1.3.5.5".

3.2.1.13 Altverpackungen, leer, ungereinigt (UN 3509)

Verpackungen, Großverpackungen oder Großpackmittel (IBC) oder Teile davon, die gefährliche Güter enthalten haben, können mit der Eintragung UN 3509 ALTVERPACKUNGEN, LEER, UNGEREINIGT zur Entsorgung, zum Recycling oder zur Wiederverwertung der Rohstoffe befördert werden. Die Verpackungen dürfen nur Rückstände der Gefahrklassen 3, 4.1, 5.1, 6.1, 8 oder 9 enthalten. Einige Stoffe der Klassen 3, 4.1, 5.1, 6.1, 8 und 9, Stoffe der Verpackungsgruppe I und andere sind von der Anwendung der UN 3509 ausgeschlossen.

Die Verpackungen, Großpackmittel (IBC) und Großverpackungen müssen soweit entleert sein, dass nur Reste der gefährlichen Güter an den Verpackungsteilen anhaften. Sichtbare Pfützen oder Restmengen sind nicht erlaubt.

Die Beschaffenheit der Verpackungen oder Schüttgut-Container bzw. Großcontainer, die leere ungereinigte Altverpackungen der UN 3509 enthalten, muss wie folgt sein:

a) flüssigkeitsdicht oder
b) flüssigkeitsdichte, durchstoßfeste und dicht verschlossene Auskleidung oder
c) flüssigkeitsdichter, durchstoßfester und dicht verschlossener Sack.

Wenn flüssige Rückstände vorhanden sind, müssen starre Verpackungen mit saugfähigem Material ausgerüstet sein. Es darf sich keine freie Flüssigkeit in den Verpackungen für die leeren, ungereinigten Altverpackungen der UN 3509 befinden.

Leere, ungereinigte Altverpackungen, die Gefahrgüter der Klasse 5.1 als Haupt- oder Nebengefahr enthalten haben, dürfen nicht mit leeren ungereinigten Altverpackungen der anderen Klassen zusammen als lose Schüttung befördert werden oder mit Holz oder anderen brennbaren Materialien in Schüttgut-Containern oder Verpackungen in Berührung kommen.

Die Anwendung der UN 3509 setzt entsprechende Dokumentationen am Verladeort voraus.

Im Beförderungspapier lautet die Angabe:
„UN 3509 ALTVERPACKUNGEN, LEER, UNGEREINIGT (mit Rückständen von [Angabe der Gefahrzettelmuster]), 9"

3.2.1.14 Angabe des Tunnelbeschränkungscodes

Die Angabe des Tunnelbeschränkungscodes (nachfolgend TBC genannt) ist nur dann erforderlich, wenn entsprechende Tunnel mit Durchfahrtbeschränkungen vorhanden sind (siehe Tabelle „Angaben im Beförderungspapier" unter 3.2.1 auf Seite 55 in Spalte Bemerkungen). Bei einigen Gefahrgütern (UN 2814, 2900 (nur ein Eintrag), 2908, 2909, 2910, 2911, 2919, 3077, 3082, 3166, 3171, 3291, 3331, 3359, 3373, 3549) wird als TBC „(-)" angegeben. Diese Angabe sagt aus, dass diese UN-Nummern keinen TBC zugewiesen bekommen haben. Dieser in Klammern gesetzte Strich muss im Beförderungspapier aufgeführt werden. Damit erhalten die Fahrzeugführer die Kenntnis, dass die Durchfahrt durch Tunnel mit Einschränkungen in kennzeichnungspflichtigen Mengen gestattet ist. Bei den UN-Nummern UN 2919 und UN 3331 können einzelne Staaten Beschränkungen zu der Durchfahrt durch Tunnel über die entsprechenden Sondervereinbarungen für radioaktive Stoffe veröffentlichen. Bei der internationalen Beförderung gefährlicher Güter muss vorher aufgeklärt werden, ob Staaten befahren werden, in welchen eine generelle Voranmeldung zur Durchfahrt von Tunneln zu erfolgen hat.

3.2.1.15 Sprache im Beförderungspapier

Das Beförderungspapier muss in der Sprache des Abgangslandes des gefährlichen Gutes ausgestellt werden. Ist dies nicht Deutsch, Englisch oder Französisch, muss ein Beförderungspapier zusätzlich in einer dieser drei Sprachen erstellt werden.

3.2.2 Container-/Fahrzeugpackzertifikat (5.4.2 ADR)

Wenn einer Beförderung gefährlicher Güter in Containern bzw. Fahrzeugen im Straßenverkehr eine **Seebeförderung** folgt, muss das Container-/Fahrzeugpackzertifikat von einer Person, die für das Packen der Güterbeförderungseinheit verantwortlich ist, ausgestellt werden. Das Beförderungsdokument und das Container-/Fahrzeugpackzertifikat können in einem Dokument enthalten sein, dürfen aber auch als getrennte Dokumente übergeben werden. Ohne Container-/Fahrzeugpackzertifikat dürfen Güterbeförderungseinheiten mit gefährlichen Gütern nicht auf Seeschiffe verladen werden.

Das Container-/Fahrzeugpackzertifikat muss im Vorlauf Straßenverkehr nicht mitgeführt werden.

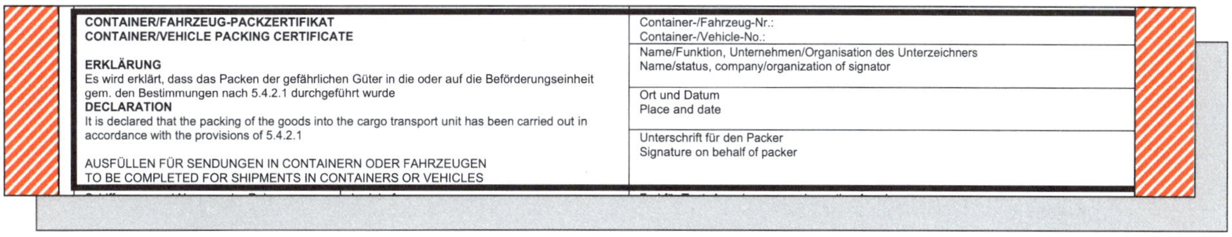
CONTAINER/FAHRZEUG-PACKZERTIFIKAT
CONTAINER/VEHICLE PACKING CERTIFICATE

ERKLÄRUNG
Es wird erklärt, dass das Packen der gefährlichen Güter in die oder auf die Beförderungseinheit gem. den Bestimmungen nach 5.4.2.1 durchgeführt wurde
DECLARATION
It is declared that the packing of the goods into the cargo transport unit has been carried out in accordance with the provisions of 5.4.2.1

AUSFÜLLEN FÜR SENDUNGEN IN CONTAINERN ODER FAHRZEUGEN
TO BE COMPLETED FOR SHIPMENTS IN CONTAINERS OR VEHICLES

Container-/Fahrzeug-Nr.:
Container-/Vehicle-No.:

Name/Funktion, Unternehmen/Organisation des Unterzeichners
Name/status, company/organization of signator

Ort und Datum
Place and date

Unterschrift für den Packer
Signature on behalf of packer

3.2.3 Tabelle „höchstzulässige Mengen" (1.1.3.6.3 ADR)

Beförderungskategorie	Stoffe oder Gegenstände Verpackungsgruppe oder Klassifizierungscode/-gruppe oder UN-Nummer	Höchstzulässige Gesamtmenge je Beförderungseinheit[b)]
0	Klasse 1: 1.1 A, 1.1 L, 1.2 L, 1.3 L, UN-Nummer 0190 Klasse 3: UN-Nummer 3343 Klasse 4.2: Stoffe, die der Verpackungsgruppe I zugeordnet sind Klasse 4.3: UN-Nummern 1183, 1242, 1295, 1340, 1390, 1403, 1928, 2813, 2965, 2968, 2988, 3129, 3130, 3131, 3132, 3134, 3148, 3396, 3398 und 3399 Klasse 5.1: UN-Nummer 2426 Klasse 6.1: UN-Nummern 1051, 1600, 1613, 1614, 2312, 3250 und 3294 Klasse 6.2: UN-Nummern 2814, 2900 und 3549 Klasse 7: UN-Nummern 2912 bis 2919, 2977, 2978 und 3321 bis 3333 Klasse 8: UN-Nummer 2215 (MALEINSÄUREANHYDRID, GESCHMOLZEN) Klasse 9: UN-Nummern 2315, 3151, 3152 und 3432 sowie Gegenstände, die solche Stoffe oder Gemische enthalten sowie ungereinigte leere Verpackungen, die Stoffe dieser Beförderungskategorie enthalten haben, ausgenommen Verpackungen, die der UN-Nummer 2908 zugeordnet sind.	0
1	Stoffe und Gegenstände, die der **Verpackungsgruppe I** zugeordnet sind und nicht unter die Beförderungskategorie 0 fallen, sowie Stoffe und Gegenstände der folgenden Klassen: Klasse 1: 1.1 B bis 1.1 J[a)], 1.2 B bis 1.2 J, 1.3 C, 1.3 G, 1.3 H, 1.3 J und 1.5 D[a)] Klasse 2: Gruppen T, TC[a)], TO, TF, TOC[a)] und TFC Druckgaspackungen: Gruppen C, CO, FC, T, TF, TC, TO, TFC und TOC Chemikalien unter Druck: UN-Nummern 3502, 3503, 3504 und 3505 Klasse 4.1: UN-Nummern 3221 bis 3224, 3231 bis 3240, 3533 und 3534 Klasse 5.2: UN-Nummern 3101 bis 3104 und 3111 bis 3120	20 (Bei Mischladung **Faktor 50**)
2	Stoffe, die der **Verpackungsgruppe II** zugeordnet sind und nicht unter die Beförderungskategorie 0, 1 oder 4 fallen, sowie Stoffe und Gegenstände der folgenden Klassen: Klasse 1: 1.4 B bis 1.4 G und 1.6 N Klasse 2: Gruppe F Druckgaspackungen: Gruppe F Chemikalien unter Druck: UN-Nummer 3501 Klasse 4.1: UN-Nummern 3225 bis 3230, 3531 und 3532 Klasse 4.3: UN-Nummer 3292 Klasse 5.1: UN-Nummer 3356 Klasse 5.2: UN-Nummern 3105 bis 3110 Klasse 6.1: UN-Nummern 1700, 2016 und 2017 sowie Stoffe, die der Verpackungsgruppe III zugeordnet sind Klasse 6.2: UN-Nummern 3291 Klasse 9: UN-Nummern 3090, 3091, 3245, 3480, 3481 und 3536	333 (Bei Mischladung **Faktor 3**)
3	Stoffe, die der **Verpackungsgruppe III** zugeordnet sind und nicht unter die Beförderungskategorie 0, 2 oder 4 fallen, sowie Stoffe und Gegenstände der folgenden Klassen: Klasse 2: Gruppen A und O Druckgaspackungen: Gruppen A und O Chemikalien unter Druck: UN-Nummer 3500 Klasse 3: UN-Nummer 3473 Klasse 4.3: UN-Nummer 3476 Klasse 8: UN-Nummern 2794, 2795, 2800, 3028, 3477 und 3506 Klasse 9: UN-Nummern 2990 und 3072	1 000 (Bei Mischladung **Faktor 1**)

4	Klasse 1: 1.4 S Klasse 2 UN-Nummern 3537 bis 3539 Klasse 3 UN-Nummer 3540 Klasse 4.1: UN-Nummern 1331, 1345, 1944, 1945, 2254, 2623 und 3541 Klasse 4.2: UN-Nummern 1361 und 1362 der Verpackungsgruppe III und UN-Nummer 3542 Klasse 4.3 UN-Nummer 3543 Klasse 5.1 UN-Nummer 3544 Klasse 5.2 UN-Nummer 3545 Klasse 6.1 UN-Nummer 3546 Klasse 7: UN-Nummern 2908 bis 2911 Klasse 8 UN-Nummer 3547 Klasse 9: UN-Nummern 3268, 3499, 3508, 3509 und 3548 sowie ungereinigte leere Verpackungen, die gefährliche Stoffe mit Ausnahme solcher enthalten haben, die unter die Beförderungskategorie 0 fallen.	unbegrenzt

[a] *Für die UN-Nummern 0081, 0082, 0084, 0241, 0331, 0332, 0482, 1005 und 1017 beträgt die höchstzulässige Gesamtmenge je Beförderungseinheit 50 kg. (Bei Mischladung Faktor 20)*

[b] *Die höchstzulässige Gesamtmenge für jede Beförderungskategorie entspricht einem berechneten Wert von „1000" (siehe auch Absatz 1.1.3.6.4).*

In vorstehender Tabelle bedeutet „höchstzulässige Gesamtmenge je Beförderungseinheit":

- für Gegenstände die Bruttomasse in kg (für Gegenstände der Klasse 1 die Nettomasse des explosiven Stoffes in kg; für gefährliche Güter in Geräten und Ausrüstungen, die in dieser Anlage näher bezeichnet sind, die Gesamtmenge der darin enthaltenen gefährlichen Güter in kg bzw. in Liter);
- für feste Stoffe, verflüssigte Gase, tiefgekühlt verflüssigte Gase und gelöste Gase die Nettomasse in kg;
- für flüssige Stoffe die Gesamtmenge der enthaltenen gefährlichen Güter in Litern;
- für verdichtete Gase, adsorbierte Gase und Chemikalien unter Druck der mit Wasser ausgeliterte Fassungsraum des Gefäßes in Litern.

1.1.3.6.4

Wenn gefährliche Güter, die verschiedenen in der Tabelle festgelegten Beförderungskategorien angehören, in derselben Beförderungseinheit befördert werden, darf die Summe

- der Menge der Stoffe und Gegenstände der Beförderungskategorie 1, multipliziert mit 50,
- der Menge der in Fußnote a) zur Tabelle 1.1.3.6.3 aufgeführten Stoffe und Gegenstände der Beförderungskategorie 1, multipliziert mit 20;
- der Menge der Stoffe und Gegenstände der Beförderungskategorie 2, multipliziert mit 3, und
- der Menge der Stoffe und Gegenstände der Beförderungskategorie 3

1000 nicht überschreiten.

„1000-Punkte-Regel"

3.2.4 Beförderungspapier für leere Tankfahrzeuge

Beförderungspapier
Klasse 3 ADR

Absender:
Fa. Heiss und Flüssig
Tanktransporte GmbH
Waldstraße 49
76135 Karlsruhe

Empfänger:

Siehe Absender

Leerfahrt	**von**	76275 Ettlingen	**(letzte Entladestelle)**
	nach	76135 Karlsruhe	

Leeres Tankfahrzeug, letztes Ladegut:

- ☒ UN 1202 **HEIZÖL, LEICHT,** 3, VG III, (D/E) „Sondervorschrift 640 L“, umweltgefährdend
- ❑ UN 1202 **DIESELKRAFTSTOFF,** 3, VG III, (D/E) „Sondervorschrift 640 L“, umweltgefährdend
- ❑ UN 1203 **BENZIN,** 3, VG II, (D/E), umweltgefährdend
- ❑ Beförderung nach Absatz 4.3.2.4.3
- ❑ Beförderung nach Absatz 4.3.2.4.4
- ❑ Beförderung nach Absatz 4.3.2.3.7 b)

Zutreffendes bitte ankreuzen!

3.3 Schriftliche Weisungen (5.4.3 ADR)

Mit den Schriftlichen Weisungen wird den Mitgliedern der Fahrzeugbesatzung mitgeteilt, wie sie sich bei Unfällen oder Notfällen verhalten müssen.

Die **vierseitigen** Schriftlichen Weisungen gelten für alle Klassen und enthalten folgende Angaben:

- Allgemeine Verhaltensregeln für die Mitglieder der Fahrzeugbesatzung, z.B.:
  - Anhalten des Fahrzeugs,
  - Alarmierung der Einsatzkräfte,
  - Vermeiden von Zündquellen,
  - Gebrauch der Warnweste und Absicherung der Unfallstelle,
  - Bereithalten der Begleitpapiere,
  - Verbot der Berührung der ausgelaufenen Güter,
  - Vermeiden des Einatmens oder Inhalierens von Dämpfen, Rauch und Stäuben,
  - Löschen von Entstehungsbränden an Reifen, Bremsen und Fahrzeugteilen,
  - Verbot des Löschens von Ladungsbränden,
  - Aufenthalt nicht in unmittelbarer Umgebung des Unfalls oder Zwischenfalls,
  - wenn möglich, Abdichten von Leckagen unter Benutzung der Ausrüstung, um ein Eindringen in Wasser oder das Abwassersystem zu verhindern,
  - Entfernen von kontaminierten Kleidungsstücken, Entsorgung von verwendeter, kontaminierter Ausrüstung,
- Abbildung der Gefahrzettel der einzelnen Klassen und der Kennzeichen
- Gefahreigenschaften der einzelnen Klassen
- klassenbezogene Verhaltensregeln
- Ausrüstung für den persönlichen und allgemeinen Schutz (*siehe Tabelle Seite 114*)

Schriftliche Weisungen müssen in der Sprache der Mitglieder der Fahrzeugbesatzung mitgeführt werden (Achtung, Ausnahmen einzelner ADR-Vertragsstaaten (z.B. Frankreich): diese fordern die Mitführung der Schriftlichen Weisungen auch in französischer Sprache). Sie sind vom Beförderer den Mitgliedern der Fahrzeugbesatzung bereitzustellen. Die Schriftlichen Weisungen müssen dem **Muster des ADR** entsprechen.

Vor Fahrtantritt muss sich jedes Mitglied der Fahrzeugbesatzung über die beförderten gefährlichen Güter informieren, damit es im Falle von Unfällen oder Zwischenfällen die Maßnahmen aus den Schriftlichen Weisungen anwenden kann.

Schriftliche Weisungen sind grundsätzlich bei allen Gefahrguttransporten mitzuführen. Ausnahme: Sie müssen nicht mitgeführt werden, wenn nur Mengen unterhalb der höchstzulässigen Mengen der Tabelle 1.1.3.6.3 ADR (*siehe Seite 63/64*) befördert werden.

Unabhängig von den geltenden Vorschriften wird empfohlen, bei jeder Beförderung gefährlicher Güter schriftliche Weisungen mitzuführen, auch bei Kleinstmengen.

Die Schriftlichen Weisungen sind im Fahrerhaus an einer leicht zugänglichen Stelle mitzuführen. Dies soll gewährleisten, dass auch Fremde die Schriftlichen Weisungen finden können, wenn die Mitglieder der Fahrzeugbesatzung nicht mehr ansprechbar sind.

Im Falle eines Unfalls oder Notfalls haben die Mitglieder der Fahrzeugbesatzung die in den Schriftlichen Weisungen angegebenen Maßnahmen zu treffen. Achtung! Dabei aber an den Selbstschutz denken.

Die Fahrzeugbesatzung kann mithilfe der vierten Seite der Schriftlichen Weisungen die vorgeschriebene Abfahrtkontrolle – hier die Kontrolle der persönlichen und sonstigen Schutzausrüstung – vornehmen.

Merke

✔ Schriftliche Weisungen im Fahrerhaus leicht zugänglich aufbewahren
✔ Vor der Beförderung lesen

Schriftliche Weisungen für Unfälle

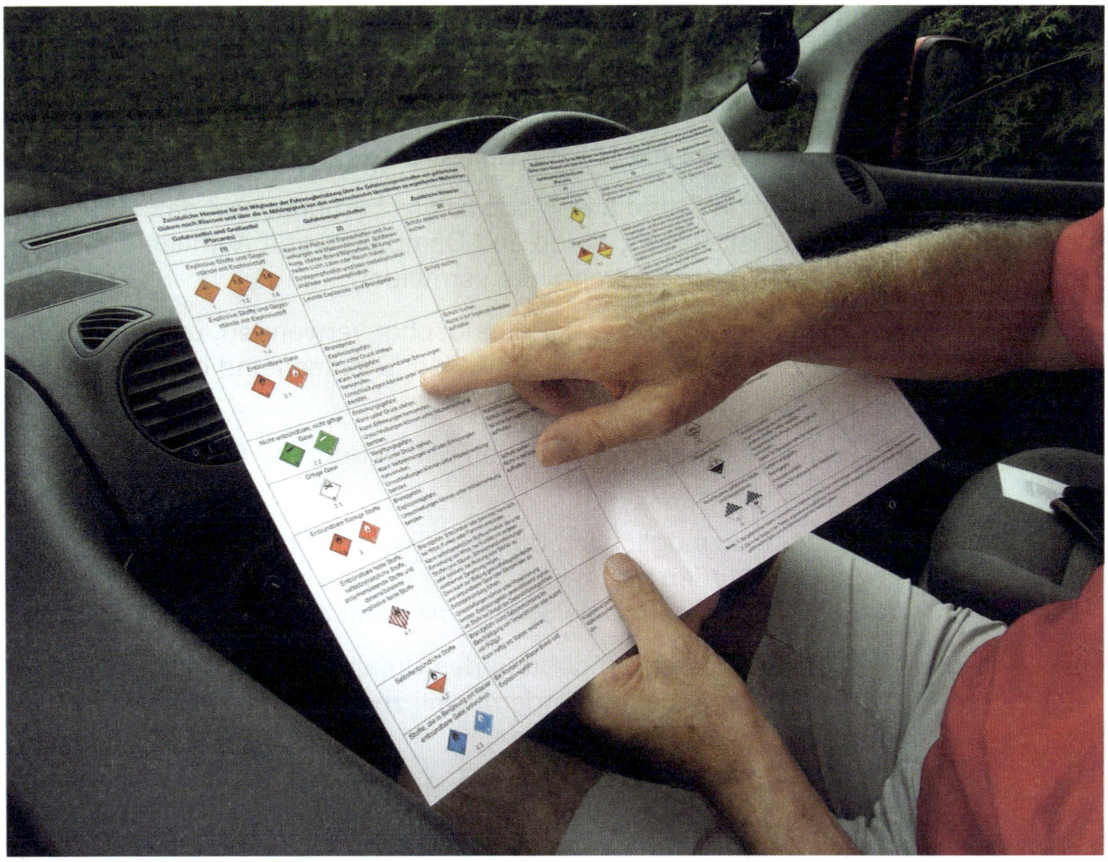

Die schriftlichen Weisungen richten sich an die Mitglieder der Fahrzeugbesatzung.
Sie sind spätestens **vor** Fahrtantritt zu lesen!

Schriftliche Weisungen
(Seite 1)

SCHRIFTLICHE WEISUNGEN GEMÄSS ADR

Maßnahmen bei einem Unfall oder Notfall

Bei einem Unfall oder Notfall, der sich während der Beförderung ereignen kann, müssen die Mitglieder der Fahrzeugbesatzung folgende Maßnahmen ergreifen, sofern diese sicher und praktisch durchgeführt werden können:

- Bremssystem betätigen, Motor abstellen und Batterie durch Bedienung des gegebenenfalls vorhandenen Hauptschalters trennen;
- Zündquellen vermeiden, insbesondere nicht rauchen oder elektronische Zigaretten oder ähnliche Geräte verwenden und keine elektrische Ausrüstung einschalten;
- die entsprechenden Einsatzkräfte verständigen und dabei soviel Informationen wie möglich über den Unfall oder Zwischenfall und die betroffenen Stoffe liefern;
- Warnweste anlegen und selbststehende Warnzeichen an geeigneter Stelle aufstellen;
- Beförderungspapiere für die Ankunft der Einsatzkräfte bereit halten;
- nicht in ausgelaufene Stoffe treten oder diese berühren und das Einatmen von Dunst, Rauch, Staub und Dämpfen durch Aufhalten auf der dem Wind zugewandten Seite vermeiden;
- sofern dies gefahrlos möglich ist, Feuerlöscher verwenden, um kleine Brände/Entstehungsbrände an Reifen, Bremsen und im Motorraum zu bekämpfen;
- Brände in Ladeabteilen dürfen nicht von Mitgliedern der Fahrzeugbesatzung bekämpft werden;
- sofern dies gefahrlos möglich ist, Bordausrüstung verwenden, um das Eintreten von Stoffen in Gewässer oder in die Kanalisation zu verhindern und um ausgetretene Stoffe einzudämmen;
- sich aus der unmittelbaren Umgebung des Unfalls oder Notfalls entfernen, andere Personen auffordern, sich zu entfernen, und die Weisungen der Einsatzkräfte befolgen;
- kontaminierte Kleidung und gebrauchte kontaminierte Schutzausrüstung ausziehen und sicher entsorgen.

(Seite 2)

Zusätzliche Hinweise für die Mitglieder der Fahrzeugbesatzung über die Gefahreneigenschaften von gefährlichen Gütern nach Klassen und über die in Abhängigkeit von den vorherrschenden Umständen zu ergreifenden Maßnahmen		
Gefahrzettel und Großzettel (Placards)	**Gefahreneigenschaften**	**Zusätzliche Hinweise**
(1)	**(2)**	**(3)**
Explosive Stoffe und Gegenstände mit Explosivstoff  1 1.5 1.6	Kann eine Reihe von Eigenschaften und Auswirkungen wie Massendetonation, Splitterwirkung, starker Brand/Wärmefluss, Bildung von hellem Licht, Lärm oder Rauch haben. Schlagempfindlich und/oder stoßempfindlich und/oder wärmeempfindlich.	Schutz abseits von Fenstern suchen.
Explosive Stoffe und Gegenstände mit Explosivstoff  1.4	Leichte Explosions- und Brandgefahr.	Schutz suchen.
Entzündbare Gase  2.1	Brandgefahr. Explosionsgefahr. Kann unter Druck stehen. Erstickungsgefahr. Kann Verbrennungen und/oder Erfrierungen hervorrufen. Umschließungen können unter Hitzeeinwirkung bersten.	Schutz suchen. Nicht in tief liegenden Bereichen aufhalten.
Nicht entzündbare, nicht giftige Gase  2.2	Erstickungsgefahr. Kann unter Druck stehen. Kann Erfrierungen hervorrufen. Umschließungen können unter Hitzeeinwirkung bersten.	Schutz suchen. Nicht in tief liegenden Bereichen aufhalten.
Giftige Gase  2.3	Vergiftungsgefahr. Kann unter Druck stehen. Kann Verbrennungen und/oder Erfrierungen hervorrufen. Umschließungen können unter Hitzeeinwirkung bersten.	Notfallfluchtmaske verwenden. Schutz suchen. Nicht in tief liegenden Bereichen aufhalten.
Entzündbare flüssige Stoffe  3	Brandgefahr. Explosionsgefahr. Umschließungen können unter Hitzeeinwirkung bersten.	Schutz suchen. Nicht in tief liegenden Bereichen aufhalten.
Entzündbare feste Stoffe, selbstzersetzliche Stoffe, polymerisierende Stoffe und desensibilisierte explosive feste Stoffe  4.1	Brandgefahr. Entzündbar oder brennbar, kann sich bei Hitze, Funken oder Flammen entzünden. Kann selbstzersetzliche Stoffe enthalten, die unter Einwirkung von Hitze, bei Kontakt mit anderen Stoffen (wie Säuren, Schwermetallverbindungen oder Aminen), bei Reibung oder Stößen zu exothermer Zersetzung neigen. Dies kann zur Bildung gesundheitsgefährdender und entzündbarer Gase oder Dämpfe oder zur Selbstentzündung führen. Umschließungen können unter Hitzeeinwirkung bersten. Explosionsgefahr desensibilisierter explosiver Stoffe bei Verlust des Desensibilisierungsmittels.	
Selbstentzündliche Stoffe  4.2	Brandgefahr durch Selbstentzündung bei Beschädigung von Versandstücken oder Austritt von Füllgut. Kann heftig mit Wasser reagieren.	
Stoffe, die in Berührung mit Wasser entzündbare Gase entwickeln  4.3	Bei Kontakt mit Wasser Brand- und Explosionsgefahr.	Ausgetretene Stoffe sollten durch Abdecken trocken gehalten werden.

(Seite 3)

Zusätzliche Hinweise für die Mitglieder der Fahrzeugbesatzung über die Gefahreneigenschaften von gefährlichen Gütern nach Klassen und über die in Abhängigkeit von den vorherrschenden Umständen zu ergreifenden Maßnahmen		
Gefahrzettel und Großzettel (Placards)	**Gefahreneigenschaften**	**Zusätzliche Hinweise**
(1)	**(2)**	**(3)**
Entzündend (oxidierend) wirkende Stoffe  5.1	Gefahr heftiger Reaktion, Entzündung und Explosion bei Berührung mit brennbaren oder entzündbaren Stoffen.	Vermischen mit entzündbaren oder brennbaren Stoffen (z.B. Sägespäne) vermeiden.
Organische Peroxide  5.2	Gefahr exothermer Zersetzung bei erhöhten Temperaturen, bei Kontakt mit anderen Stoffen (wie Säuren, Schwermetallverbindungen oder Aminen), Reibung oder Stößen. Dies kann zur Bildung gesundheitsgefährdender und entzündbarer Gase oder Dämpfe oder zur Selbstentzündung führen.	Vermischen mit entzündbaren oder brennbaren Stoffen (z.B. Sägespäne) vermeiden.
Giftige Stoffe  6.1	Gefahr der Vergiftung beim Einatmen, bei Berührung mit der Haut oder bei Einnahme. Gefahr für Gewässer oder Kanalisation.	Notfallfluchtmaske verwenden.
Ansteckungsgefährliche Stoffe  6.2	Ansteckungsgefahr. Kann bei Menschen oder Tieren schwere Krankheiten hervorrufen. Gefahr für Gewässer oder Kanalisation.	
Radioaktive Stoffe  7A  7B  7C  7D	Gefahr der Aufnahme und der äußeren Bestrahlung.	Expositionszeit beschränken.
Spaltbare Stoffe  7E	Gefahr nuklearer Kettenreaktion.	
Ätzende Stoffe  8	Verätzungsgefahr. Kann untereinander, mit Wasser und mit anderen Stoffen heftig reagieren. Ausgetretener Stoff kann ätzende Dämpfe entwickeln. Gefahr für Gewässer oder Kanalisation.	
Verschiedene gefährliche Stoffe und Gegenstände  9  9A	Verbrennungsgefahr. Brandgefahr. Explosionsgefahr. Gefahr für Gewässer oder Kanalisation.	

Bem. 1. Bei gefährlichen Gütern mit mehrfachen Gefahren und bei Zusammenladungen muss jede anwendbare Eintragung beachtet werden.
2. Die in der Spalte 3 der Tabelle angegebenen zusätzlichen Hinweise können angepasst werden, um die Klassen der zu befördernden gefährlichen Güter und die Beförderungsmittel wiederzugeben.

(Seite 4)*)

Zusätzliche Hinweise für die Mitglieder der Fahrzeugbesatzung über die Gefahreneigenschaften von gefährlichen Gütern, die durch Kennzeichen angegeben sind, und über die in Abhängigkeit von den vorherrschenden Umständen zu ergreifenden Maßnahmen		
Kennzeichen	**Gefahreneigenschaften**	**Zusätzliche Hinweise**
(1)	(2)	(3)
 Umweltgefährdende Stoffe	Gefahr für Gewässer oder Kanalisation.	
 Erwärmte Stoffe	Gefahr von Verbrennungen durch Hitze.	Berührung heißer Teile der Beförderungseinheit und des ausgetretenen Stoffes vermeiden.

Ausrüstung für den persönlichen und allgemeinen Schutz für die Durchführung allgemeiner und gefahrenspezifischer Notfallmaßnahmen, die sich gemäß Abschnitt 8.1.5 des ADR an Bord der Beförderungseinheit befinden muss

Die folgende Ausrüstung muss sich an Bord der Beförderungseinheit befinden:

- ein Unterlegkeil je Fahrzeug, dessen Abmessungen der höchstzulässigen Gesamtmasse des Fahrzeugs und dem Durchmesser der Räder angepasst sein müssen;
- zwei selbststehende Warnzeichen;
- Augenspülflüssigkeit [a] und

für jedes Mitglied der Fahrzeugbesatzung

- eine Warnweste;
- ein tragbares Beleuchtungsgerät;
- ein Paar Schutzhandschuhe und
- eine Augenschutzausrüstung.

Für bestimmte Klassen vorgeschriebene zusätzliche Ausrüstung:

- an Bord von Beförderungseinheiten für die Gefahrzettel-Nummer 2.3 oder 6.1 muss sich für jedes Mitglied der Fahrzeugbesatzung eine Notfallfluchtmaske befinden;
- eine Schaufel [b];
- eine Kanalabdeckung [b];
- ein Auffangbehälter [b].

[a] Nicht erforderlich für Gefahrzettel der Muster 1, 1.4, 1.5, 1.6, 2.1, 2.2 und 2.3.
[b] Nur für feste und flüssige Stoffe mit Gefahrzettel-Nummer 3, 4.1, 4.3, 8 oder 9 vorgeschrieben.

3.4 Lichtbildausweis (1.10.1.4 ADR)

Jedes Mitglied der Fahrzeugbesatzung muss während der Beförderung einen Lichtbildausweis mit sich führen (Sicherung bzw. „Schwarzarbeitsbekämpfungsgesetz").

Gefordert ist der Reisepass oder der Personalausweis bzw. in Deutschland auch der Aufenthaltstitel. In Deutschland sind alternativ auch der Führerschein, die digitale Fahrerkarte oder die ADR-Schulungsbescheinigung erlaubt.

3.5 ADR-Zulassungsbescheinigung (9.1.3.1 ADR)

Mit der ADR-Zulassungsbescheinigung wird dokumentiert, dass das betreffende Beförderungsmittel besondere Eigenschaften hat und welche Güter damit transportiert werden dürfen. Solche besonderen Eigenschaften werden nur von **Fahrzeugen mit Tanks** und von **Fahrzeugen zum Transport von Explosivstoffen** in kennzeichnungspflichtigen Mengen gefordert.

Der Fahrzeugführer, der Verlader und der Befüller haben die ADR-Zulassungsbescheinigung zu beachten. Der Beförderer ist für die Besorgung der ADR-Zulassungsbescheinigung zuständig.

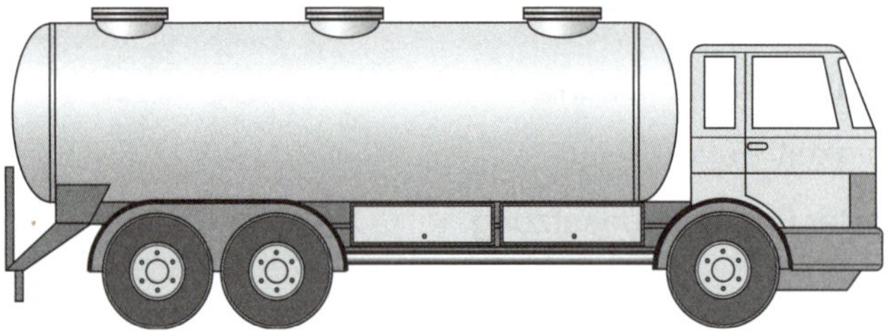

Merke

✔ Mit der ADR-Zulassungsbescheinigung werden besondere Fahrzeugeigenschaften dokumentiert.

Vor dem 01.07.2021 ausgestellte Zulassungsbescheinigungen für Fahrzeuge zur Beförderung bestimmter gefährlicher Güter, die dem bis zum 31.12.2020 geltenden Muster entsprechen, dürfen weiterverwendet werden.

ZULASSUNGSBESCHEINIGUNG FÜR FAHRZEUGE ZUR BEFÖRDERUNG BESTIMMTER GEFÄHRLICHER GÜTER

Mit dieser Bescheinigung wird bestätigt, dass das nachstehend bezeichnete Fahrzeug die Anforderungen des Übereinkommens über die internationale Beförderung gefährlicher Güter auf der Straße (ADR) erfüllt.

1. Bescheinigung Nr.:	2. Fahrzeughersteller:	3. Fahrzeug-Ident.-Nr.	4. amtl. Kennz. (wenn vorhanden):
0815/4711	*Fahrzeugbau Lindenau GmbH*	*WMLT71ALB82374567*	*B-SG 284*

5. Name und Betriebssitz des Beförderers, Betreibers (Halters) oder Eigentümers:
Kaiser Wilhelm GmbH & Co KG, Parkstraße 378, 12001 Berlin

6. Beschreibung des Fahrzeugs:[1] *Kraftfahrzeug N_3*

7. Fahrzeugbezeichnung(en) gemäß 9.1.1.2 des ADR[2]
~~EX/II~~ ~~EX/III~~ FL AT ~~MEMU~~

8. Dauerbremsanlage:[3]
❑ Nicht zutreffend
☒ Die Wirkung nach 9.2.3.1.2 des ADR ist ausreichend für eine Gesamtmasse der Beförderungseinheit von *40* t.[4]

9. Beschreibung des (der) festverbundenen Tanks/des (der) Batterie-Fahrzeuge(s) (wenn vorhanden)
9.1 Tankhersteller: *Julius Caesar AG*
9.2 Zulassungsnummer des Tanks/des Batterie-Fahrzeugs: *T 01201 NRW 01*
9.3 Herstellungsnummer des Tanks/Identifizierung der Elemente des Batterie-Fahrzeugs: *LI3721*
9.4 Herstellungsjahr: *2021*
9.5 Tankcodierung gemäß 4.3.3.1 oder 4.3.4.1 des ADR: *L4BH*
9.6 Sondervorschriften TC und TE gemäß 6.8.4 des ADR (falls zutreffend):[6] *TE19*

10. Zur Beförderung zugelassene gefährliche Güter:
Das Fahrzeug erfüllt die Anforderungen zur Beförderung gefährlicher Güter entsprechend der (den) unter Nummer 7 angegebenen Fahrzeugbezeichnung(en).

10.1 Im Falle eines EX/II- bzw. EX/III-Fahrzeugs[3]
❑ Güter der Klasse 1 einschließlich Verträglichkeitsgruppe J
❑ Güter der Klasse 1 ausgenommen Verträglichkeitsgruppe J

10.2 Im Falle eines Tankfahrzeugs/Batterie-Fahrzeugs[3]
☒ Es dürfen nur Stoffe befördert werden, die gemäß der unter Nummer 9 angegebenen Tankcodierung und den unter Nummer 9 angegebenen eventuellen Sondervorschriften zugelassen sind.[5]
oder
❑ Es dürfen nur die folgenden Stoffe (Klasse, UN-Nummer, und, falls erforderlich, Verpackungsgruppe und offizielle Benennung für die Beförderung) befördert werden:

Es dürfen nur Stoffe befördert werden, die nicht dazu neigen, gefährlich mit den Werkstoffen des Tankkörpers, der Dichtungen, der Ausrüstung und der Schutzauskleidung (falls vorhanden) zu reagieren.

11. Bemerkungen: *Nächste Tankprüfung: 07/2023*

12. Gültig bis: *07.07.2023*

Stempel der Ausgabestelle
Berlin, 07.07.2022
DEKRA 2622
Ort, Datum, Unterschrift:

1) Entsprechend den Begriffsbestimmungen für Kraftfahrzeuge und Anhänger der Kategorien N und O gemäß der Gesamtresolution über die Konstruktion von Fahrzeugen (R.E.3) oder der Richtlinie 2007/46/EG.
2) Nicht Zutreffendes streichen.
3) Zutreffendes ankreuzen.
4) Zutreffenden Wert eintragen. Ein Wert von 44 t beschränkt nicht die im (in den) Zulassungsdokument(en) angegebene „zulässige Zulassungs-/Betriebsmasse".
5) Stoffe, die der unter Nummer 9 angegebenen oder einer anderen gemäß der Hierarchie in Absatz 4.3.3.1.2 oder 4.3.4.1.2 zugelassenen Tankcodierung unter Berücksichtigung der eventuellen Sondervorschrift(en) zugeordnet sind.
6) Nicht erforderlich, wenn die zugelassenen Stoffe unter Nummer 10.2 aufgeführt sind.

Gültigkeitsdauer

Die ADR-Zulassungsbescheinigung wird in der Regel für die Dauer eines Jahres ausgestellt. Bei Tankfahrzeugen wird sie jedoch längstens bis zur nächsten fälligen Tankuntersuchung befristet. Der Fahrzeugführer sollte darauf achten, dass die Gültigkeit der Bescheinigung rechtzeitig verlängert wird.

Die Gültigkeit der ADR-Zulassungsbescheinigung wird mit Tagesdatum befristet. Sofern die für die Gültigkeitsverlängerung erforderliche Untersuchung innerhalb eines Monats vor oder eines Monats nach dem Fälligkeitstag durchgeführt wird, beginnt der Zeitraum der nächsten Gültigkeit mit dem auf der ADR-Zulassungsbescheinigung eingetragenen Gültigkeitsdatum.

Beispiel:

Eine ADR-Zulassungsbescheinigung ist gültig bis zum 17. August 2023. Wird die technische Untersuchung nach 9.1.3.4 ADR zwischen dem 17. Juli und dem 17. September 2023 mit Erfolg abgeschlossen, so verlängert der Sachverständige die Bescheinigung bis zum 17. August 2024.

(Einschränkung: Die Gültigkeit der ADR-Zulassungsbescheinigung wird in Deutschland nicht über das Datum der nächsten fälligen Tankprüfung verlängert.)

Nach Ablauf der Gültigkeitsfrist dürfen keine gefährlichen Güter befördert werden.

3.6 Bescheinigung über die Prüfung des Aufsetztanks
(6.8.2.4.5 ADR, § 19 (2) GGVSEB)

Vor dem Befüllen muss sich der Befüller davon überzeugen, dass der zu befüllende Tank geeignet ist, den jeweiligen Stoff aufzunehmen. Diese Eignung kann bei Tankfahrzeugen anhand der ADR-Zulassungsbescheinigung festgestellt werden.

Aufsetztank für Gase

Inspektionsstelle nach § 16 ODV und § 12 GGVSEB — DEKRA

20160708-36887-1891495773-100-421511.DOC — Seite 1 von 1

BESCHEINIGUNG ÜBER DIE PRÜFUNG EINES TANKS
zur Beförderung gefährlicher Güter der Klassen 3 bis 6.1, 8 und 9

Wiederkehrende Prüfung (P)
nach ADR/GGVSEB

Antragsteller	[redacted]
Halter/Betreiber	[redacted]

Angaben zum Fahrzeug:
Fahrzeughersteller: — amtl Kennzeichen: ohne
Fahrzeug-Ident-Nr.: ohne — Fahrzeugtyp: LKW

Angaben zum Tank:
Tankart: Aufsetztank — Bauart: Koffer
Tankcode: LGBF
Sondervorschriften -
Mindestwanddicke: Endboden vorne: 3,85 mm — Endboden hinten: 3,85 mm — Mantelblech: 3,85 mm
Dichtungswerkstoff: NBR schwarz — Armaturenwerkstoff: Alugußs

Angaben auf dem Tankschild:
Hersteller: Fa. W. Schwarzmüller GmbH — Zulassungs-Nr.: A-O-2004/99
Herstell-Nr.: 1289 — Baujahr: 2000
Prüfdruck: 0,15 bar — Berechnungsdruck: 0,15 bar — Betriebsdruck: 0,10 bar
Vakuumfestigkeit: bar — Berechnungstemperatur: 20 °C
Tank explosionsdruckstoßfest: nein
Fassungsraum: 1005 Liter — Kammerinhalte: 1005 Liter
Tankwerkstoff: 5083 (AlMg4,5Mn)
Datum der erstmaligen Prüfung: 04.2000 — Letzte wiederkehrende Prüfung: 17.04.2014

Art und Ergebnis der Prüfungen:
Ordnungsprüfung/ Zugrundeliegende Dokumente:
Besch. über die Bau-, Wasserdruckprüfung: lag nicht vor — Baumusterzulassung: lag vor
Besch. über die erstmalige Prüfung: lag nicht vor — Bescheinigung über die letzte
Besch. letzte Dichth.- u. Funktionsprüfung: lag nicht vor — wiederkehrende Prüfung: lag vor
Zulassungsbescheinigung: lag nicht vor — Tankakte lag vor
Technische Prüfung:
Prfg. elektr. Ausrüstung: bestanden
Innere Prüfung: bestanden — Äußere Prüfung: bestanden
Hydr. Druckprüfung mit Wasser bestanden — mit 0,15 bar, Haltezeit 30 Minuten
Dichtheitsprüfung Tank: mit 0,15 bar, Haltezeit 30 Minuten bestanden
Prüfung der Ausrüstungsteile:
Dichtheitsprüfung: mit Wasser mit 10,00 bar, Haltezeit 15 Minuten bestanden
Funktionsprüfung: bestanden
Vorgeschaltete Berstscheibe(n):
Wanddickenmessung:
Messung durchgeführt: nein — Prüfung bestanden: — ermittelten Werte: von mm bis mm
Bemerkungen/ Zugelassene Stoffe:
Es dürfen nur Stoffe befördert werden, die nicht dazu neigen, gefährlich mit den Werkstoffen des Tankkörpers, der Dichtungen und - soweit vorhanden - der Schutzauskleidung zu reagieren. Der Aufsetztank wurde ohne Fahrzeug geprüft. Im Zuge der Prüfung wurde der Vollschlauch gekürzt und das Kippventil erneuert.

Zusammenfassung:
Wiederkehrende Prüfung (P): bestanden
Auf dem Tankschild wurden das Prüfdatum 07.2016 und untenstehender Stempel eingeschlagen
Nächste Prüfung:
Wiederkehrende Prüfung (Hauptprüfung) in 72 Monaten: 07.2022
Dichtheits- u. Funktionsprüfung (Zwischenprüfung) in 36 Monaten: 07.2019

Bremen, 08.07.2016
(Bastian [illegible])
Prüfer der Inspektionsstelle nach § 16 ODV und §12 GGVSEB

DEKRA Automobil GmbH, Handwerkstraße 15, D-70565 Stuttgart, Telefon +49.711.7861-0, Telefax +49.711.7861-2240, www.dekra.com
Sitz Stuttgart, Amtsgericht Stuttgart, HRB-Nr. 21039, Bankverbindungen: Commerzbank AG, IBAN DE84 6008 0000 0901 0051 00 / BIC DRESDEFF600, BW-Bank
Vorsitzender des Aufsichtsrates: Stefan Kölbl, Geschäftsführer: Dr. Gerd Neumann (Vorsitzender), Guido Kutschera, Wolfgang Linsenmaier

Quelle: DEKRA Automobil GmbH

Muster einer Bescheinigung über die Prüfung eines Aufsetztanks

Da die ADR-Zulassungsbescheinigung jedoch nicht für Aufsetztanks, sondern lediglich für das Trägerfahrzeug ausgestellt wird, muss zusätzlich für Aufsetztanks die **Bescheinigung über die Prüfung des Aufsetztanks** mitgeführt werden, **wenn die Kennzeichnung am Tank noch nicht dem ADR entspricht.** Diese Bescheinigung wird durch den Sachverständigen ausgestellt, der die Tankprüfung durchführt. Sie enthält einen Hinweis auf das Verzeichnis der Stoffe, die in diesem Tank zur Beförderung zugelassen sind (siehe untenstehende Abbildung).

Die Bescheinigung über die Prüfung des Aufsetztanks ist für alle Aufsetztanks erforderlich (Fassungsraum über 450 l), die nicht gemäß aktuellem ADR gekennzeichnet sind. Die ADR-Zulassungsbescheinigung für das Trägerfahrzeug ist nur erforderlich, wenn Aufsetztanks mit einem Fassungsraum von mehr als 1000 l befördert werden.

DEKRA

00000000-00000-0000000000-100-000000.DOC — Seite 2 von 2

UN-Nr	Stoffbezeichnung	Klasse	Klassif.-Code	Verpackungsgruppe
1011	BUTAN	2	2 F	
1965	KOHLENWASSERSTOFFGAS, GEMISCH, VERFLÜSSIGT, N.A.G. (Gemisch A, A 01, A 02, A 0, A 1, B 1, B 2, B oder C)	2	2 F	
1978	PROPAN	2	2 F	

3.7 Besonders gefährliche Güter (§§ 35 bis 35c GGVSEB)

Je nach Beförderungsauftrag sind u.U. folgende Beförderungspapiere erforderlich:

- Fahrwegbestimmung,
- Bescheinigung, dass Transport auf Schiene und Wasserstraße nicht möglich ist (Bescheinigung des Eisenbahnbundesamtes, nachfolgend „EBA“ genannt und Wasserschifffahrtsdirektion, nachfolgend „GDWS“ genannt).

Die in § 35b der GGVSEB zusammengestellten Güter sind so gefährlich, dass sie nach §§ 35, 35a und 35c der GGVSEB nur unter besonderen Bedingungen auf der Straße befördert werden dürfen.

Im Wesentlichen sind folgende Bedingungen zu beachten:

- Soweit möglich, sollen diese Güter auf Autobahnen transportiert werden.
- Fahrwege außerhalb der Autobahnen werden von der Straßenverkehrsbehörde bestimmt.
- Der Fahrzeugführer **muss den Bescheid über die Fahrwegbestimmung mitführen.** Die Fahrwegbestimmung kann mit Nebenbestimmungen versehen sein, die auch vom Fahrzeugführer beachtet werden müssen. Bei Sperrungen dürfen die ausgewiesenen Umleitungsstrecken ohne erneute Fahrwegbestimmung unter Beachtung der straßenverkehrsrechtlichen Vorschriften benutzt werden.

Merke

✔ In § 35b genannte Güter sind besonders gefährlich
✔ Sie sind vorrangig im Eisenbahn- oder Binnenschiffsverkehr zu befördern
✔ EBA-/GDWS-Bescheinigung mitführen
✔ Fahrwegbestimmung mitführen und beachten

Hinweis:

Oftmals gibt es sogenannte Allgemeinverfügungen der Bundesländer, die die Bestimmung des Fahrweges für ein Bundesland zentral regeln. Können diese Strecken nicht genutzt werden, muss eine Fahrwegbestimmung beantragt werden.

3.8 Ausnahmen

Ausnahmen (§ 5 GGVSEB), Allgemeine Ausnahmen, multilaterale Vereinbarungen

Auf **Antrag** können **Ausnahmen** von der GGVSEB genehmigt werden. Auf diese Weise können dann z.B. Stoffe, die nach GGVSEB/ADR eigentlich nicht befördert werden dürfen, dennoch befördert werden.

a) Ausnahmen gemäß § 5 GGVSEB

Ausnahmen gemäß § 5 GGVSEB (Einzelausnahmen) dürfen genutzt werden:

- bei innerstaatlichen Beförderungen
- bei grenzüberschreitenden Beförderungen auf der Teilstrecke in der Bundesrepublik, sofern nicht ausdrücklich etwas anderes bestimmt ist.

Ausnahmen werden in der Regel mit **Auflagen** und **Nebenbestimmungen** verbunden. Häufig hat auch der **Fahrzeugführer** Nebenbestimmungen der Ausnahme einzuhalten. Bei der Beförderung muss der Bescheid über die Ausnahme **mitgeführt** werden. Die Nummer der Ausnahme muss im Beförderungspapier eingetragen werden (z.B. 04/2021 NRW). Die Ausnahme gemäß § 5 GGVSEB ersetzt die Bestimmung des ADR und der GGVSEB bzw. verweist auf einzelne Bestimmungen, die durch die Ausnahme ersetzt werden.

b) Allgemeine Ausnahmen (GGAV)

Darüber hinaus sind Abweichungen (meist Erleichterungen) von GGVSEB und ADR allgemein möglich, und zwar für den

- **innerstaatlichen Verkehr**, wenn die Abweichungen von einzelnen ADR-Bestimmungen in der **Gefahrgut-Ausnahmeverordnung** (GGAV) geregelt sind,
  und für den
- **grenzüberschreitenden** Verkehr lt. § 3 GGAV: „Soweit in einer Ausnahme in der Anlage zu dieser Verordnung nicht ausdrücklich etwas anderes bestimmt ist, darf bei grenzüberschreitenden Beförderungen der innerstaatliche Teil der Beförderung nach den Vorschriften dieser Verordnung erfolgen.“

c) Multilaterale Vereinbarungen (ADR-Vereinbarungen)

Multilaterale Vereinbarungen dürfen nicht nur bei grenzüberschreitenden, sondern in der Regel auch bei jeder innerstaatlichen Beförderung genutzt werden. Eine Kopie des Textes der genutzten **Multilateralen ADR-Vereinbarung** muss nur mitgeführt werden, wenn in der Vereinbarung vorgeschrieben. Im Beförderungspapier ist ggf. die Anwendung der Multilateralen Vereinbarung einzutragen. Beispiel: „Beförderung gemäß der Multilateralen Vereinbarung M347“.

3.9 ADR-Schulungsbescheinigung (8.2.2.8 ADR)

An die Fahrzeugführer, die Gefahrgut befördern, werden besondere Anforderungen gestellt. Der Gesetzgeber verlangt deshalb die Teilnahme an einer **Schulung**, in der die Fahrzeugführer auf ihre verantwortungsvolle Aufgabe vorbereitet und mit den Vorschriften vertraut gemacht werden.

Nach lückenloser Teilnahme an einer entsprechenden Schulung und bestandener Prüfung sowie Übergabe eines biometrischen Lichtbildes stellt die zuständige Industrie- und Handelskammer (IHK) für den Fahrzeugführer eine **„ADR-Schulungsbescheinigung“** aus. In der Bescheinigung sind die Klassen aufgeführt, für die der Fahrzeugführer eine Ausbildung mit Prüfung absolviert hat. Außerdem ist daraus ersichtlich, ob der Fahrzeugführer auch Gefahrgüter in Tanks befördern darf. Die ADR-Schulungsbescheinigung gilt in allen ADR-Vertragsstaaten. Bei Verlust besteht die Möglichkeit, bei der IHK des Prüfungsortes eine Ersatzbescheinigung kostenpflichtig zu beantragen.

3.9.1 Schulungspflicht

Für folgende Beförderungen benötigen Fahrzeugführer einen Nachweis über eine entsprechende Schulung – die **„ADR-Schulungsbescheinigung“**:

<table>
<tr><th>Erforderliche Schulung
Beförderungsart</th><th>Erstschulung (Basiskurs)</th><th>Aufbaukurse für alle schulungspflichtigen Fahrzeugführer mit gültigem Basiskurs</th><th>Auffrischungsschulung für alle schulungspflichtigen Fahrzeugführer mit gültiger ADR-Schulungsbescheinigung</th></tr>
<tr><td>Versandstücke oberhalb der Mengengrenzen 1.1.3.6 ADR</td><td rowspan="3">18 UE Theorie,
1 UE Praxis
Prüfung:
30 Fragen,
45 Minuten Zeit</td><td rowspan="2"></td><td rowspan="3">mind. 8 UE Theorie,
4 UE Praxis
Prüfung:
15 Fragen,
30 Minuten Zeit</td></tr>
<tr><td>Lose Schüttung (unverpackte Gefahrgüter)</td></tr>
<tr><td>Tank
– bis zu 1000 Liter Fassungsraum in festverbundenen Tanks bzw. Aufsetztanks, MEMU und Batterie-Fahrzeugen
– bis zu 3000 Liter Einzelfassungsraum in Tankcontainern, ortsbeweglichen Tanks und MEGC</td><td>Tank
– über 1000 Liter Fassungsraum in festverbundenen Tanks bzw. Aufsetztanks, MEMU und Batterie-Fahrzeugen
– über 3000 Liter Einzelfassungsraum in Tankcontainern, ortsbeweglichen Tanks und MEGC
12 UE Theorie,
1 UE Praxis
Prüfung:
24 Fragen,
45 Minuten Zeit</td></tr>
</table>

Erforderliche Schulung / Beförderungsart	Erstschulung (Basiskurs)	Aufbaukurse für alle schulungspflichtigen Fahrzeugführer mit gültigem Basiskurs	Auffrischungsschulung für alle schulungspflichtigen Fahrzeugführer mit gültiger ADR-Schulungsbescheinigung
Gefahrgüter der Klasse 1 oberhalb der Mengengrenzen 1.1.3.6 ADR 	erforderlich	8 UE Theorie Prüfung: 15 Fragen, 30 Minuten Zeit	mind. 8 UE Theorie, 4 UE Praxis Prüfung: 15 Fragen, 30 Minuten Zeit
Gefahrgüter der UN-Nummern 2912 bis 2919, 2977, 2978, 3321 bis 3333 (Klasse 7) 	erforderlich	8 UE Theorie Prüfung: 15 Fragen, 30 Minuten Zeit	

Der Basiskurs ist für alle Fahrzeugführer verpflichtend. Sollen gefährliche Güter in Tanks (über 1000 Liter Fassungsraum bei Tankfahrzeugen, Aufsetztanks oder Batterie-Fahrzeugen bzw. über 3000 Liter Einzelfassungsraum bei Tankcontainern, ortsbeweglichen Tanks oder MEGC) befördert werden, muss der Aufbaukurs Tank besucht werden. Werden explosive Stoffe und Gegenstände mit explosiven Stoffen der Klasse 1 oberhalb der Mengengrenzen 1.1.3.6 ADR befördert, muss der Aufbaukurs Klasse 1 *(siehe „Aufbaukurs Klasse 1")* besucht sowie unter Umständen auch ein Befähigungsschein nach dem Sprengstoffrecht erworben werden. Bei der ausschließlichen Beförderung der Unterklasse 1.4S ist eine Unterweisung ausreichend, hier benötigt man keine ADR-Schulungsbescheinigung.

Für die Beförderung radioaktiver Stoffe der Klasse 7 muss der Aufbaukurs Klasse 7 erfolgreich absolviert sein; bei der Beförderung der UN-Nummern 2915 und 3332 ist unter bestimmten Bedingungen hier ggf. nur eine Unterweisung erforderlich.

Bei der Beförderung von **flüssigen Metallen in Tiegeln** auf der Grundlage der Anlage 3 GGVSEB ist der Aufbaukurs Tank zusätzlich erforderlich. Alternativ ist auch eine ergänzende Einweisung durch eine fachkundige Person möglich, die zu dokumentieren ist.

Die ADR-Schulungsbescheinigung wird für 5 Jahre ausgestellt, innerhalb des letzten Jahres der Gültigkeit hat eine Auffrischungsschulung mit Prüfung stattzufinden, damit der Fahrzeugführer sich über den technischen Fortschritt sowie über gesetzliche Neuerungen informieren kann. Die Auffrischungsschulung dauert zwei Tage (mindestens zwölf Unterrichtseinheiten). Nach bestandener Prüfung wird eine neue ADR-Schulungsbescheinigung mit dem um fünf Jahre verlängerten Datum ab Ablaufdatum ausgestellt.

3.9.2 Muster von ADR-Schulungsbescheinigungen

Die folgenden Rückseiten werden seit dem 1.4.2019 ausgestellt:

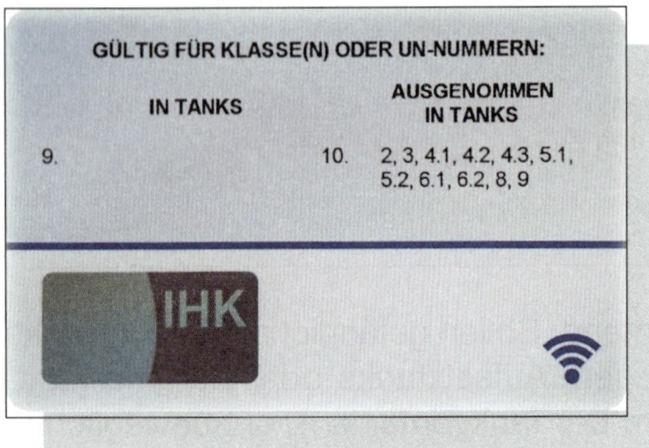

Ohne Tanks, ohne Klassen 1 und 7

≤ 1000 l Fassungsvermögen: festverbundene Tanks, Aufsetztanks, Batterie-Fahrzeug
≤ 3000 l Einzelfassungsraum Tankcontainer, ortsbewegliche Tanks, MEGC

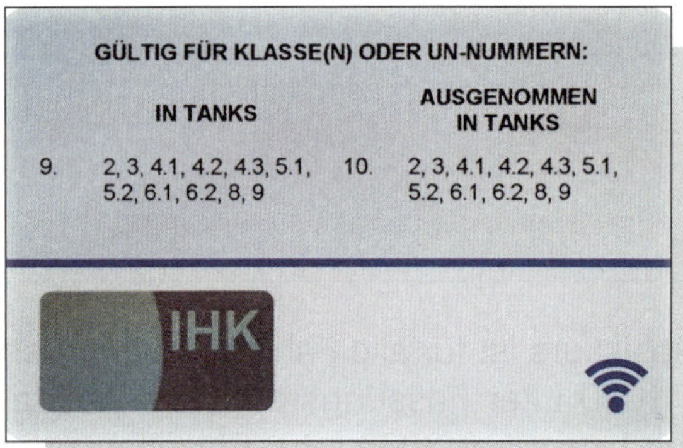

Ohne Klassen 1 und 7 (in Tanks und nicht in Tanks)

> 1000 l Fassungsvermögen: festverbundene Tanks, Aufsetztanks, Batterie-Fahrzeug
> 3000 l Einzelfassungsraum Tankcontainer, ortsbewegliche Tanks, MEGC

Zum 1.4.2019 wurden die Karten mit weiteren Sicherheitsmerkmalen versehen. Unter anderem kann mit Hilfe eines über Smartphones auslesbaren NFC-Chips überprüft werden, ob die „ADR-Card" in einer Datenbank vorhanden und damit gültig ist.

Merke

✔ **Die Verlängerung der ADR-Schulungsbescheinigung innerhalb des letzten Jahres der Gültigkeit erfolgt immer zum Ablaufdatum der gültigen ADR-Schulungsbescheinigung!**

Prüfung Basiskurs		Gültigkeit bis		Neuausstellung bis
01.03.2019	02.03.2023		01.03.2024	01.03.2029

3.10 Zusätzliche Papiere für Klasse 1

Bei Beförderung von Gütern der Gefahrklasse 1 sind ggf. die folgenden Begleitpapiere zusätzlich zu den üblichen Papieren mitzuführen:

- eine Kopie der Genehmigung der zuständigen Behörde mit den Beförderungsbedingungen, wenn
  - eine n.a.g.-Eintragung oder
  - UN 0190 EXPLOSIVSTOFF, MUSTER oder
  - nach P101 verpackte Stoffe und Gegenstände

befördert werden;

- eine Kopie der Zulassung des Schutzabteils oder des Schutzumschließungssystems durch die zuständige Behörde nach 7.5.2.2 Fußnote a), wenn Versandstücke der Verträglichkeitsgruppen B und D nach 7.5.2.2 zusammengeladen werden und
- die ADR-Zulassungsbescheinigung für EX/II- und EX/III-Fahrzeuge und MEMU.

Bei der Beförderung von Feuerwerkskörpern der UN-Nummern 0333, 0334, 0335, 0336 und 0337 muss im Beförderungspapier vermerkt werden: „KLASSIFIZIERUNG VON FEUERWERKSKÖRPERN DURCH DIE ZUSTÄNDIGE BEHÖRDE VON ... (Staat) MIT DER REFERENZ FÜR FEUERWERKSKÖRPER XX/YYZZZZ BESTÄTIGT".
(Beispiel: D/BAM 1234)
Die Klassifizierungsbestätigung muss vom Absender oder Beförderer bei Kontrollen zugänglich gemacht werden.

3.11 Zusätzliche Papiere für Klasse 7

Zusammen mit dem Beförderungspapier müssen vom Absender schriftliche Hinweise mitgegeben werden, in denen auf Maßnahmen hingewiesen wird, die der Beförderer gegebenenfalls ergreifen muss. Das sind mindestens

- besondere Maßnahmen bei Verladung, Verstauung, Beförderung, Handhabung und Entladung (z.B. 7.5.11 Sondervorschrift CV 33) oder ein Hinweis, dass solche Maßnahmen nicht erforderlich sind,
- Einschränkungen bezüglich der Versandart, des Fahrzeugs oder des Beförderungswegs und
- geeignete Vorkehrungen für den Notfall.

3.12 Fürs Gedächtnis

! **Begleitpapiere** ist ein Sammelbegriff für alle mitzuführenden Papiere.

! Das **Beförderungspapier** enthält Angaben über das Gefahrgut und dient der Erkennung der gefährlichen Ladung.

! **Schriftliche Weisungen** enthalten Angaben zu von den Gefahrgütern ausgehenden **Gefahren** und zu den zu treffenden **Maßnahmen** bei Unfällen und Notfällen, außerdem Angaben über die persönliche und allgemeine Schutzausrüstung. Diese können für den Vergleich vorgeschriebene/tatsächlich vorhandene persönliche und sonstige Schutzausrüstung im Rahmen der Abfahrtkontrolle genutzt werden.

! **n. a. g**. steht bei Sammeleintragungen (= **n**icht **a**nderweitig **g**enannt).

! Eine **ADR-Zulassungsbescheinigung** ist für EX/II- und EX/III-Fahrzeuge und Fahrzeuge mit Tanks erforderlich, und zwar für
- Tankfahrzeuge (Lkw, Anhänger, Sattelanhänger, Silotankfahrzeuge),
- Trägerfahrzeuge mit Aufsetztanks (Fassungsraum > 1000 l),
- Batterie-Fahrzeuge (Fassungsraum > 1000 l),
- Trägerfahrzeuge mit Tankcontainern, ortsbeweglichen Tanks, MEGC (Fassungsraum > 3000 l),
- Sattelzugmaschinen zum Betrieb von Tankfahrzeugen oder Trägerfahrzeuge mit Tanks,
- andere Zugfahrzeuge, die Fahrzeuge mit Tanks ziehen,
- MEMU.

! Die **ADR-Zulassungsbescheinigung** wird in der Regel für ein Jahr ausgestellt, in Deutschland jedoch nicht länger als bis zur nächsten fälligen Tankprüfung.

! Eine **Fahrwegbestimmung** wird von der zuständigen Straßenverkehrsbehörde ausgestellt oder als Allgemeinverfügung verkündet.

! Eine **ADR-Schulungsbescheinigung** ist vor Ablauf ihrer Gültigkeit zu erneuern (Auffrischungsschulung). Das Ablaufdatum ist ein Ausschlussdatum.

! Nach **Ablauf** der ADR-Schulungsbescheinigung muss ein neuer Basiskurs und ggf. Aufbaukurs besucht werden.

! **ADR-Schulungsbescheinigungen** werden in allen ADR-Vertragsstaaten (derzeit 54, Stand 2022) gegenseitig anerkannt.

! Die **Auffrischungsschulung** dauert mindestens 12 Unterrichtseinheiten (2 Tage).

3.13 Kontrollfragen

1. In welchem Begleitpapier sind eventuell besondere Auflagen (Nebenbestimmungen) für die Transportdurchführung enthalten?

❑ A Beförderungspapier

❑ B ADR-Zulassungsbescheinigung

❑ C Ausnahme gemäß § 5 GGVSEB

❑ D Schriftliche Weisungen (3.8)

2. Wo müssen Schriftliche Weisungen bei der Beförderung gefährlicher Güter mitgeführt werden?

❑ A Im Fahrerhaus

❑ B Hinter den orangefarbenen Tafeln vorne und hinten an der Beförderungseinheit

❑ C Auf der Ladefläche

❑ D Im Erste-Hilfe-Kasten (3.3)

3. Welchem Begleitpapier können Sie die Benennung der jeweils beförderten gefährlichen Güter und deren Nr. des Gefahrzettels entnehmen?

❑ A Der ADR-Schulungsbescheinigung

❑ B Dem Beförderungspapier

❑ C Der ADR-Zulassungsbescheinigung

❑ D Den Schriftlichen Weisungen (3.2.1)

4. Welchem Begleitpapier können Sie die UN-Nummern für orangefarbene Tafeln entnehmen?

❑ A Der ADR-Schulungsbescheinigung

❑ B Der Ausnahme

❑ C Der ADR-Zulassungsbescheinigung

❑ D Dem Beförderungspapier (3.2.1)

5. Wann müssen die Mitglieder der Fahrzeugbesatzung Schriftliche Weisungen durchlesen?

❑ A Unterwegs in einer Pause

❑ B Bevor sie auf die Autobahn fahren

❑ C Vor Beförderungsbeginn

❑ D Erst nachdem ein Unfall eingetreten ist (3.3)

6. In welchem Begleitpapier kann der Fahrzeugführer den Tunnelbeschränkungscode der beförderten Gefahrgüter ablesen?

❑ A Im Beförderungspapier

❑ B In den Schriftlichen Weisungen

❑ C In der grünen Versicherungskarte

❑ D Im Erste-Hilfe-Nachweis (3.2.1)

7. Für welche Fahrzeuge ist bei der Beförderung von Gütern der Klasse 1 eine ADR-Zulassungsbescheinigung erforderlich?

❑ A Für alle Fahrzeuge über 7,5 Tonnen

❑ B Nur für Fahrzeuge, die im grenzüberschreitenden Verkehr eingesetzt werden

❑ C Für EX/II- und EX/III-Fahrzeuge und für MEMU

❑ D Nur für Fahrzeuge, mit denen §-35-Güter befördert werden (3.5)

8. In welchem Begleitpapier sind von den beförderten gefährlichen Gütern ausgehende Gefahren und Maßnahmen dagegen beschrieben?

❑ A In der ADR-Zulassungsbescheinigung

❑ B In der Fahrwegbestimmung

❑ C In den Schriftlichen Weisungen

❑ D In der Baumusterzulassung des Fahrzeugs (3.3)

9. **Welche Gefahrguttransporte dürfen Sie nach erfolgreicher Teilnahme an einem Basiskurs für Gefahrgutfahrer durchführen?**

- ❑ A Sprengstofftransporte
- ❑ B Sämtliche Gefahrguttransporte
- ❑ C Transporte mit gefährlichen Gütern in Versandstücken und in loser Schüttung (außer Klasse 1 und Klasse 7 in kennzeichnungspflichtiger Menge)
- ❑ D Nur Tanktransporte mit Tanks über 3000 l Fassungsraum (3.9)

10. **Welches der genannten Papiere ist ein Begleitpapier gemäß ADR?**

- ❑ A Das Container-/Fahrzeugpackzertifikat
- ❑ B Der Stauplan
- ❑ C Der Fahrzeugschein
- ❑ D Der Prüfbeleg der letzten Abgasuntersuchung (3.1)

11. **Ihre ADR-Schulungsbescheinigung läuft ab. Wie lange vor dem Ablauf ohne Zeitverlust dürfen Sie eine Auffrischungsschulung besuchen?**

- ❑ A Das ist nicht geregelt.
- ❑ B Maximal 1 Jahr vor Ablauf
- ❑ C Ich muss genau zum Stichtag zur Prüfung gehen.
- ❑ D Ein halbes Jahr nach Ablauf (3.9.1)

12. **Welches Dokument gilt als Lichtbildausweis, der von jedem Mitglied der Fahrzeugbesatzung mitgeführt werden muss?**

- ❑ A Die EC-Karte
- ❑ B Der Reisepass
- ❑ C Das Beförderungspapier
- ❑ D Der Impfpass (3.4)

13. **In welcher Sprache müssen Schriftliche Weisungen mitgegeben werden?**

❑ A In deutscher Sprache

❑ B In englischer Sprache

❑ C In der Sprache/den Sprachen der Fahrzeugbesatzung

❑ D In türkischer Sprache (3.3)

14. **Darf bei einer Beförderung, die eine See- oder Luftbeförderung einschließt, ein nach den See- oder Luftvorschriften vorgeschriebenes Beförderungspapier mitgeführt werden?**

❑ A Nein, auf der Straße sind nur Beförderungspapiere nach ADR erlaubt.

❑ B Ja, wenn im Beförderungspapier der Eintrag „Beförderung nach Absatz 1.1.4.2.1" und die gemäß ADR geforderten zusätzlichen Angaben enthalten sind.

❑ C Das geht den Fahrer nichts an.

❑ D Nein, denn für jedes Teilstück der Beförderung ist ein Beförderungspapier des jeweiligen Verkehrsträgers vorgeschrieben. (3.2.5)

15. **Sie sollen nicht freigestellte Versandstücke der Klasse 7 befördern. Welche ADR-Schulungsbescheinigung benötigen Sie dafür?**

❑ A Aufbaukurse Tank und Klasse 7

❑ B Basiskurs, zusätzlich Aufbaukurs Klasse 7

❑ C Basiskurs für Klasse 7 und den Versandstückschein

❑ D Nur Aufbaukurs Klasse 7 (3.9.1)

16. **Aus dem Beförderungspapier für einen leeren, ungereinigten Tank entnehmen Sie die Angabe „umweltgefährdend". Ein Rest von ca. 30 l ist noch im Tank. Was bedeutet das für Sie?**

❑ A Mit dieser kleinen Menge darf ich überall fahren.

❑ B Ich muss die Beförderung vom Umweltbundesamt genehmigen lassen.

❑ C Ich darf den Tank auf keinen Fall anfassen.

❑ D Ich muss das Verkehrszeichen „Verbot für Fahrzeuge mit einer Ladung wassergefährdender Stoffe" beachten. (1.4.1, 3.2.1)

4 Fahrzeug- und Beförderungsarten, Umschließungen, Ausrüstung

4.1 Beförderungsarten/Fahrzeugarten

Folgende **Beförderungsarten** kommen für gefährliche Güter in Frage:

- Beförderung verpackter Güter (**Versandstücke**)

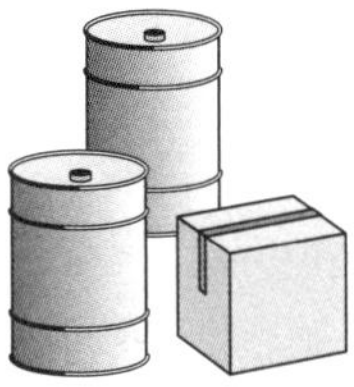

- Beförderung in **loser Schüttung** (keine Verpackung)

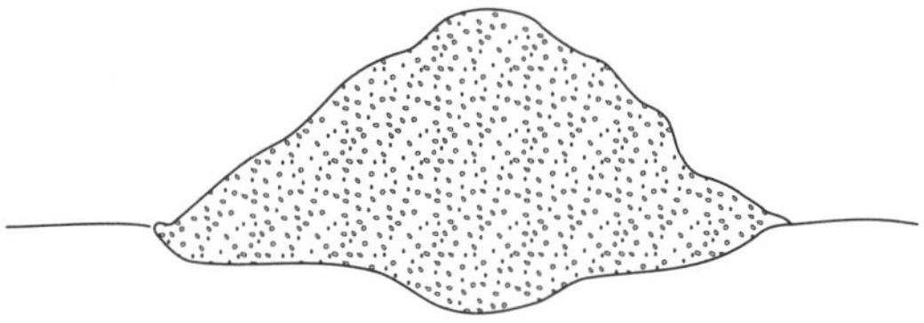

- Beförderung in **Tanks**

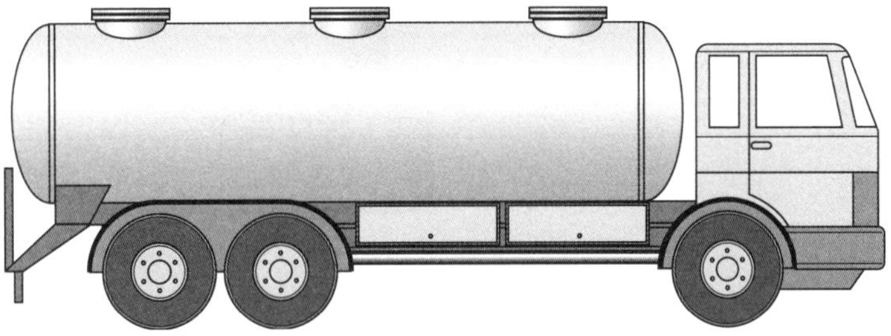

- Beförderung als **geschlossene Ladung**
  (Bei Klasse 7: ausschließliche Verwendung)

  Die Ladung kommt von **einem** einzigen **Absender**, dem der ausschließliche Gebrauch des Fahrzeugs oder des Großcontainers vorbehalten ist. Er oder der Empfänger bestimmt, wie die Ladevorgänge durchgeführt werden.

Merke

✔ **„Geschlossene Ladung"** (von einem einzigen Absender) kann man sich merken wie „geschlossene Gesellschaft" (von einem einzigen Veranstalter eingeladen).

4.1.1 Versandstücke

Versandstücke im Sinne des ADR sind versandfertig in Verpackungen verpackte Gefahrgüter. Güter, die in loser Schüttung oder in Tanks befördert werden, sind keine Versandstücke. Für die Beförderung von Versandstücken kommen die folgenden Fahrzeugarten in Betracht:

... **offene** Fahrzeuge

... **gedeckte** Fahrzeuge

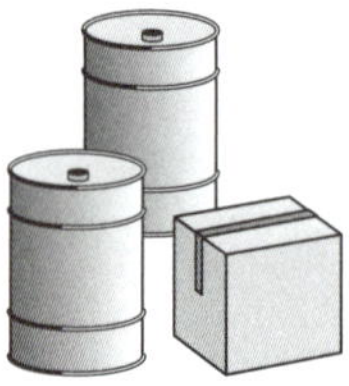

... **bedeckte** Fahrzeuge

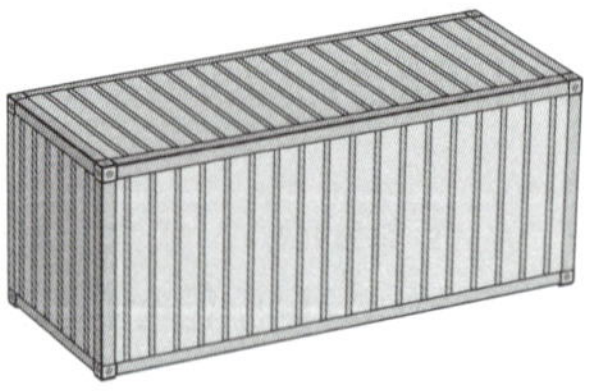

... **Container**

Container:
- Beförderungsgerät zur wiederholten Verwendung (Rahmenkonstruktion oder ähnliches Gerät)
- Fassungsraum mindestens 1 m^3 (außer bei Klasse 7)
- stapelbar

Wechselaufbau:
- Container ausschließlich für Beförderung mit Fahrzeugen im Land- oder Fährverkehr

- nicht stapelbar
- mit Stützbeinen ausgerüstet

An Fahrzeuge zur Versandstückbeförderung werden besondere Anforderungen z.B. bezüglich Verbrennungsheizgeräten oder Temperaturkontrolle, teilweise abhängig von der Klasse der beförderten Güter, gestellt.

4.1.2 Lose Schüttung

Für die Beförderung gefährlicher Güter in **loser Schüttung** (unverpackt) kommen z.B. folgende Beförderungsmittel in Betracht:

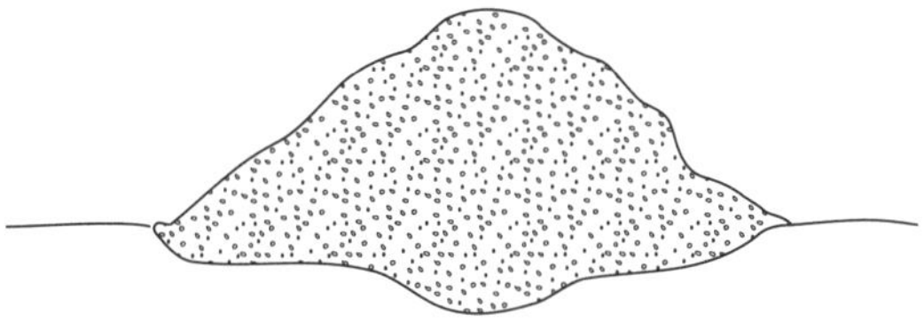

... **gedeckte** Fahrzeuge

... **bedeckte** Fahrzeuge

Merke

- ✔ Gedecktes Fahrzeug – Dächer werden gedeckt (starr).
- ✔ Bedecktes Fahrzeug – Die Bettdecke bedeckt das Bett (flexibel).

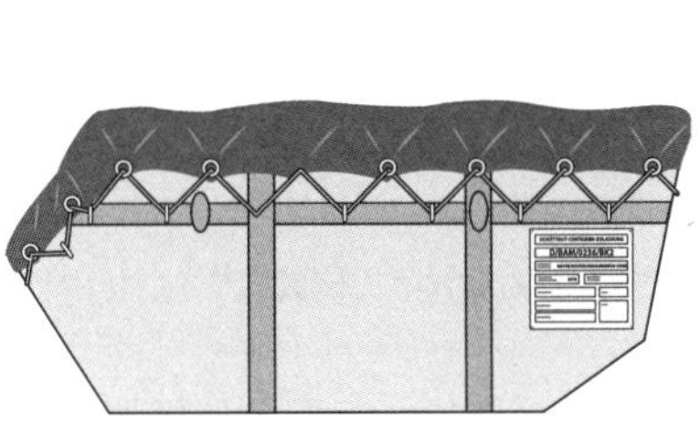

... **bedeckte Schüttgut-Container**
(**BK1** oder z.B. nach VC1)

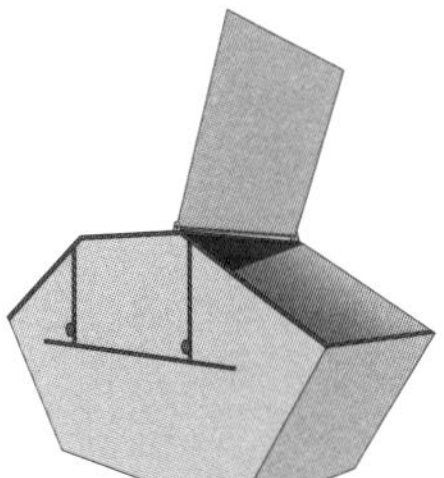

... **geschlossene Schüttgut-Container**
(**BK2** oder z.B. nach VC2)

...**flexible Schüttgut-Container**
(**BK3**)

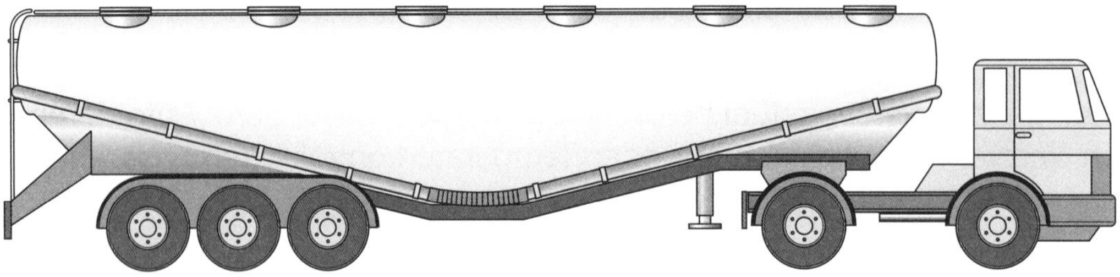

... **Silofahrzeuge**

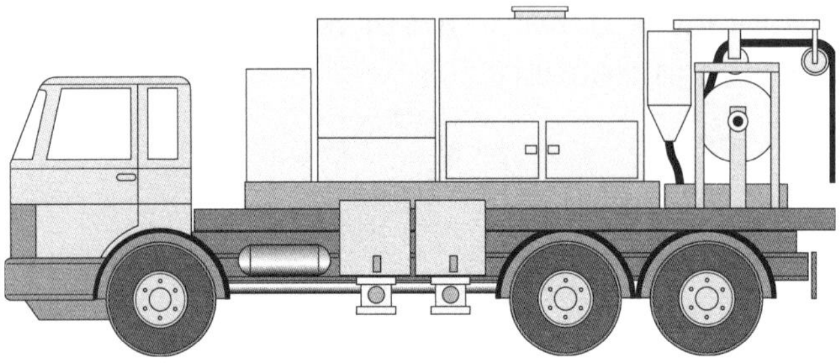

... **MEMU** (Mischladefahrzeuge)

... besonders ausgerüstete Fahrzeuge zur Beförderung erwärmter flüssiger und fester Stoffe (VC3)

Gefährliche Güter dürfen in loser Schüttung (d.h. ohne Verpackung) in Fahrzeugen oder Containern nur dann befördert werden, wenn diese Beförderungsart ausdrücklich zugelassen ist.

Dies ist der Fall, wenn im Gefahrgut-Verzeichnis (*siehe Seite 10*)

- in Spalte 17 auf eine Sondervorschrift (**VC** und ggf. zusätzlich auf **AP**) hingewiesen wird oder
- in Spalte 10 für den entsprechenden Stoff **„BK1"**, **„BK2"** und/oder **„BK3"** eingetragen ist.

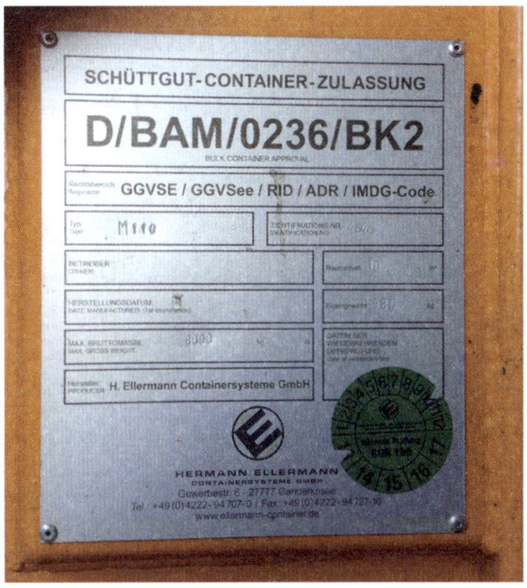

Die Codes BK1, BK2 und BK3 in Spalte 10 des Gefahrgut-Verzeichnisses haben folgende Bedeutung:

BK1 Die Beförderung in **bedeckten** Schüttgut-Containern mit Planen ist zulässig.
BK2 Die Beförderung in **geschlossenen** Schüttgut-Containern ist zulässig.
BK3 Die Beförderung in **flexiblen** Schüttgut-Containern ist zulässig.

Beispiel:

UN 1498 NATRIUMNITRAT darf sowohl unter den Bedingungen der Sondervorschriften VC1, VC2 befördert werden als auch in Containern der Codierung BK1, BK2 oder BK3.

Die Beförderung von UN 1498 NATRIUMNITRAT ist außer in bestimmten Verpackungen auch zulässig

- **in loser Schüttung**
  - unter den Bedingungen der **Sondervorschriften VC1** und **VC2** (bedeckte oder gedeckte Fahrzeuge, bedeckte oder geschlossene Container oder Schüttgut-Container) und den Sondervorschriften AP6 (z.B. nicht brennbare Planen) und AP7 (geschlossene Ladung) oder
  - in Silofahrzeugen oder
  - in Containern der Codierung **BK1**, **BK2** oder **BK3**.

- **in Tanks** (z.B. Tankcontainern, festverbundenen Tanks, ortsbeweglichen Tanks, Saug-Druck-Tankfahrzeugen, Aufsetztanks), die einer Tankcodierung (hier: SGAV) entsprechen.

Bei der Beförderung von Gefahrgütern in loser Schüttung durch Tankfahrzeuge mit ADR-Zulassungsbescheinigung muss der Fahrzeugführer im Besitz einer gültigen ADR-Schulungsbescheinigung mit Aufbaukurs Tank sein. Wird die Beförderung in loser Schüttung mit einem **Silofahrzeug** (gedecktem Fahrzeug) durchgeführt, ist der Basiskurs ausreichend.

Leere Verpackungen (z.B. UN 3509) dürfen grundsätzlich in loser Schüttung befördert werden.

Oftmals ist eine besondere Auskleidung der Fahrzeug- bzw. Containerwände vorgeschrieben.

Weitere Anforderungen an die Fahrzeugaufbauten zur Beförderung in loser Schüttung enthalten die Kapitel 7.3 und 9.5 ADR.

4.1.3 Tanktransporte

Festverbundener Tank

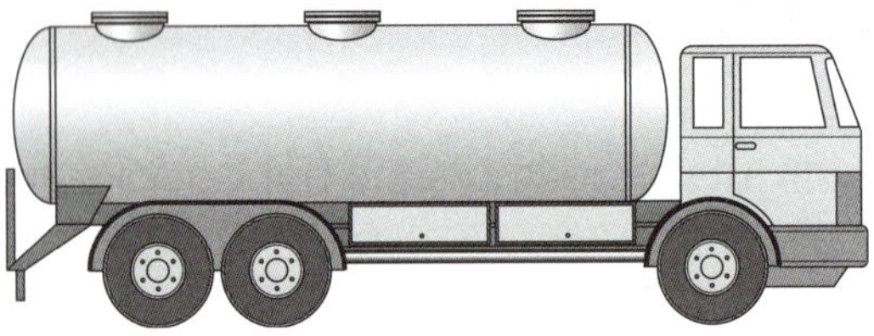

ist ein Tank, der durch seine Bauart dauerhaft auf einem Fahrzeug befestigt ist. Dieses Fahrzeug wird damit zum Tankfahrzeug. Auch sog. selbsttragende Tanks gelten als festverbundene Tanks. Der Fassungsraum ist größer als **1000 l**.

Tankfahrzeuge können gebaut sein als:
- Tank-Lkw
- Tankanhänger
- Tanksattelanhänger

Aufsetztanks

sind Tanks, die ihrer Bauart nach dazu bestimmt sind, während der Befüllung, Beförderung und Entleerung mit dem Fahrzeug fest verbunden zu sein und nur im leeren Zustand auf den Fahrzeugaufbau (z.B. Pritsche oder Plattform) gesetzt oder von ihm abgesetzt zu werden. Der Fassungsraum von Aufsetztanks ist größer als **450 l**.

Batterie-Fahrzeug

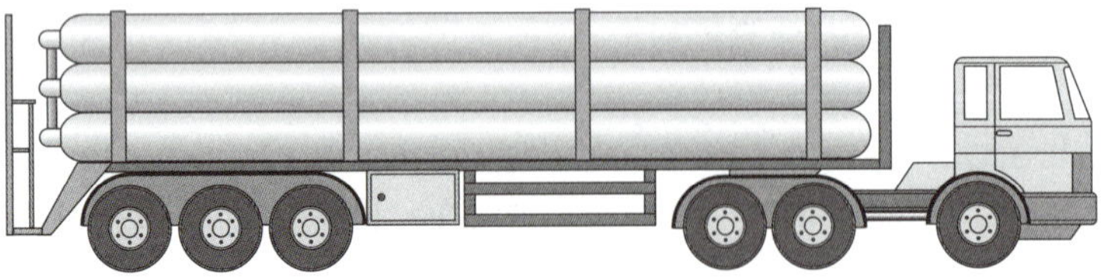

ist ein besonderes Beförderungsmittel, das nur zur Beförderung einiger Gase verwendet wird. Der Fahrzeugaufbau besteht aus einem **Verbund**

- mehrerer Flaschen,
- mehrerer Großflaschen,
- mehrerer Druckfässer,
- mehrerer Flaschenbündel oder
- mehrerer Tanks,

die durch eine **Sammelleitung** verbunden sind.

Gascontainer mit mehreren Elementen (MEGC)

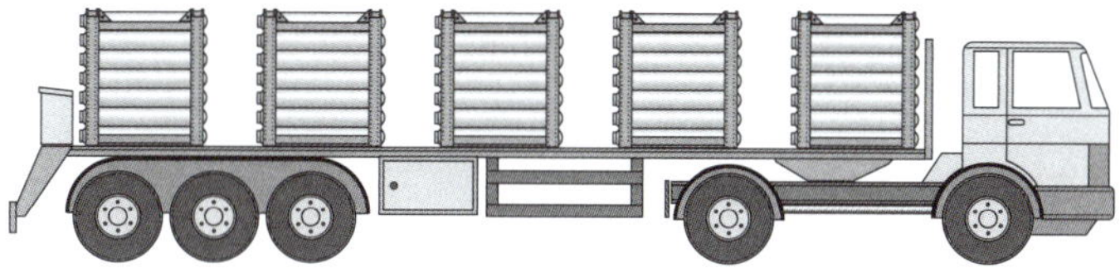

Gasbehälter, die durch ein **Sammelrohr** miteinander verbunden und **in einem Rahmen montiert** sind. Die einzelnen Gascontainer können vom Auflieger abgenommen werden. Die Abkürzung MEGC kommt von **M**ultiple **E**lement **G**as **C**ontainer.

Die **Tankakte** ist für Tanks, Batterie-Fahrzeuge und MEGC vorgeschrieben. Alle Unterlagen über den Tank sind bis 15 Monate nach Außerbetriebnahme vom Eigentümer oder Betreiber darin aufzubewahren, ggf. Behörden zur Verfügung zu stellen und bei Eigentümerwechsel zu übergeben.

Tankcontainer

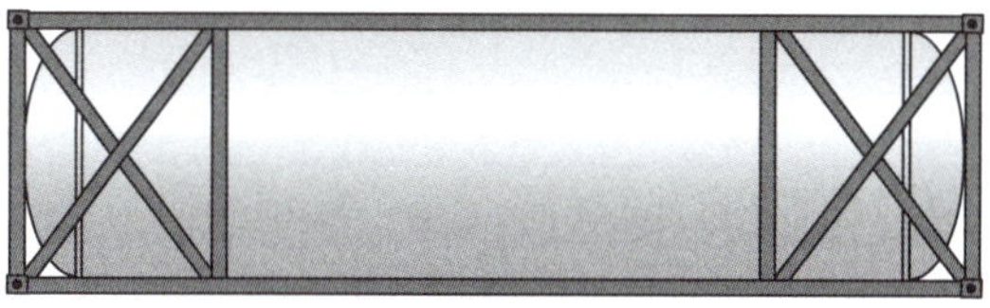

ist ein Tank, der in der Regel in ein Rahmenwerk eingebaut ist. Tankcontainer für **Gase** haben ein Fassungsvermögen von mehr als 450 l. Je nach Größe des Tanks hat der Rahmen genormte Abmessungen wie übliche Transportcontainer (20 Fuß oder 40 Fuß). Kleinere Tankcontainer haben meist keine genormten Abmessungen. Der Rahmen gewährleistet, dass der Tankcontainer stapelbar ist, und er gibt dem Tankcontainer die notwendige Stabilität, damit er auch in gefülltem Zustand verladen oder von einem Verkehrsmittel auf das andere umgesetzt werden kann.

Ortsbeweglicher Tank

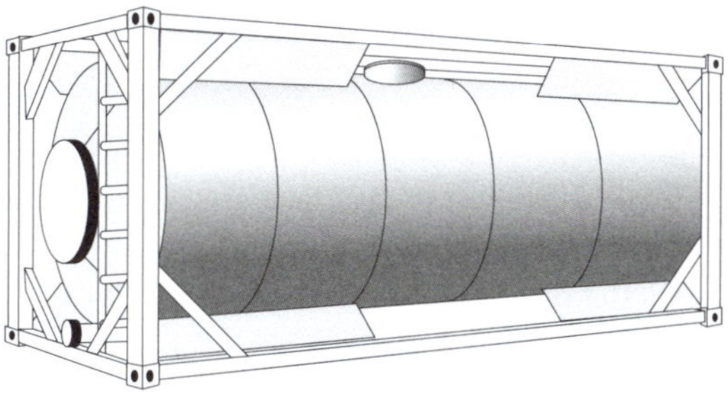

spezieller Tankcontainer, der insbesondere mit einem sehr stabilen Rahmenwerk ausgestattet ist, das auch die **Beförderung auf Seeschiffen** zulässt. Auch ortsbewegliche Tanks für Gase haben ein Fassungsvermögen von > 450 l.

4.1.4 Beförderung von erwärmten flüssigen und festen Stoffen

Die Beförderung von erwärmten flüssigen Stoffen – UN 3257, hier insbesondere

- flüssiges Aluminium,
- flüssiges Bitumen,
- flüssiges Eisen,
- heißes Paraffin (Wachs)

und von erwärmten festen Stoffen – UN 3258, hier insbesondere

- heiße Brammen (massive Metalle als Halbzeug),
- Stahlcoils (warm gewalzt),
- Aluminiumkrätze, wenn dieses Gut den vorgeschriebenen Grenzwert für die Gasbildung nicht überschreitet und die Temperatur bei Beginn der Beförderung 240 °C oder höher ist,

unterliegen in Deutschland den Anforderungen des § 36b sowie der Anlage 3 der GGVSEB. In der Anlage 3 werden die Anforderungen an den Transport dieser Güter in besonders ausgerüsteten Fahrzeugen oder Containern beschrieben. Dazu gehören:

- allgemeine Anforderungen an die Umschließungen und deren Ladungssicherung
- Brand- und Explosionsschutz
- zusätzliche Anforderungen für die Beförderung flüssiger Metalle in Tiegeln (Hierzu gehört u.a. die Anforderung, dass das Kraftfahrzeug (Zugmaschine oder Motorwagen) seit dem 1. Juli 2017 und der Sattelanhänger oder Anhänger ab dem 1. Januar 2021 mit einer Fahrdynamikregelung (Electronic Stability Control – ESC) ausgestattet sein muss und dass der Fahrzeugführer seit dem 30.06.2018 entweder über einen Aufbaukurs Tank oder eine entsprechende innerbetriebliche Unterweisung mit vorgeschriebenen Inhalten verfügen muss).

4.2 Fahrzeuge

4.2.1 Beförderungseinheiten (1.2.1 ADR)

Beförderungseinheiten sind Einzelfahrzeuge und Fahrzeugkombinationen aus einen ziehendem und angehängtem Fahrzeug, die durch Motorkraft angetrieben werden und die Möglichkeit besitzen, eine Ladung aufzunehmen (z.B. Ladefläche).

Sattelzugmaschinen sind in der Regel alleine nicht zur Güterbeförderung bestimmt und deshalb nicht als Beförderungseinheiten anzusehen.

Pkw/Pkw mit Anhänger

Lkw

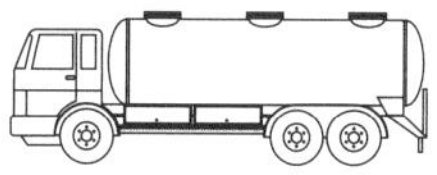

Lastkraftwagenzug (Lkw mit Anhänger)

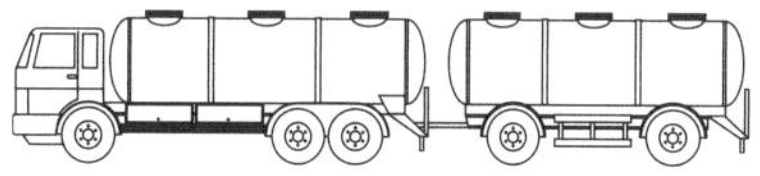

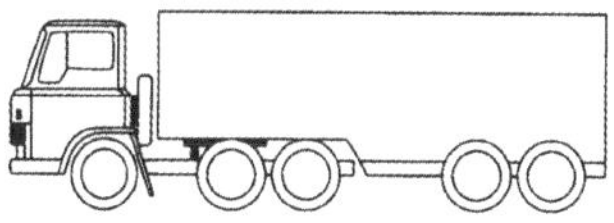

Sattelkraftfahrzeug (Sattelzugmaschine mit Sattelanhänger)

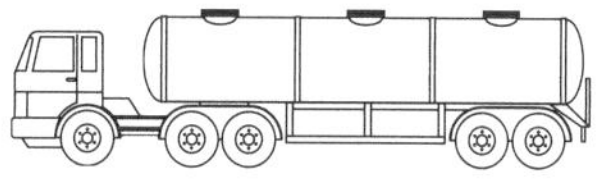

Keine Beförderungseinheiten sind:

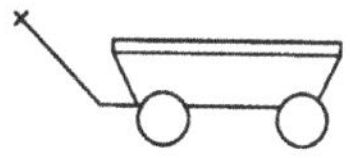

Handwagen

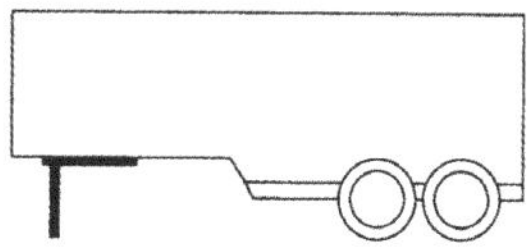

Sattelanhänger

Fuhrwerk

Anhänger

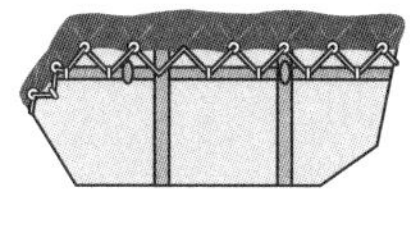

bedeckter Schüttgut-Container (BK1 oder VC1)

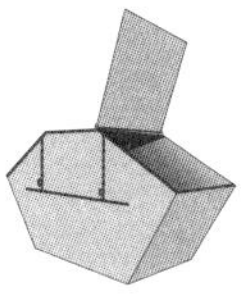

gedeckter Schüttgut-Container (BK2 oder VC2)

flexibler Schüttgut-Container (BK3)

4.2.2 Fahrzeugbezeichnungen

Fahrzeuge zur Beförderung gefährlicher Güter in Tanks müssen zusätzlich zu den üblichen Anforderungen auch noch bestimmten Anforderungen des ADR entsprechen. Diese gefahrgutspezifischen Anforderungen richten sich nach den Gütern, die mit dem Fahrzeug befördert werden dürfen.

Umgekehrt gilt aber auch: ein Fahrzeug, das bestimmte Anforderungen erfüllt, darf für die Beförderung der entsprechenden Güter eingesetzt werden.

Dazu unterscheidet das ADR folgende Fahrzeuge zur Beförderung gefährlicher Güter in Tanks:

FL-Fahrzeuge sind mit einer besonders geschützten elektrischen Anlage ausgerüstet. Bauteile des Fahrzeugs, die betriebsmäßig heiß werden, sind so geschützt, dass sie eine leicht entzündbare Atmosphäre (Gase, Dämpfe) nicht zünden. Sie sind deshalb geeignet, **leicht entzündbare flüssige** (z.B. Benzin) und **gasförmige Stoffe** (z.B. Propan) in Tanks zu befördern.
Die Abkürzung FL kommt von **F**lammable **L**iquid (englisch für entzündbare Flüssigkeit).

AT-Fahrzeuge sind alle anderen Fahrzeuge zur Beförderung gefährlicher Güter in Tanks. Darunter fallen Tanks für nicht brennbare Güter (z.B. Salzsäure und Stickstoff) und alle pulverförmigen Stoffe. Auch Heizöl, leicht und Dieselkraftstoff, aber auch gewisse radioaktive Stoffe der Klasse 7 werden in AT-Fahrzeugen befördert.

AT merkt man sich am besten als Abkürzung für **A**ndere **T**anks.

MEMU sind Fahrzeuge mit Tanks und Schüttgutcontainern sowie Herstellungseinrichtungen und Pumpen und der damit zusammenhängenden Ausrüstung.

Die Fahrzeugbezeichnungen **FL** und **AT** sind im Gefahrgut-Verzeichnis in Spalte 14 angegeben (Teil 3 des ADR, *siehe Seite 10*).

Auch in der **ADR-Zulassungsbescheinigung** ist diese Bezeichnung angegeben. So ist es möglich, festzustellen, ob ein Fahrzeug für die Beförderung eines bestimmten Gutes geeignet ist. In der Zulassungsbescheinigung können mehrere Fahrzeugbezeichnungen angegeben sein, wenn das Fahrzeug die jeweiligen Anforderungen erfüllt.

Wenn für das Gut ein AT-Fahrzeug vorgeschrieben ist, sind Fahrzeugkombinationen aus FL-Fahrzeug und AT-Fahrzeug z.B. zulässig, wenn der Tankanhänger AT und das ziehende Fahrzeug FL ist. „Höherwertige“ Fahrzeuge sind erlaubt.

Darüber hinaus gelten besondere Anforderungen an Fahrzeuge zur Beförderung von **Explosivstoffen**. Die Anforderungen an die Fahrzeuge sind umso umfangreicher, je gefährlicher die zu transportierenden explosiven Stoffe und Gegenstände sind und je größer die Transportmenge ist. Das ADR unterscheidet folgende Fahrzeuge:

EX/II-Fahrzeuge	für die Beförderung geringerer Mengen bzw. weniger gefährlicher explosiver Stoffe und Gegenstände
EX/III-Fahrzeuge	für die Beförderung größerer Mengen bzw. gefährlicher Explosivstoffe
MEMU	Mischladefahrzeuge *(siehe auch Seiten 90, 96)*

Bestimmte Sprengstoffe der Gefahrklasse 1 dürfen auch in Tanks befördert werden, die jedoch mit EX/III-Fahrzeugen befördert werden müssen.

Die Fahrzeugbezeichnungen **EX/II** bzw. **EX/III** bzw. **MEMU** sind in der ADR-Zulassungsbescheinigung angegeben, wenn das Fahrzeug die entsprechenden Anforderungen erfüllt.

MEMU müssen EX/III-Fahrzeugen entsprechen.

4.2.3 Fahrzeugarten

Eine **ADR-Zulassungsbescheinigung** muss bei Transporten mit folgenden Fahrzeugen mitgeführt werden:

Fassungsraum mehr als 1000 Liter	**Fassungsraum mehr als 3000 Liter Einzelfassungsraum**
Tankfahrzeug 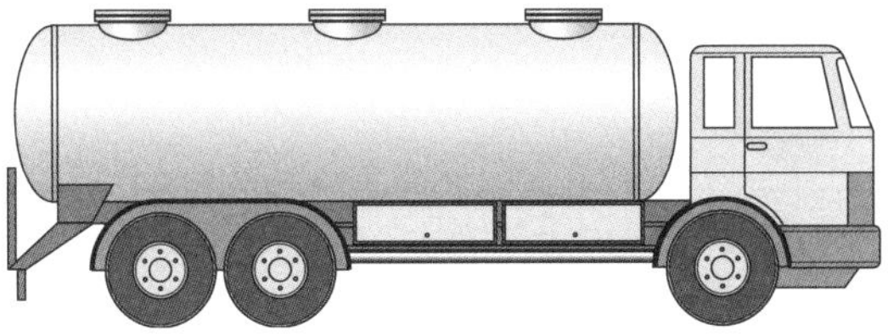	Trägerfahrzeug für Tankcontainer oder ortsbewegliche Tanks 
Trägerfahrzeug von Aufsetztanks 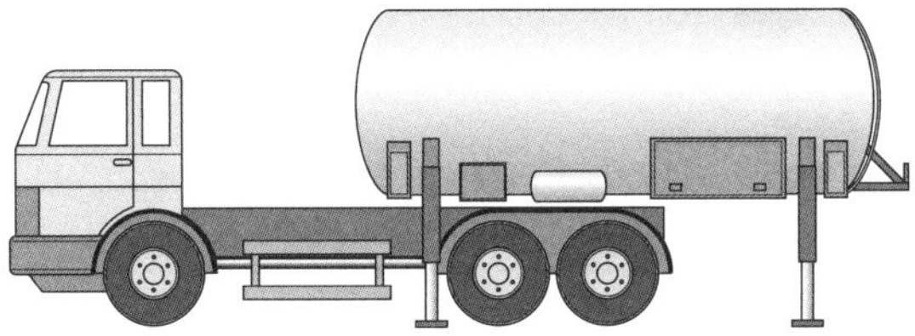	Trägerfahrzeug für MEGC 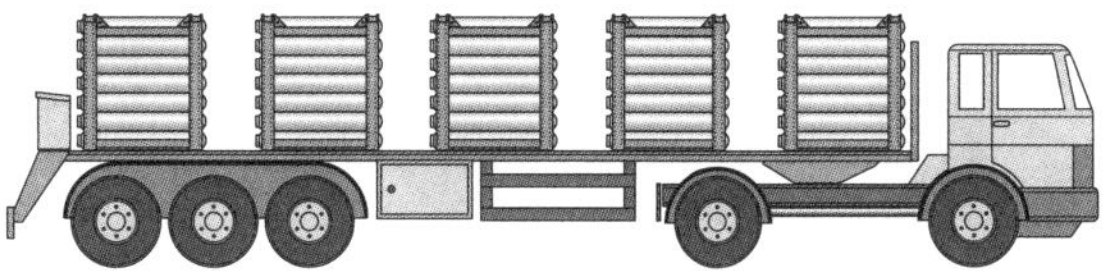

Fassungsraum mehr als 1000 Liter	**Fassungsraum mehr als 3000 Liter Einzelfassungsraum**
Batterie-Fahrzeug (Gesamtfassungsraum mehr als 1000 Liter) 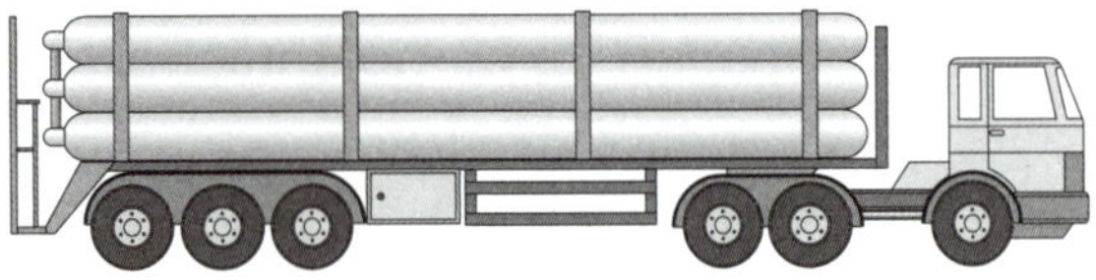	
Saug-Druck-Tankfahrzeug 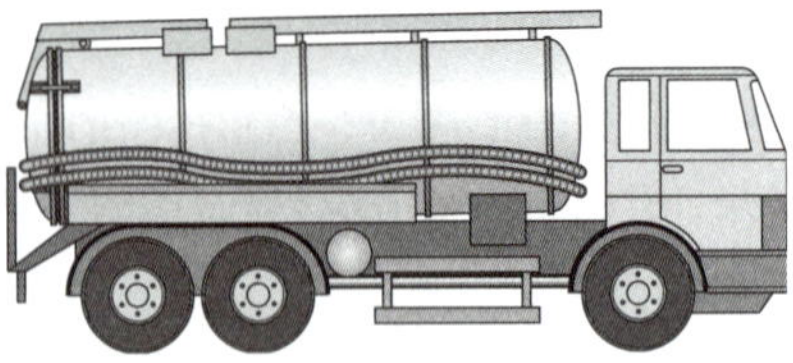	
MEMU 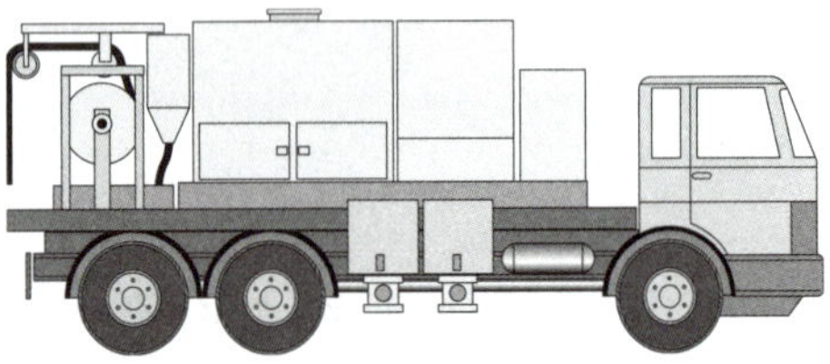	
Unabhängig vom Fassungsraum:	
Sattelzugmaschine und andere Zugfahrzeuge, sofern sie oben genannte Fahrzeuge (Anhänger oder Sattelanhänger) ziehen, sowie Trägerfahrzeuge  	
Fahrzeuge für die Beförderung von Explosivstoffen (EX-II und EX-III) 	

4.3 Gefahrgutumschließungen

Für die Beförderung muss das Gefahrgut in der Regel von einem Behältnis, der sog. Gefahrgutumschließung, umschlossen werden (Ausnahme: Beförderung in loser Schüttung, hier ist der Schüttgut-Container oder Großcontainer bzw. der Fahrzeugaufbau die Umschließung).

Je nach Bauart und Fassungsvermögen werden unterschiedliche Gefahrgutumschließungen unterschieden:

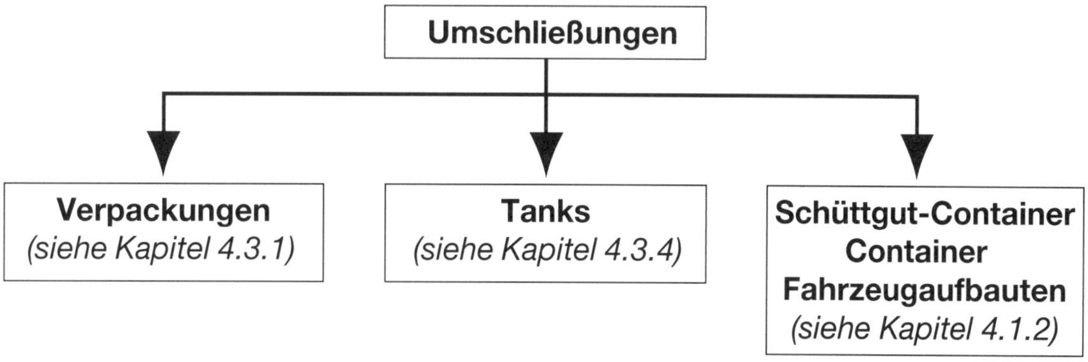

4.3.1 Verpackungen

Verpackungen für Gefahrgut müssen in der Regel nach ihrer Bauart zugelassen sein. Die Bauartzulassung ist an einer Ziffern-/Buchstabenkombination erkennbar. Sie beginnt meist mit dem Symbol (u n) oder den Buchstaben **UN**.

Verpackung für flüssige Stoffe, z.B.:

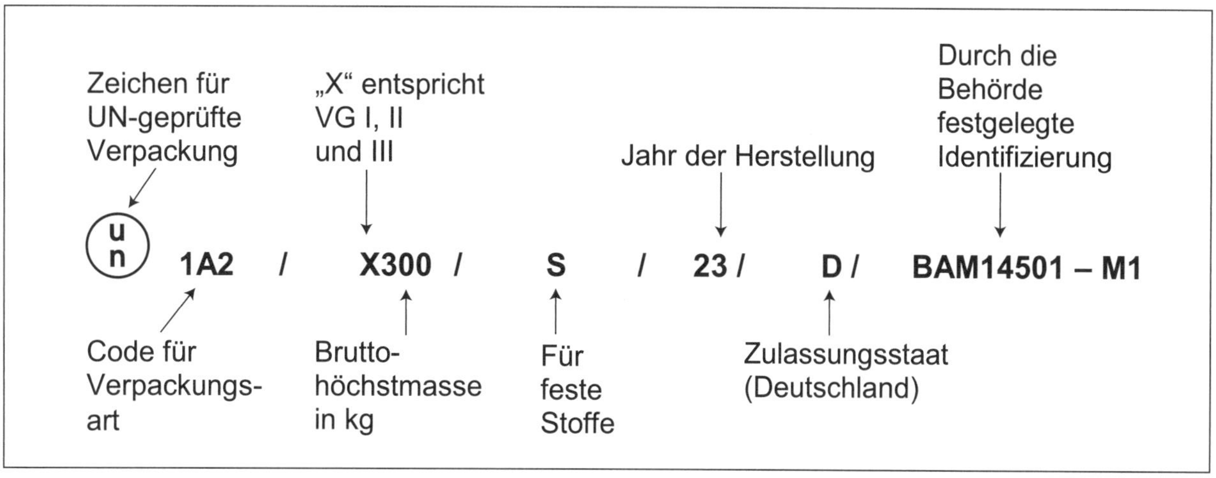

Leistungsfähigkeit der Verpackung, hier für Stoffe aller Gefahreneigenschaften (Buchstabe „X" entspricht den Verpackungsgruppen I, II und III)

Beispiele für Verpackungen:

- **Fässer** aus Metall, Kunststoff, Pappe
- **Kanister** aus Stahl oder Kunststoff
- **Kisten** aus Metall, Holz, Pappe oder Kunststoff
- **Säcke** aus Papier, Textilgewebe, Kunststoffgewebe oder Folie
- **Kombinationsverpackungen**, z. B. Korbflasche (Glasflasche in Kunststoffkorb)

Fassungsvermögen von Verpackungen: In der Regel bis höchstens 450 l bzw. 400 kg Nettomasse, bei bestimmten Gegenständen gibt es keine Höchstgrenze, aber die generelle Anforderung, dass die Verpackung dem Gewicht standhalten muss..

- **Großverpackung**: eine Außenverpackung, die Gegenstände oder Innenverpackungen enthält und für mechanische Handhabung ausgelegt ist (Fassungsraum > 450 l, aber Höchstvolumen 3,0 m^3).

Verpackungen für **freigestellte Mengen** benötigen keine Bauartzulassung, müssen aber auch bestimmten Vorschriften des ADR genügen (Prüfung nach 3.5.3 ADR).

Verpackungen für **begrenzte Mengen** müssen den allgemeinen Verpackungsvorschriften entsprechen (es ist keine Bauartzulassung erforderlich, aber die Übereinstimmung mit den Bauvorschriften für die verwendeten Außenverpackungen muss gegeben sein).

Verschiedene Verpackungen:

Fass aus Stahl (hier mit Sprengringdeckel (abnehmbar))

Fass aus Kunststoff

Druckgefäß (Gasflasche)

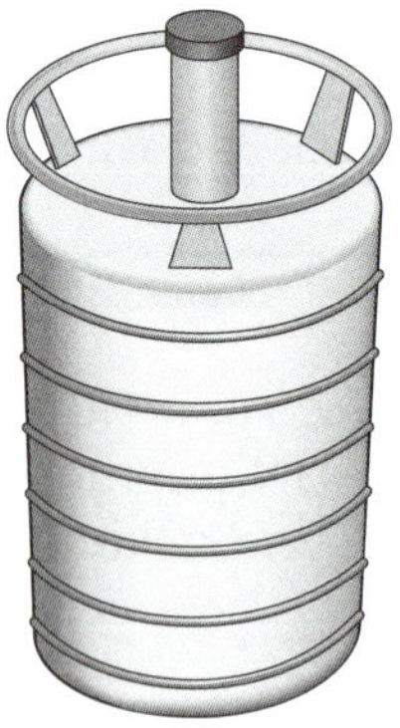

Kryo-Behälter

Kryo-Behälter (offen oder verschlossen) sind ortsbewegliche wärmeisolierte Druckgefäße nach Art einer Thermoskanne für die Beförderung tiefgekühlt verflüssigter Gase. Die verschlossenen Kryo-Behälter haben einen Fassungsraum von höchstens 1000 l (griech. „kryos“ bedeutet „kalt“).

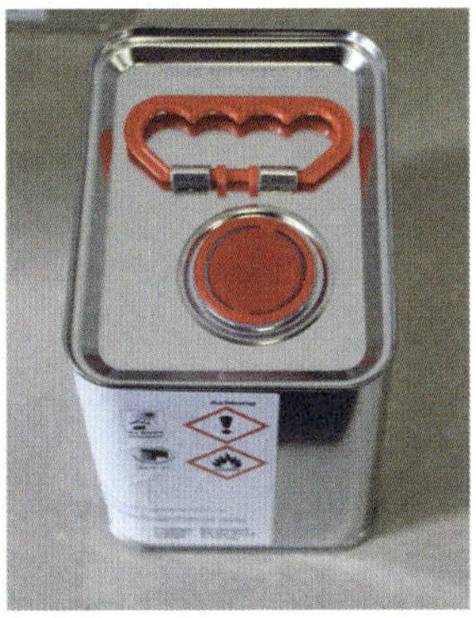

Feinstblechverpackung

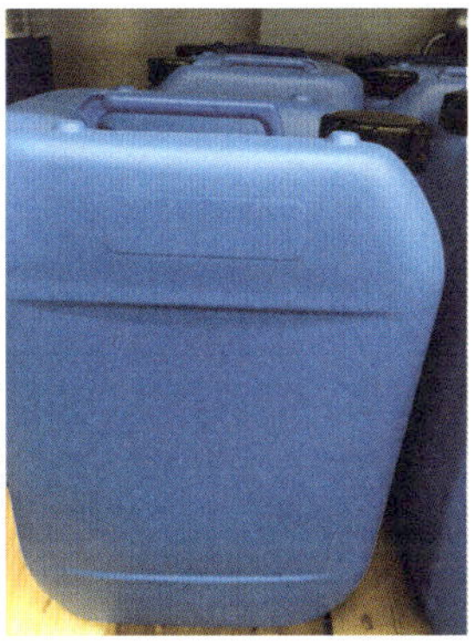

Kanister aus Kunststoff

Kiste aus Pappe

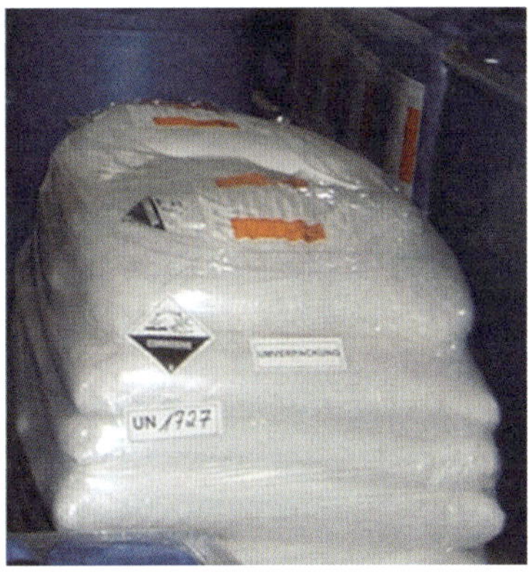

Sack

Kombinationsverpackung (Korbflasche) (Innengefäß in einer äußeren Verpackung, fest verbunden) Quelle: Greif Packaging Germany GmbH

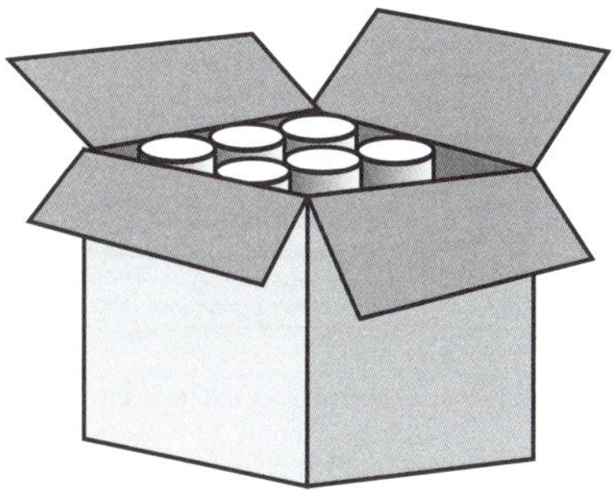

Zusammengesetzte Verpackung (Mehrfachverpackungen für Beförderungszwecke)

4.3.2 Großpackmittel (Intermediate Bulk Container, IBC)

Eine besondere Art der Verpackung sind Großpackmittel. Auch sie müssen bauartzugelassen sein. Fassungsvermögen bis höchstens 3 m^3.

Beispiele:

- Flexible Großpackmittel (sogenannte „big bags“)
- Metallene IBC
- Kombinations-IBC bestehen in der Regel aus einer Metallgitterbox und einem Kunststoff-Innenbehälter.

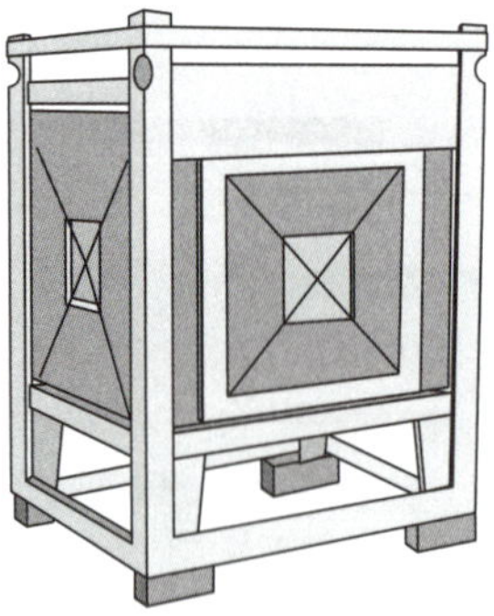

metallener IBC

flexibler IBC („big bag“)

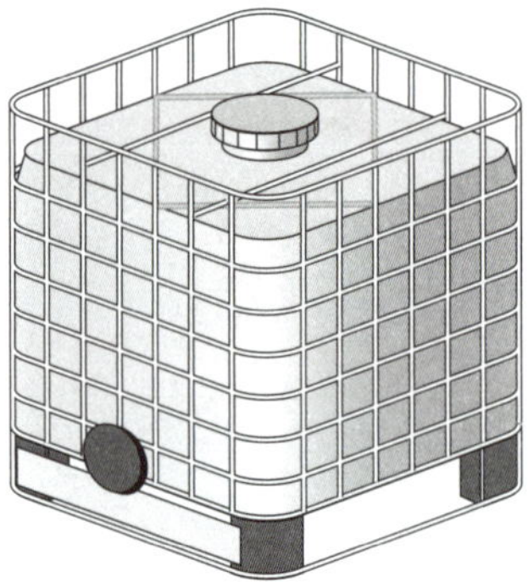

Kombinations-IBC mit Kunststoff-Innenbehälter

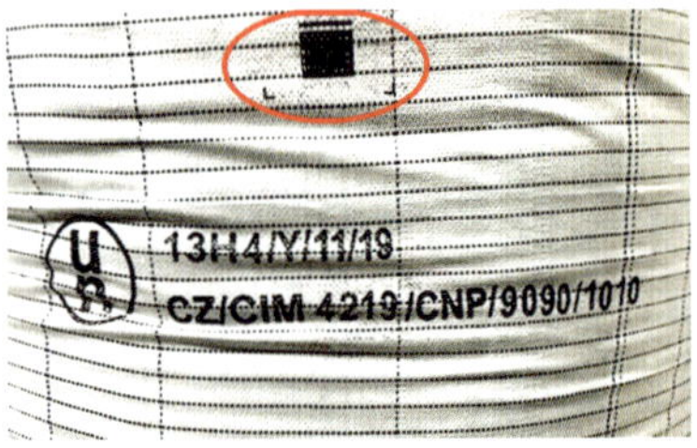

UN-Codierung eines big bag

Alle Großpackmittel und Großverpackungen müssen mit einem Schild, das die höchstzulässige Stapellast angibt, ausgestattet sein.

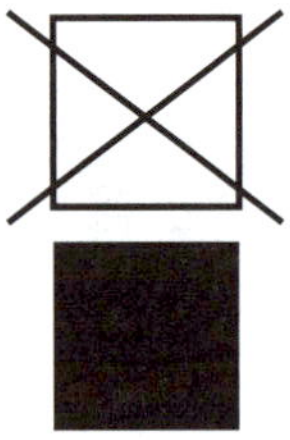

Stapelverbote werden so dargestellt

4.3.3 Großverpackungen

Großverpackungen sind Außenverpackungen, die Gegenstände oder bereits verpackte Güter enthalten und für mechanische Handhabung geeignet sind.

Sie sind für Nettomassen (Inhalte) von mehr als 400 kg und Fassungsvermögen von mehr als 450 l ausgelegt, haben aber ein Höchstvolumen von 3 m^3.

4.3.4 Umverpackung

Eine Umverpackung ist eine Ladeeinheit (Umschließung) aus verschiedenen Versandstücken, die zum Zweck der leichteren Handhabung zusammengefasst worden sind. Für Güter der Klasse 7 dürfen solche Umverpackungen nur für Versandstücke von einem einzigen Absender verwendet werden. Beispiele für solche Umverpackungen sind:

a) Palette mit mehreren Versandstücken, gesichert durch Schrumpf- oder Wickelfolie oder durch Bänderung
b) Kisten aus Pappe oder Kunststoffkanister, mit Einmalzurrbändern fest mit der Palette und untereinander zu einer Ladeeinheit verbunden
c) Stülpkartons
d) Kisten

Merke

✔ Eine Umverpackung ist **keine** Verpackung, sie dient nur der leichteren Handhabung.

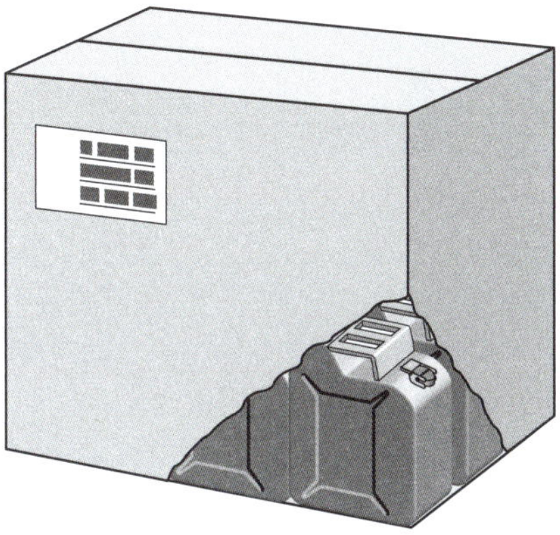

Kiste aus Pappe als Umverpackung

Palette mit Wickelfolie als Umverpackung

4.3.5 Tanks

Größere Mengen gefährlicher Güter werden in Tanks befördert.

Für unterschiedliche Beförderungszwecke werden verschiedene Tankfahrzeuge verwendet.

4.3.5.1 Unterscheidung nach dem Tank-Querschnitt

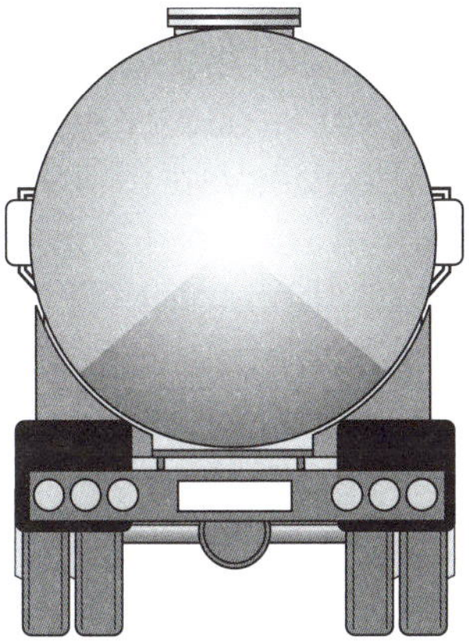

zylindrischer Tank
(Rundtank)

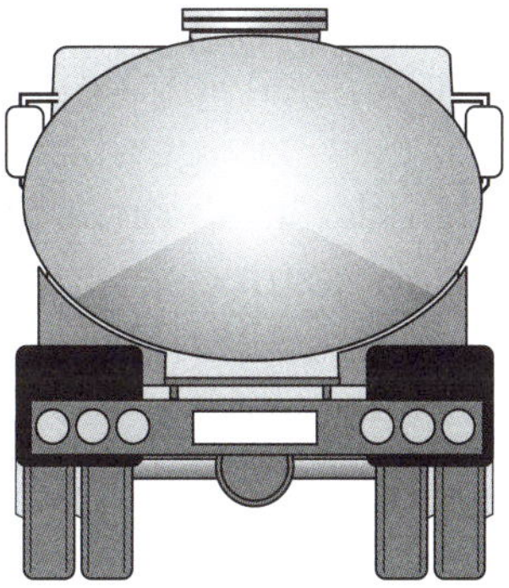

elliptischer Tank

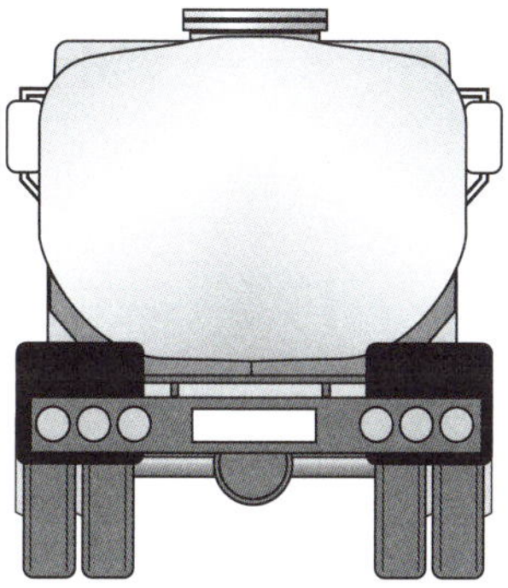

kofferförmiger Tank
(Koffertank)

Tanks, die während der Beförderung oder bei der Be-/Entladung unter Druck stehen, müssen immer als Rundtank ausgeführt sein (z.B. für Gase). Drucklos betriebene Tanks können als Koffer-, elliptischer oder Rundtank ausgeführt sein. Sie benötigen eine Be- und Entlüftung.

4.3.5.2 Unterscheidung nach Füllgutgruppen

- Tankfahrzeuge für Gase
- Tankfahrzeuge für Mineralöle
- Tankfahrzeuge für Chemikalien
- Tankfahrzeuge für feste (staubförmige oder körnige) Stoffe, sog. Silos
- Saug-Druck-Tankfahrzeuge für Abfälle

4.3.5.3 Unterscheidung nach der Aufteilung

Einkammer-Tank

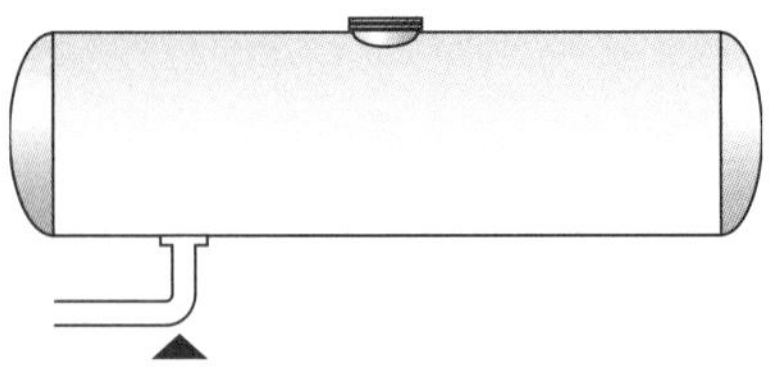

ist nicht in Kammern (Abteile) unterteilt, kann aber sehr wohl Schwallwände enthalten.

Mehrkammer-Tank

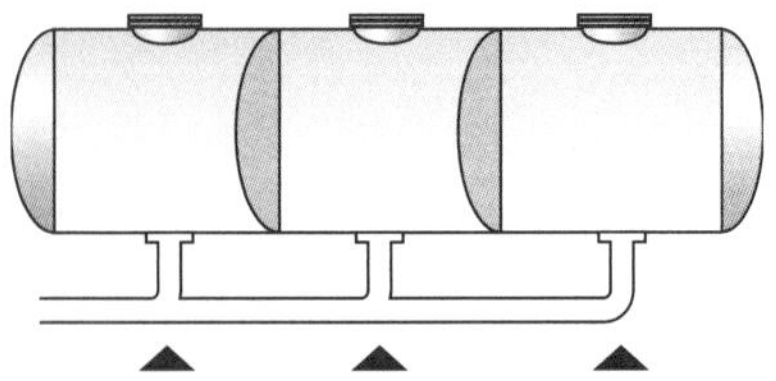

ist in einzelne Tank-Kammern (Tank-Abteile) unterteilt. Je nach Unterteilung der Kammern können zusätzlich Schwallwände eingebaut sein. In Mehrkammer-Tanks mit einem gemeinsamen Abgabesystem darf nur **ein** Produkt befördert werden.

Mehrprodukten-Tank

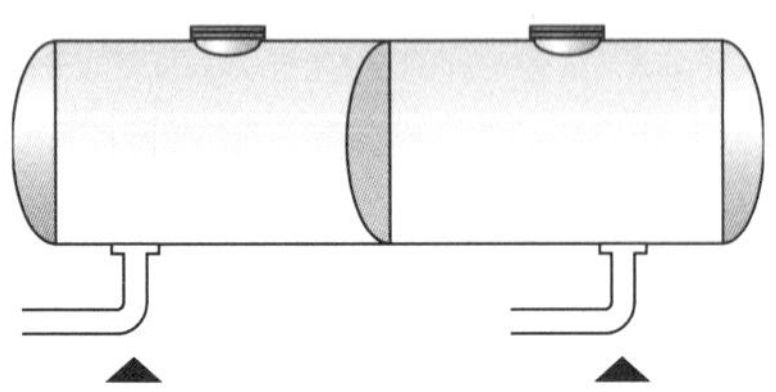

Das sind Mehrkammer-Tanks, die es erlauben, verschiedene Füllgüter zu befördern, ohne dass es zu Vermischungen im Tank oder im Abgabesystem kommt. Um das zu gewährleisten, haben diese Fahrzeuge entweder mehrere voneinander unabhängige einzelne Abgabeleitungen oder ein durch Schieber und Ventile trennbares Abgabesystem (Kollektoren).

4.3.5.4 Aufbau eines Tanks

Tankbehälter für Mineralöle von innen

1 Behälter-Außenwand
2 Einschweißkragen für den Domdeckel
3 Schwallwand
4 Schwallwanddurchbrüche
5 Gaspendelleitung
6 Entwässerungsleitung
7 Einschweißflansch für Bodenventil
8 Trennboden zum nächsten Tankabteil (durch die Durchbrüche gesehen)

Die Abbildung zeigt deutlich die Schwallwände in einem Tank, hier nach einem Unfall mit anschließendem Brand des Tanks.

4.3.5.5 Tankausrüstung

Zur Tankausrüstung gehören:

- die Bedienungsausrüstung (Armaturen)
- die bauliche Ausrüstung
- die Sicherheitsausrüstung

Die **Bedienungsausrüstung** ermöglicht es vor allem, den Tank zu be- und entladen.

Man unterscheidet Befüll- und Abgabearmaturen. Befüllarmaturen, die sich auf dem Tankscheitel befinden, nennt man Domarmaturen.

Je nachdem, welche Produkte befördert werden, müssen die Armaturen unterschiedlich ausgeführt sein. Grundsätzlich müssen alle Armaturen dicht und für das Transportgut geeignet (verträglich) sein.

Additivierungseinrichtungen sind Teil der Bedienungsausrüstung zur Beimischung von Additiven der UN 1202, UN 1993 oder UN 3082 oder von nicht gefährlichen Stoffen während des Entleerens des Tanks. Sie bestehen aus Elementen, wie z.B. Verbindungsrohren, Verschlusseinrichtungen, Pumpen und Dosierungseinrichtungen, die mit der Entleerungseinrichtung der Bedienungsausrüstung des Tanks dauerhaft verbunden sind.

Die wichtigsten **Domarmaturen** sind:

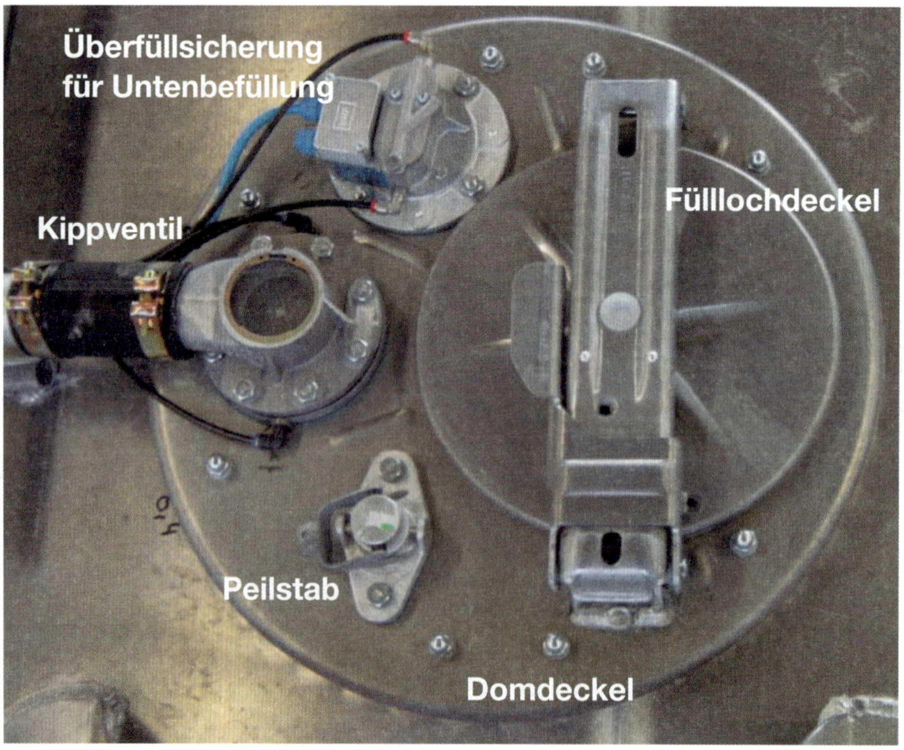

Fahrzeugtanks verfügen häufig über folgende **Abgabearmaturen:**

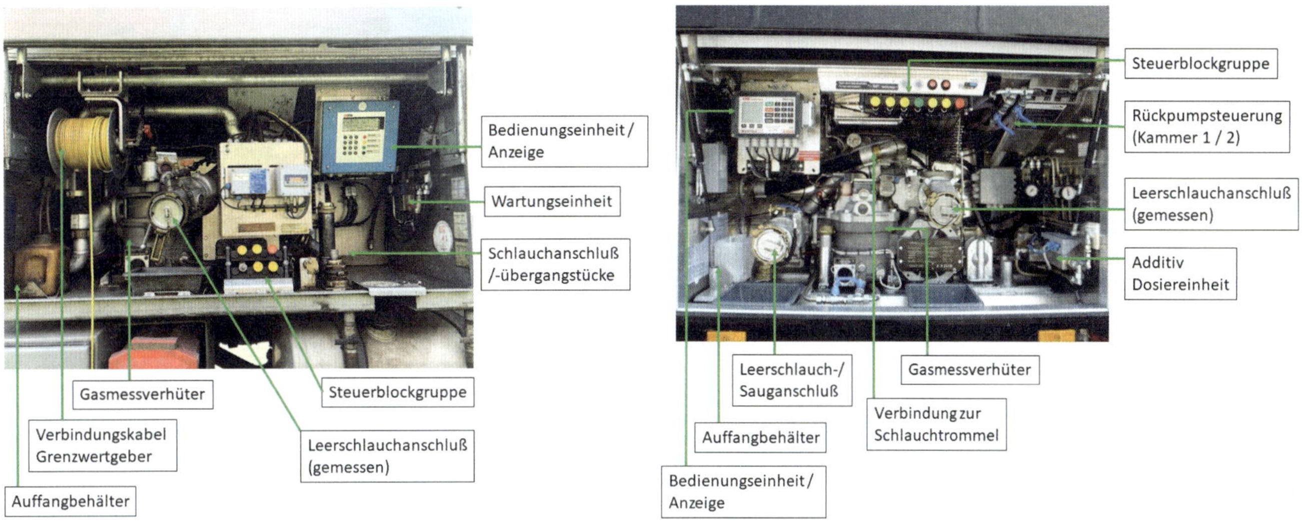

Armaturenschrank eines Tankwagens mit Pump- und Messanlage

4.3.5.6 Prüffristen bei Tanks

In Abhängigkeit von der Art des Tanks und den damit zu befördernden gefährlichen Gütern sind unterschiedliche Prüffristen einzuhalten (wiederkehrende Prüfung, Zwischenprüfung, ggf. Prüfung der Auskleidung). Eine außerordentliche Prüfung ist nötig, wenn der Tank Anzeichen von Beschädigung, Korrosion, Undichtheit oder andere sicherheitsrelevante Mängel aufweist.

4.4 Besondere elektrische Anlage

Die FL-Fahrzeuge, EX/III-Fahrzeuge und MEMU müssen über die elektrischen Leitungen hinaus mit einer besonders geschützten elektrischen Anlage ausgerüstet sein, um Zündgefahren zu vermeiden. Deshalb sind diese Fahrzeuge auch mit einem **Batterietrennschalter** ausgerüstet. Stromkreise, die nach Betätigen des Batterietrennschalters noch unter Spannung stehen, müssen **explosionsgeschützt** ausgeführt sein.

Der Betätigungsschalter für den Batterietrennschalter muss leicht zugänglich sein.

Außerdem müssen auch die Teile der elektrischen Anlage explosionsgeschützt sein, die in **explosiver Atmosphäre** betrieben werden (z.B. im Armaturenschrank und in der Nähe von Öffnungen wie der Gaspendelleitung oder dem Abgabestutzen).

Schutz der elektrischen Leitung zur Vermeidung von Zündgefahren

4.5 Nichtelektrische Ausrüstung der Tankfahrzeuge und Explosivstoff-Fahrzeuge zur Verhütung von Explosions- und Feuergefahren

Um Zündquellen von entzündbarer Ladung fernzuhalten, werden besondere Anforderungen an die Motoren und andere Fahrzeugteile gestellt, die betriebsmäßig heiß werden (z.B. Auspuffanlage, Dauerbremsanlage). Die Anforderungen gelten im Grundsatz für:

- Explosivstoff-Fahrzeuge (EX/II und EX/III und MEMU),
- Tankfahrzeuge,
- Trägerfahrzeuge von Aufsetztanks,
- Trägerfahrzeuge von Tankcontainern, MEGC und ortsbeweglichen Tanks,
- Sattelzugmaschinen solcher Fahrzeuge.

Motoren und Auspuffanlagen dieser Fahrzeuge müssen so beschaffen und angeordnet bzw. geschützt sein, dass für die Ladung keine Gefahr infolge Erhitzung entstehen kann.

Dazu sind Motoren und Auspuffanlagen z.B. durch Metallabdeckungen besonders geschützt.

Die Anforderungen gelten größtenteils nur für Fahrzeuge, die zugelassen sind für die Beförderung

- leicht entzündbarer Flüssigkeiten (Flammpunkt höchstens 60 °C),
- brennbarer Gase und
- explosiver Stoffe (EX/II, EX/III und MEMU).

Bei Fahrzeugen, die eine Dauerbremsanlage haben müssen – das sind EX/III-, MEMU-, AT- und FL- sowie bestimmte EX/II-Fahrzeuge – muss zwischen der Anlage und der Ladung eine Hitzeabschirmung vorhanden sein.

FL-Fahrzeuge für die Beförderung von entzündbaren verflüssigten und verdichteten Gasen und entzündbaren Flüssigkeiten Verpackungsgruppen I und II müssen ab Erstzulassung 1. Januar 2029 mit einer automatischen Brandunterdrückungsanlage im Motorraum ausgerüstet werden. Diese Fahrzeuge müssen auch ab Erstzulassung 1. Januar 2029 mit einer Hitzeschutzeinrichtung ausgerüstet sein, um die Brandausbreitung von einem Reifenbrand eindämmen zu können. Fahrzeuge, die vor diesem Datum erstmalig zugelassen oder in Betrieb genommen wurden, müssen nicht nachgerüstet werden.

4.6 Ausrüstung der Fahrzeuge

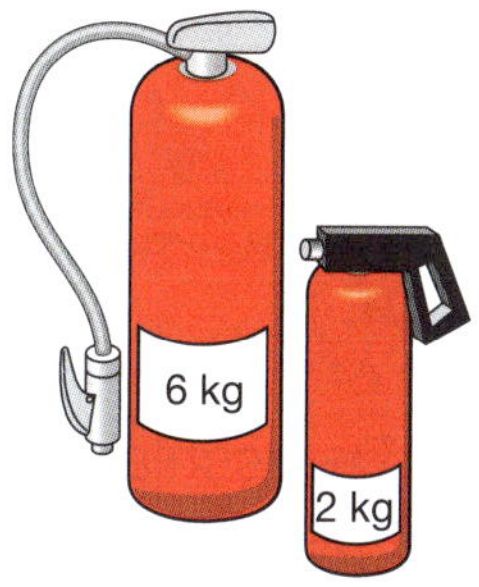

Für Gefahrgutfahrzeuge gibt es neben den Vorschriften über die bauliche Ausrüstung der Fahrzeuge auch Vorschriften über die mitzuführenden Ausrüstungsgegenstände.

4.6.1 Mitzuführende Ausrüstungsgegenstände

4.6.1.1 Feuerlöschgeräte

Je nach Menge des Gefahrguts sind 1 oder 2 Feuerlöscher für die **Brandklassen A, B und C** mitzuführen.

Der erste Feuerlöscher muss geeignet sein, **Brände am Fahrzeug** zu bekämpfen. Er muss mit mindestens 2 kg Löschmittel gefüllt sein. Dieser Feuerlöscher muss auch bei der Beförderung gefährlicher Güter gemäß 1.1.3.6 ADR mitgeführt werden.

Bei Überschreitung der höchstzulässigen Mengen nach 1.1.3.6 ADR müssen immer mindestens 2 Feuerlöscher mitgeführt werden. Die Löschmittelmenge richtet sich nach der zulässigen Gesamtmasse (zGM) der Beförderungseinheit:

höchstzulässige Masse der Beförderungseinheit	Mindestanzahl der Feuerlöschgeräte	Mindestgesamtfassungsvermögen je Beförderungseinheit	geeignetes Feuerlöschgerät für einen Motor- oder Fahrerhausbrand; mindestens eines mit einem Mindestfassungsvermögen von:	ein oder mehrere zusätzliche Feuerlöschgeräte; mindestens eines mit einem Mindestfassungsvermögen von:
≤ 3,5 Tonnen	2	4 kg	2 kg	2 kg
> 3,5 Tonnen ≤ 7,5 Tonnen	2	8 kg	2 kg	6 kg
> 7,5 Tonnen	2	12 kg	2 kg	6 kg
Das Fassungsvermögen bezieht sich auf Feuerlöschgeräte mit Pulver (bei anderen geeigneten Löschmitteln muss das Fassungsvermögen vergleichbar sein).				

Die Feuerlöscher müssen leicht erreichbar angebracht sein. Leichte Erreichbarkeit heißt „mit einem Griff" zu erreichen, nicht zum Beispiel im Bettkasten verstaut. Bei Anbringung außen am Fahrzeug müssen sie gegen Witterungseinflüsse geschützt sein.

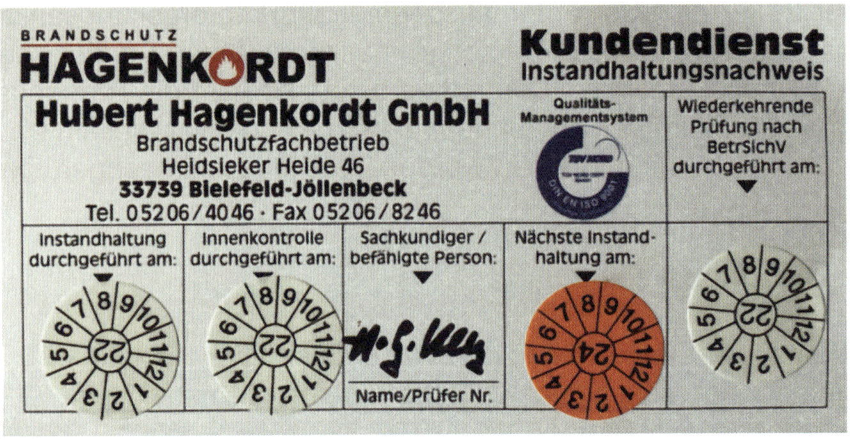

In Deutschland hergestellte Feuerlöscher müssen spätestens **alle zwei Jahre** geprüft werden, damit ihre Funktion sichergestellt ist. Das Datum der **nächsten Prüfung** (Monat/Jahr) oder der Ablauf der höchstzulässigen Nutzungsdauer ist auf den Feuerlöschern angegeben. Bei fabrikneuen in Deutschland hergestellten Feuerlöschern reicht das Herstellungsjahr ohne Monatsangabe aus. Die Prüffrist des fabrikneuen Feuerlöschers beginnt mit dem Ende des Herstellungsjahres. Beispiel: Feuerlöscher hergestellt in 05/2022 – Beginn der Prüffrist in 12/2022, Prüfung ist erforderlich in 12/2024. Das Prüfdatum darf während der Beförderung nicht überschritten werden (z.B. Ablauf Oktober 2023, Ende der Beförderung am 2.11.2023)!

(Achtung, gilt nur bei innerdeutschen Beförderungen. Im Ausland hergestellte Feuerlöscher unterliegen den jeweiligen Prüffristen der Herstellerländer.)

An der vorgeschriebenen **Plombierung** ist erkennbar, dass der Feuerlöscher seit der letzten Prüfung noch nicht verwendet wurde.

4.6.1.2 Ausrüstung an Bord

- **Unterlegkeil**

  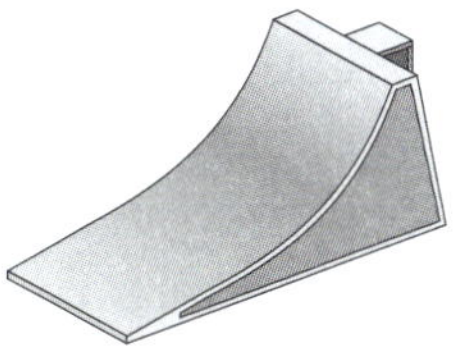

  Auf Gefahrgutbeförderungseinheiten (auch Pkw!) ist grundsätzlich mindestens ein Unterlegkeil je Fahrzeug mitzuführen. Die Größe des Unterlegkeils muss zum Fahrzeuggewicht und zum Raddurchmesser passen. Der Unterlegkeil muss immer verwendet werden, wenn ein Anhänger ohne Bremsausrüstung allein abgestellt wird.

- **2 selbststehende Warnzeichen** (z.B. Warnblinkleuchten für orangefarbenes Licht oder Warndreiecke oder reflektierende Verkehrsleitkegel)
  Es dürfen unterschiedliche selbststehende Warnzeichen verwendet werden. Gem. StVZO in Deutschland sind mit Warnzeichen Warnleuchten und Warndreiecke im Sinne des § 53 a StVZO gemeint. Warnkegel sind in Deutschland Verkehrszeichen und gehören damit zu den Verkehrseinrichtungen.
  Bei der Beschaffung von Warnleuchten und Warndreiecken sollte darauf geachtet werden, dass sie bauartgenehmigt sind. Die Bauartgenehmigung ist in § 22a StVZO für Warnleuchten und Warndreiecke vorgeschrieben. Bauartgenehmigte Teile erkennt man am Prüfzeichen:

 **K139...**

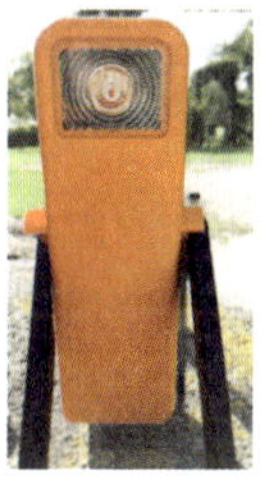 oder  oder 

- **Augenspülflüssigkeit**
  (nicht bei Gefahrzettel-Nr. 1, 1.4, 1.5, 1.6, 2.1, 2.2, 2.3)

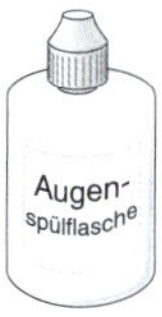

4.6.1.3 Persönliche Schutzausrüstung für jedes Mitglied der Fahrzeugbesatzung

Damit sich die Mitglieder der Fahrzeugbesatzung im Gefahrenfall selbst schützen und andere warnen können, müssen sie eine Schutzausrüstung mitführen, die so beschaffen sein muss, dass sie die Fahrzeugbesatzung nicht gefährdet.

Dazu gehören:

- Eine **Warnweste** (z.B. wie in EN 471:2003 + A1:2007 oder EN ISO 20471 beschrieben). Das Mitführen solcher Warnkleidung ist für gewerblich genutzte Fahrzeuge auch nach den berufsgenossenschaftlichen Unfallverhütungsvorschriften vorgeschrieben, und nicht nur bei Gefahrguttransporten.

- Ein **tragbares Beleuchtungsgerät** z.B. Taschenlampe, Stirnleuchte muss so beschaffen sein, dass keine Gefahr der Entzündung der Ladung besteht. (Fahrzeuge dürfen beispielsweise nicht mit Lampen betreten werden, die eine metallene Oberfläche haben, die Funken erzeugen könnte.)
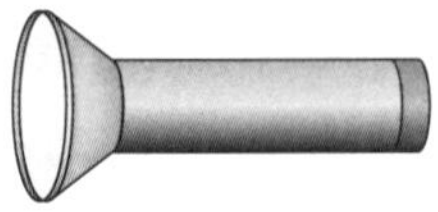
Tragbare Beleuchtungsgeräte müssen nur dann explosionsgeschützt sein, wenn in gedeckten Fahrzeugen entzündbare Flüssigkeiten mit einem Flammpunkt bis 60 °C oder entzündbare Stoffe oder Gegenstände der Klasse 2 befördert werden.

- ein Paar **Schutzhandschuhe** 

- eine **Augenschutzausrüstung** 

4.6.1.4 Vorgeschriebene zusätzliche Ausrüstung für bestimmte Klassen

Wenn es in den schriftlichen Weisungen beschrieben ist, müssen die Mitglieder der Fahrzeugbesatzung auch in der Lage sein, bestimmte Maßnahmen zur Schadensbegrenzung durchzuführen. Dazu kann es erforderlich sein, eine spezielle, auf das Gefahrgut abgestimmte Schutzausrüstung mitzuführen. Diese muss folgende Ausrüstungsgegenstände umfassen:

- Bei der Beförderung von Stoffen mit **Gefahrzetteln**
Nr. 2.3  **oder 6.1** 
muss für jedes Mitglied der Fahrzeugbesatzung eine **Notfallfluchtmaske** mitgeführt werden (z.B. eine Notfallfluchtmaske mit einem Gas/Staub-Kombinationsfilter des Typs A1B1E1K1-P1 oder A2B2E2K2-P2, der mit dem in der Norm EN 14387:2004 + A1:2008 – Atemschutzgeräte – Gasfilter und Kombinationsfilter – Anforderungen, Prüfung, Kennzeichnung beschriebenen vergleichbar ist).

- eine **Schaufel**

- eine **Kanal-abdeckung** (evtl. magnetisch)

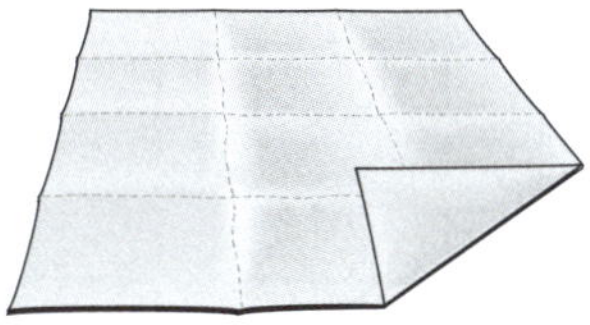

- **Auffangbehälter** (z.B. Eimer)

nur für feste/flüssige Stoffe der Gefahrzettel-Nummern 3, 4.1, 4.3, 8 oder 9

- Besen

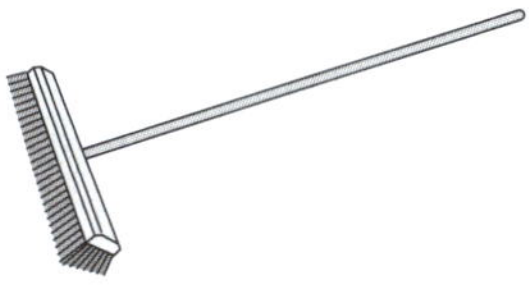

- geeignetes Bindemittel

nicht gefordert, aber nützlich

Die Schutzausrüstung soll das Fahrpersonal und die Umwelt vor den Gefahren des Transportgutes schützen. Der Fahrzeugführer sollte die Ausrüstungsgegenstände deshalb im Interesse seiner eigenen Sicherheit immer

- in gut gepflegtem Zustand und
- an leicht zugänglicher Stelle im Fahrerhaus aufbewahren.

Die Schutzausrüstung darf die Fahrzeugbesatzung nicht gefährden (z.B. Schutzbrille ohne Gläser, Handschuhe mit Beschädigung). Hier muss der Arbeitgeber (Beförderer) auch die Anforderungen des Arbeitsschutzrechts einhalten. Bei fehlender oder nicht funktionierender Ausrüstung können Bußgelder gegen den Beförderer, Verlader bzw. Befüller und auch gegen den Fahrzeugführer verhängt werden.

Für die Übergabe der persönlichen und sonstigen Schutzausrüstung sowie die Einweisung der Mitglieder der Fahrzeugbesatzung ist der **Beförderer verantwortlich**.

Ausrüstungsgegenstände	Gefahrzettelmuster																			
	1			1.4	1.5	1.6	2.1	2.2	2.3	3	4.1	4.2	4.3	5.1	5.2	6.1	6.2	7	8	9
	Unterklasse 1.1	Unterklasse 1.2	Unterklasse 1.3																	
A. Beförderungseinheit																				
1 Unterlegkeil je Fahrzeug	■	■	■	■	■	■	■	■	■	■	■	■	■	■	■	■	■	■	■	■
2 selbststehende Warnzeichen	■	■	■	■	■	■	■	■	■	■	■	■	■	■	■	■	■	■	■	■
Augenspülflüssigkeit										■	■	■	■	■	■	■	■	■	■	■
B. für jedes Mitglied der Fahrzeugbesatzung																				
1 Warnweste	■	■	■	■	■	■	■	■	■	■	■	■	■	■	■	■	■	■	■	■
1 tragbares Beleuchtungsgerät	■	■	■	■	■	■	■	■	■	■	■	■	■	■	■	■	■	■	■	■
1 Paar Schutzhandschuhe	■	■	■	■	■	■	■	■	■	■	■	■	■	■	■	■	■	■	■	■
1 Augenschutzausrüstung (z. B. Schutzbrille)	■	■	■	■	■	■	■	■	■	■	■	■	■	■	■	■	■	■	■	■
C. für bestimmte Klassen vorgeschriebene zusätzliche Ausrüstung																				
Notfallfluchtmaske für jedes Mitglied der Fahrzeugbesatzung									■							■				
1 Schaufel										■	■		■						■	■
1 Kanalabdeckung										■	■		■						■	■
1 Auffangbehälter										■	■		■						■	■

■ Ausrüstung erforderlich

4.7 Fürs Gedächtnis

! Das ADR unterscheidet **offene** Fahrzeuge, **bedeckte** Fahrzeuge, **gedeckte** Fahrzeuge.

! Die Beförderungsarten nach ADR sind:
- Beförderung in **Versandstücken**, dazu gehören auch Großpackmittel (IBC),
- Beförderung in **loser Schüttung**,
- Beförderung in **Tanks**,
- **geschlossene Ladung/ausschließliche Verwendung (nur Klasse 7)**.

! **Gefahrgutumschließungen** sind Verpackungen (z.B. Kisten, Kanister, Fässer, Großverpackungen, Gasgefäße), Großpackmittel (IBC), Tanks, Container, Fahrzeuge.

! Zur **Ausrüstung** von kennzeichnungspflichtigen Gefahrgutfahrzeugen gehören (in Abhängigkeit von den Gefahrklassen):
- 2 Feuerlöscher
- 2 selbststehende Warnzeichen, Unterlegkeil, Augenspülflüssigkeit,
- Augenschutzausrüstung, Schutzhandschuhe, Warnweste, tragbares Beleuchtungsgerät,
- Notfallfluchtmaske,
- Schaufel, Kanalabdeckung, Auffangbehälter.

! Bei giftigen Stoffen (Gefahrzettel 2.3 und 6.1) vorgeschriebene **Notfallfluchtmaske** mitführen.

! Bei Beförderungen unterhalb der höchstzulässigen Mengen 1.1.3.6 lediglich 1 **Feuerlöscher** (mind. 2 kg) sowie **Ladungssicherungsmittel** und -hilfsmittel pro Beförderungseinheit.

! Die **Bauart** der Tankfahrzeuge richtet sich nach dem **Verwendungszweck**.

! Für die Gefahrgutbeförderung kommen unterschiedliche **Tankarten** in Betracht: z.B. Aufsetztanks, Tankcontainer, festverbundene Tanks, ortsbewegliche Tanks, MEGC, MEMU.

! **Batterie-Fahrzeuge** werden nur für die Beförderung einiger Gase eingesetzt.

! Tankfahrzeuge zur Beförderung leicht entzündbarer, flüssiger und gasförmiger Stoffe sind mit einer **besonderen Elektrik** ausgerüstet (FL-Fahrzeuge).

! **Bauteile**, die betriebsmäßig **heiß** werden, sind an Tankfahrzeugen für leicht entzündbare Stoffe (FL-Fahrzeuge) **geschützt eingebaut**.

! Zur Bedienungsausrüstung der Tanks gehören die **Domarmaturen** (Befüllen) und die **Abgabearmaturen** (Entleeren).

! Die **Tankakte** enthält alle Unterlagen des Tanks („Lebenslauf“).

4.8 Kontrollfragen

1. Welche Umschließungen sind Verpackungen im Sinne des ADR?

- ❑ A Container, IBC und Fässer
- ❑ B IBC, Kanister und Kisten
- ❑ C Silos, Flaschen und Folien
- ❑ D Tanks, Gasflaschen und Säcke (4.3.1; 4.3.2)

2. Woran erkennt man, ob ein Feuerlöscher nach der letzten Überprüfung verwendet worden ist?

- ❑ A An der Prüfplakette
- ❑ B An der Plombierung
- ❑ C Am Sicherungsstift
- ❑ D An der Spritzdüse (4.6.1.1)

3. In welchen Abständen müssen in Deutschland hergestellte Feuerlöscher geprüft werden, die auf Gefahrgutfahrzeugen mitgeführt werden?

- ❑ A Halbjährlich
- ❑ B Jährlich
- ❑ C Alle zwei Jahre
- ❑ D Alle fünf Jahre (4.6.1.1)

4. Wie viele selbststehende Warnzeichen müssen bei kennzeichnungspflichtigen Gefahrguttransporten mitgeführt werden?

- ❑ A Keine
- ❑ B 1
- ❑ C 2
- ❑ D 3 (4.6.1.2)

5. **Wie nennt man die Beförderungsart, bei der gefährliche Güter nicht verpackt sind?**

- ❏ A IBC
- ❏ B Containerbeförderung
- ❏ C Kipperladung
- ❏ D Beförderung in loser Schüttung (4.1.2)

6. **Bei welchen kennzeichnungspflichtigen Gefahrgutbeförderungen ist das Mitführen einer Notfallfluchtmaske vorgeschrieben?**

- ❏ A Bei allen Beförderungen
- ❏ B Nur bei Beförderungen in Tanks
- ❏ C Bei der Beförderung giftiger Gase und giftiger Stoffe
- ❏ D Nur im grenzüberschreitenden Verkehr (ADR) (4.6.1.4)

7. **Auf welchen kennzeichnungspflichtigen Gefahrgut-Beförderungseinheiten muss mindestens ein Unterlegkeil pro Fahrzeug mitgeführt werden?**

- ❏ A Auf allen
- ❏ B Nur auf Tankfahrzeugen
- ❏ C Nur auf Fahrzeugen mit einer zulässigen Gesamtmasse von mehr als 3,5 t
- ❏ D Auf allen außer Pkw (4.6.1.2)

8. **Welche der nachstehenden Antworten beschreibt ein bedecktes Fahrzeug?**

- ❏ A Ein Fahrzeug mit geschlossenem Aufbau (Kasten- oder Kofferaufbau)
- ❏ B Ein Fahrzeug mit Planenaufbau
- ❏ C Ein Tankfahrzeug
- ❏ D Ein Pkw (4.1.1; 4.1.2)

9. **Welches der nachfolgend genannten Fahrzeuge kann als „offenes Fahrzeug" bezeichnet werden?**

❑ A Ein Fahrzeug mit geschlossenem Aufbau (Kasten- oder Kofferaufbau)

❑ B Ein Fahrzeug mit offenem Kasten

❑ C Ein Pkw-Kombi mit Schiebedach

❑ D Ein Silofahrzeug mit geöffneten Deckeln (4.1.1)

10. **Wovon ist die Mitführung von Ausrüstungsgegenständen auf einem Gefahrgutfahrzeug abhängig?**

❑ A Von der Art des Gefahrguts und der Gefahrgutmenge

❑ B Von der Fahrstrecke

❑ C Von der Ausbildung des Fahrzeugführers

❑ D Von der zulässigen Nutzlast des Fahrzeugs (4.6.1.1; 4.6.1.4)

11. **Welche Gefahrgüter dürfen in loser Schüttung befördert werden?**

❑ A Nur solche, für die diese Beförderungsart ausdrücklich zugelassen ist

❑ B Alle Gefahrgüter

❑ C Nur feste Gefahrgüter

❑ D Alle rieselfähigen Gefahrgüter (4.1.2)

12. **Zu welcher Umschließungsart gehören IBC?**

❑ A Zu Tankcontainern

❑ B Zu Tanks

❑ C Zu Gasgefäßen

❑ D Zu Verpackungen (4.3.2)

13. **Wie groß ist das Fassungsvermögen von IBC und Großverpackungen höchstens?**

- ❑ A 450 Liter bzw. 0,45 m^3
- ❑ B 1000 Liter bzw. 1 m^3
- ❑ C 3000 Liter bzw. 3 m^3
- ❑ D 5000 Liter bzw. 5 m^3 (4.3.1; 4.3.2)

14. **Wie viele tragbare Beleuchtungsgeräte müssen sich auf einer kennzeichnungspflichtigen Beförderungseinheit befinden?**

- ❑ A Für jedes Mitglied der Fahrzeugbesatzung eines
- ❑ B Je eines auf dem Lkw und dem Anhänger
- ❑ C Grundsätzlich zwei
- ❑ D Eines reicht grundsätzlich aus (4.6.1.3)

15. **Welche Tankform eignet sich für Drucktanks?**

- ❑ A Kofferförmige Tanks
- ❑ B Zylindrische Tanks (Rundtanks)
- ❑ C Elliptische Tanks
- ❑ D Alle Tanks (4.3.4.1)

16. **Welche der nachfolgenden Beschreibungen stellt eine zusammengesetzte Verpackung dar?**

- ❑ A Kanister aus Metall
- ❑ B Großpackmittel (IBC)
- ❑ C Kombination aus einer oder mehreren Innenverpackungen in einer Außenverpackung
- ❑ D Kunststoffinnengefäß in einer Außenverpackung aus Metall (4.3.1)

17. Welche der nachfolgenden Antworten beschreibt eine Umverpackung?

- ❏ A Umverpackungen sind besondere Verpackungen, die unfallsicher ausgeführt sind und ausschließlich radioaktiven Stoffen vorbehalten sind.
- ❏ B Als Umverpackungen werden alle Verschläge bezeichnet, die Güter zur leichteren Handhabung zusammenfassen und gegen Diebstahl schützen.
- ❏ C Eine stabile Kiste aus Pappe, in der Versandstücke mit Gefahrgut zur leichteren Handhabung zusammengefasst worden sind.
- ❏ D Umverpackungen werden ausschließlich zur Verpackung von Gasflaschen gebraucht. (4.3.3)

18. Für welche Stoffe werden ausschließlich Drucktanks verwendet?

- ❏ A Für entzündbare flüssige Stoffe
- ❏ B Für Güter der Klasse 6.1
- ❏ C Für Gase
- ❏ D Für entzündbare feste Stoffe (Silos) (4.3.4.1)

19. Welche Abbildung zeigt ein Saug-Druck-Tankfahrzeug gemäß ADR?

❏ A

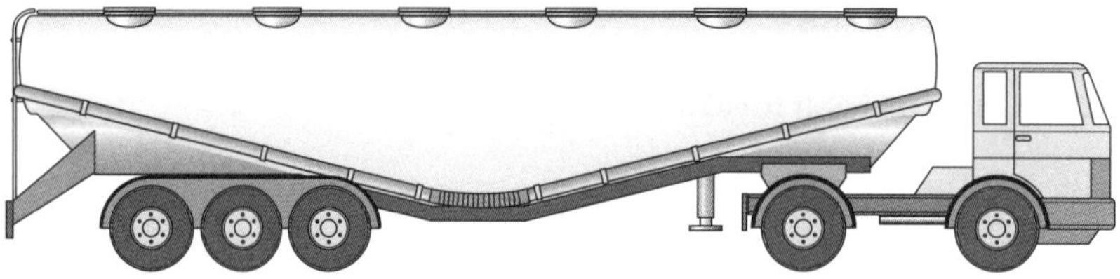

❏ B

❏ C

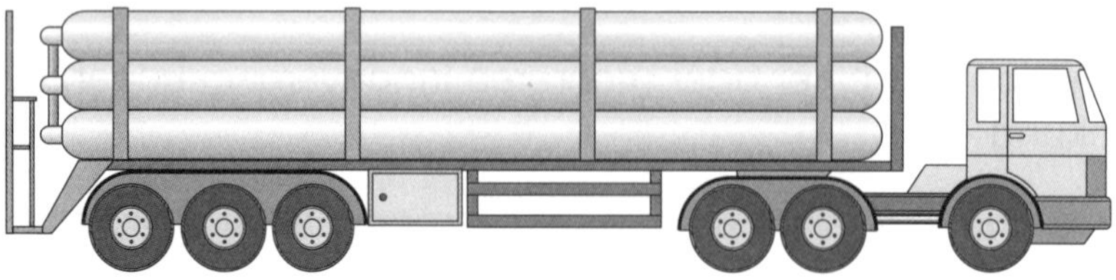

❏ D

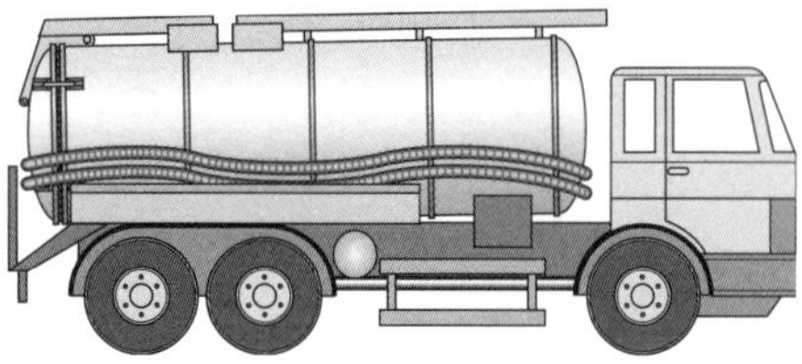

(4.2.3)

20. **Eine geschlossene Ladung**

❏ A ist eine Ladung, die von einem einzigen Absender kommt

❏ B ist in einer luftdichten Umschließung enthalten

❏ C nennt man die letzte Beladung vor Schichtende des Fahrzeugführers

❏ D ist der Inhalt eines verplombten Containers (4.1)

21. **Welche Aussage trifft auf eine Kombinationsverpackung zu?**

❏ A Kombinationsverpackungen bestehen aus einer Innen- und einer Außenverpackung.

❏ B Kombinationsverpackungen bestehen aus einem Innengefäß in einer äußeren Verpackung. Beide Gefäße sind fest miteinander verbunden.

❏ C Kombinationsverpackungen sind besondere Einzelverpackungen.

❏ D Kombinationsverpackungen sind Großpackmittel. (4.3.1)

22. **Welche Aussage trifft auf Tankcontainer zu?**

❏ A Tankcontainer dürfen nur im kombinierten Verkehr eingesetzt werden.

❏ B Tankcontainer können im gefüllten Zustand umgeladen werden.

❏ C Tankcontainer sind immer größer als Aufsetztanks.

❏ D Tankcontainer sind zur Beförderung von ätzenden Stoffen ungeeignet. (4.1.3)

23. **Welche Stoffe dürfen in Tanks befördert werden?**

❏ A Bestimmte feste, flüssige und gasförmige Stoffe

❏ B Alle festen, flüssigen und gasförmigen Stoffe

❏ C Nur flüssige und gasförmige Stoffe

❏ D Nur flüssige Stoffe (4.2.2)

24. Welche besonderen bremstechnischen Ausrüstungen sind für Tankfahrzeuge vorgeschrieben?

❑ A Dauerbremse, automatische Blockierverhinderer

❑ B Geschwindigkeitsbegrenzer, eingestellt auf 70 km/h

❑ C Antischlupfregelung und Spreizkeilbremse

❑ D Elektromagnetische Retarder (3.5.3; 4.5)

25. Welche Teile der elektrischen Anlage von FL-Fahrzeugen müssen explosionsgeschützt ausgeführt sein?

❑ A Die gesamte elektrische Anlage

❑ B Anlagenteile vor der Fahrerhausrückwand

❑ C Anlagenteile hinter der Fahrerhausrückwand

❑ D Anlagenteile im Armaturenschrank (4.4)

26. Welche der nachfolgenden Beschreibungen passt zu einem Kryo-Behälter?

❑ A Ein Kryo-Behälter ist ein beschädigtes Versandstück.

❑ B Ein Kryo-Behälter ist ein wärmeisoliertes Druckgefäß für tiefgekühlt verflüssigte Gase mit einem Fassungsraum von maximal 1000 Litern.

❑ C Ein Kryo-Behälter ist eine Gasflasche zum Transport erwärmter Stoffe.

❑ D Ein Kryo-Behälter ist ein Container. (4.3.1)

27. **Sie haben eine Beförderungseinheit mit einer zulässigen Gesamtmasse von 7,5 Tonnen. Wie viele Feuerlöscher mit welchem Fassungsvermögen müssen Sie bei kennzeichnungspflichtigen Beförderungen von Gefahrgütern mitführen?**

❏ A Ich muss lediglich einen Feuerlöscher mit einem Löschvermögen von 12 kg mitführen.

❏ B Ich muss zwei Feuerlöscher mitführen, beide müssen ein Löschvermögen von insgesamt 4 kg haben.

❏ C Ich muss zwei Feuerlöscher mitführen, der erste Feuerlöscher muss ein Löschvermögen von 6 kg aufweisen, der zweite muss 2 kg Löschvermögen haben.

❏ D Ich muss zwei Feuerlöscher mitführen, der erste Feuerlöscher muss ein Löschvermögen von 2 kg aufweisen, der zweite muss ein Löschvermögen von 6 kg haben. (4.6.1.1)

28. **Was ist eine Beförderungseinheit?**

❏ A Ein Offshore-Tankcontainer mit einem Fassungsvermögen von 40000 l

❏ B Ein IBC

❏ C Ein Kraftfahrzeug mit einem Aufbau für Ladung, der geschlossen werden kann

❏ D Ein Anhänger (4.2.1)

29. **Welche der nachfolgenden Aussagen beschreiben einen Tankcontainer/ortsbeweglichen Tank?**

❏ A Tank im Rahmenbauwerk

❏ B Tank im Rahmenbauwerk; bei Gasen hat der Tankcontainer ein Mindestfassungsvermögen von 300 l.

❏ C Ein Beförderungsgerät, das aus einem Tankkörper und den Ausrüstungsteilen besteht, einschließlich der Einrichtungen, die das Umsetzen des Tankcontainers erlauben, und das für die Beförderung von gasförmigen, flüssigen, pulverförmigen oder körnigen Stoffen verwendet wird.

❏ D Ein Beförderungsgerät, das aus einem Tankkörper und den Ausrüstungsteilen besteht, einschließlich der Einrichtungen, die das Umsetzen des Tankcontainers erlauben, und das für die Beförderung von gasförmigen, flüssigen, pulverförmigen oder körnigen Stoffen verwendet wird; bei der Beförderung von Gasen der Klasse 2 hat der Tankcontainer einen Fassungsraum von mehr als 450 l. (4.1.3)

30. **Welche Aussage trifft auf Aufsetztanks zu?**

❑ A Sie dürfen wie Tankcontainer verwendet werden.

❑ B Das Absetzen darf nur im leeren Zustand erfolgen.

❑ C Dafür gibt es keine Besonderheiten.

❑ D Aufsetztanks sind eine spezielle Art der Tankcontainer. (4.1.3)

31. **Welche der nachfolgenden Antworten beschreibt einen MEGC?**

❑ A Es handelt sich bei MEGC um besondere Druckflaschen.

❑ B MEGC sind Druckfässer.

❑ C Flaschen, die durch ein Sammelrohr miteinander verbunden und in einem Rahmen montiert sind.

❑ D Ein nicht nachfüllbares Gefäß mit einem Fassungsraum von höchstens 1000 ml. (4.1.3)

5 Kennzeichnung, Bezettelung und orangefarbene Tafeln

5.1 Kennzeichnung und Bezettelung der Versandstücke

5.1.1 Bezettelung der Versandstücke

Versandstücke einschließlich Großpackmittel (IBC) und Großverpackungen, die gefährliche Güter enthalten, werden in der Regel mit **Gefahrzetteln** gekennzeichnet.

Gefahrzettel sind auf die Spitze gestellte quadratische Aufkleber (oder Schilder), die Jeden mit allgemein verständlichen Gefahrsymbolen auf das gefährliche Versandstück aufmerksam machen. Im unteren Teil des Zettels befindet sich eine Ziffer, die auf die Nummer der Gefahrklasse hinweist, z.B. 3 (entzündbare flüssige Stoffe). Die Gefahrzettel auf Versandstücken müssen in der Regel 10 cm x 10 cm groß sein. Sie müssen vor einem kontrastierenden Hintergrund angebracht sein oder eine äußere Begrenzungslinie haben.

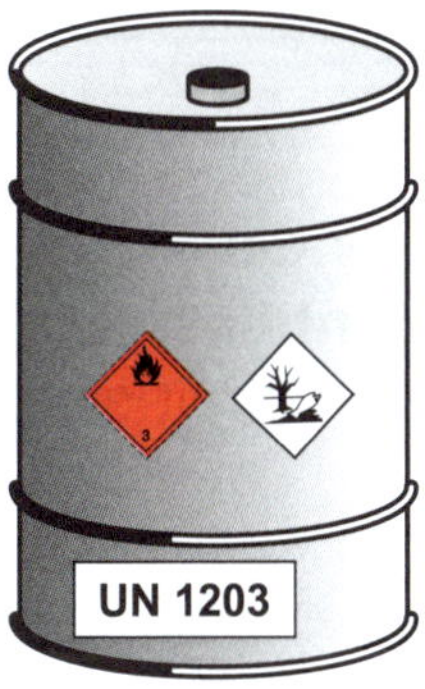

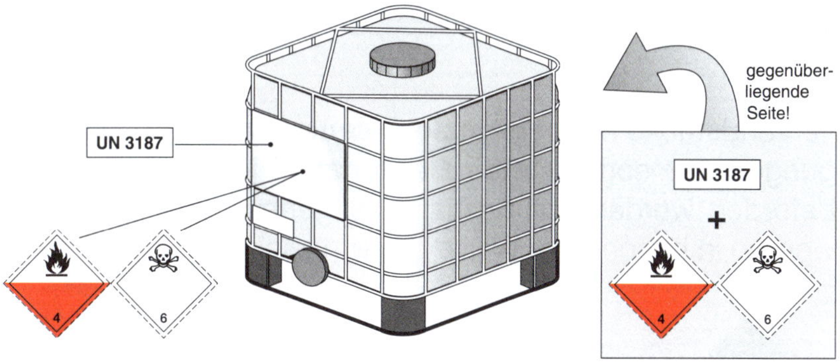

In den meisten Fällen ist auf dem Versandstück **ein** Gefahrzettel angebracht. Großpackmittel (IBC) > 450 l, Großverpackungen und Versandstücke mit radioaktiven Stoffen müssen auf **zwei gegenüberliegenden Seiten** mit Gefahrzetteln und ggf. zusätzlichen Kennzeichen versehen sein.

Wenn Versandstücke mit mehreren unterschiedlichen Gefahrzetteln gekennzeichnet sind, so bedeutet das entweder, dass in dem Versandstück ein Stoff enthalten ist, von dem mehrere Gefahren ausgehen – oder es sind mehrere Güter mit jeweils unterschiedlichen Gefahren in dem Versandstück enthalten. (*siehe Abbildung auf Seite 126*) (Achtung: Unterschiedliche Gefahrgüter dürfen in einem Versandstück nur dann zusammengepackt werden, wenn dies ausdrücklich erlaubt ist.) In Gefahrzetteln dürfen sich erklärende oder ergänzende Texte befinden.

5.1.2 Kennzeichnung der Versandstücke

Damit im Gefahrfall die Inhalte von Versandstücken schnell festgestellt werden können, tragen die Versandstücke in der Regel ein **Kennzeichen**. Es besteht mindestens aus der **UN-Nummer** des betreffenden Gefahrgutes, z.B. UN 1203. Auf Großpackmitteln (IBC) und Großverpackungen ist das Kennzeichen auf zwei gegenüberliegenden Seiten angebracht.

Die Zeichenhöhe muss bei Versandstücken

- mit einem Fassungsraum von höchstens 5 l oder 5 kg eine angemessene Größe aufweisen,
- mit Fassungsraum von höchstens 30 l/30 kg mindestens 6 mm und
- bei allen größeren Gebinden mindestens 12 mm betragen.

Ein Gefahrgut mit mehreren Gefahreneigenschaften

Güter mit unterschiedlichen Gefahreneigenschaften

Versandstücke mit **begrenzten Mengen** von gefährlichen Gütern, die unter den Bedingungen der sogenannten **Begrenzten Mengen** (englisch: **Limited Quantities (LQ)**) befördert werden und deshalb weitgehend von den Gefahrgutvorschriften befreit sind, werden in besonderer Weise gekennzeichnet.

Der mittlere Bereich des Kennzeichens muss entweder weiß sein oder sich ausreichend vom Hintergrund abheben.

Versandstücke mit **freigestellten Mengen** sind ebenfalls weitgehend von den Gefahrgutvorschriften freigestellt und werden mit dem nebenstehenden Kennzeichen versehen.

* Angabe der Hauptgefahr, z.B. „5.1“
** Angabe des Empfängers oder Absenders, wenn nicht auf dem Versandstück gesondert angegeben

Versandstücke, die das Kennzeichen **„UN 1950 AEROSOLE“** tragen, enthalten sogenannte Druckgaspackungen (Spraydosen).

Für **Gasflaschen** ist die sog. „Banane“ erlaubt. Es handelt sich hier um verkleinerte Gefahrzettel, die zusammen mit Sicherheitshinweisen, Stoffbenennung und ggf. weiteren Kennzeichen (z.B. für umweltgefährdende Stoffe) auf der Flaschenschulter aufgebracht werden.

Weitere Angaben auf den Gasflaschen wie die technische Benennung des Gases können erforderlich sein.

Ausrichtungspfeile

Von bestimmten Fällen abgesehen, müssen

- zusammengesetzte Verpackungen mit flüssigen Stoffen,
- Einzelverpackungen mit Lüftungseinrichtungen,
- Kryo-Behälter oder
- Maschinen oder Geräte, die flüssige gefährliche Güter enthalten,

auf 2 gegenüberliegenden Seiten lesbar mit **Ausrichtungspfeilen** gekennzeichnet sein.

Kennzeichen für umweltgefährende Stoffe

Versandstücke und Umverpackungen mit umweltgefährdenden Stoffen sind zusätzlich zu den Gefahrzetteln mit dem nebenstehenden **Kennzeichen für umweltgefährdende Stoffe** zu versehen.

Ausnahme: Einzel- oder Innenverpackungen ≤ 5 l oder ≤ 5 kg müssen nicht mit dem Kennzeichen versehen werden.

Versandstücke, die Trockeneis (UN 1845) enthalten, müssen mit der Angabe „KOHLENDIOXID, FEST“ oder „TROCKENEIS“ gekennzeichnet werden.

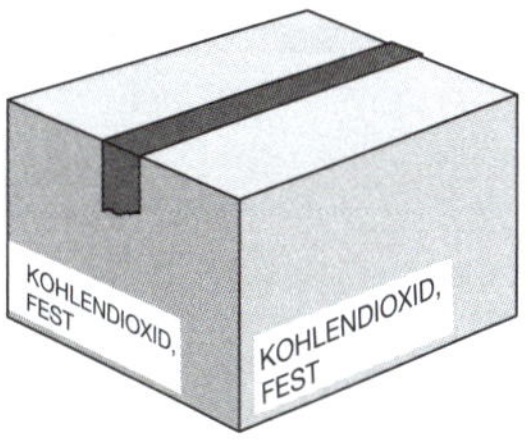

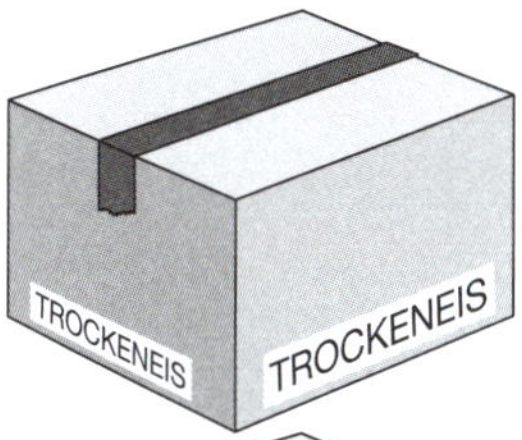

Besondere Ausnahme bei UN 3077 und UN 3082

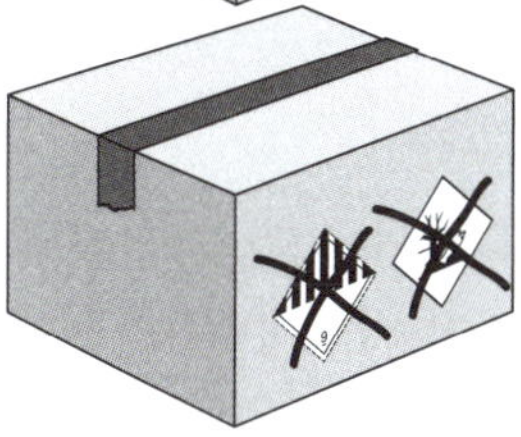

Gefahrgüter der UN-Nummern 3077 und 3082 in Innenverpackungen oder Einzelverpackungen bis maximal 5 l oder 5 kg unterliegen nicht den Vorschriften des ADR, wenn die Innen- und Außenverpackungen bei zusammengesetzten Verpackungen bzw. die Einzelverpackungen mit den erforderlichen **Kennzeichnungen nach Gefahrstoffrecht** versehen sind.

Umverpackungen

Umverpackungen müssen gekennzeichnet sein mit:
- dem Ausdruck „UMVERPACKUNG“ und
- für jedes enthaltene gefährliche Gut mit der UN-Nummer („UN“ vorangestellt), mit den entsprechenden Gefahrzetteln und ggf. vorhandenen Kennzeichen (z.B. für umweltgefährdende Stoffe, für freigestellte Lithium-Batterien, Ausrichtungspfeile) versehen sein, es sei denn, die Kennzeichen und Gefahrzettel für alle Güter bleiben durch die Umverpackung hindurch deutlich sichtbar.

Ausrichtungspfeile sind auf der Umverpackung immer **auf 2 gegenüberliegenden Seiten** anzubringen, wenn sich auf den Versandstücken diese Ausrichtungspfeile befinden und nicht deutlich durch die Umverpackung zu erkennen sind (z.B. verpackte Flüssigkeiten, bei denen der Verschluss nicht sichtbar ist).

Ungereinigte leere Umschließungen (Verpackungen)

Ungereinigte leere Verpackungen (auch Tanks, Tankcontainer usw.) und Container für Güter in loser Schüttung müssen die gleichen Kennzeichen, Gefahrzettel und Großzettel tragen wie in gefülltem Zustand.

5.1.3 Gase

Versandstücke mit Gasen sind vorzugsweise in offene oder belüftete Fahrzeuge oder in offene oder belüftete Container zu verladen. Wenn dies nicht möglich ist und die Versandstücke in anderen gedeckten Fahrzeugen oder anderen geschlossenen Containern befördert werden, müssen die Ladetüren der Fahrzeuge oder Container mit folgendem Kennzeichen versehen sein, wobei die Buchstabenhöhe mindestens 25 mm betragen muss:

Bei der Beförderung von Gasen muss weiter der Gasaustausch zwischen Laderaum und dem Fahrerhaus verhindert werden. Damit sind Fahrzeuge ohne Fahrerhausabtrennung für die Beförderung von Gasen nicht erlaubt.

5.1.4 Gefahrzettel

Nr. 1

Nr. 1.4

Nr. 1.5

Nr. 1.6

Explosive Stoffe und Gegenstände mit Explosivstoff

Nr. 2.1 ***

Entzündbares Gas

Nr. 2.2 ***

Nicht entzündbares, nicht giftiges Gas

Nr. 2.3

Giftiges Gas

Nr. 3 ***

Entzündbare flüssige Stoffe

Nr. 4.1

Entzündbare feste Stoffe, selbstzersetzliche Stoffe, polymerisierende Stoffe und desensibilisierte explosive feste Stoffe

Nr. 4.2

Selbstentzündlicher Stoff

Nr. 4.3 ***

Stoffe, die in Berührung mit Wasser entzündbare Gase entwickeln

Nr. 5.1

Entzündend (oxidierend) wirkender Stoff

Nr. 5.2

Nr. 5.2

Organisches Peroxid

Nr. 6.1

Giftiger Stoff

Nr. 6.2

Ansteckungsgefährlicher Stoff

Nr. 7A

Radioaktiver Stoff, I-WEISS

Nr. 7B

Radioaktiver Stoff, II-GELB

Nr. 7C

Radioaktiver Stoff, III-GELB

Nr. 7D

Radioaktiver Stoff

Nr. 7E

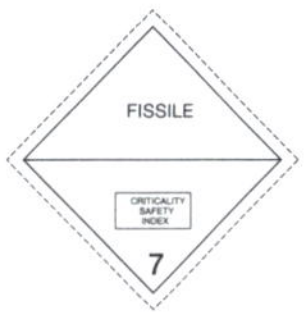

Spaltbarer Stoff

Nr. 8

Ätzender Stoff

Nr. 9

Nr. 9A

(Lithiumbatterien)

Verschiedene gefährliche Stoffe und Gegenstände

Hinweis: Ein zusätzlicher Text im Gefahrzettel z.B. „Flammable Liquid" oder die UN-Nummer ist erlaubt.

**) Angabe der Verträglichkeitsgruppe*
***) Angabe der Unterklasse*
****) Das Symbol und die Ziffer dürfen auch weiß sein.*

5.1.5 Kennzeichen

Umweltgefährdende Stoffe

Ausrichtungspfeile

oder

oben (schwarz oder rot)

Stoff in erwärmtem Zustand

In begrenzten Mengen verpackte gefährliche Güter

In freigestellten Mengen verpackte Güter

Kennzeichen für Lithiumbatterien

* *Platz für die UN-Nummer(n)*

** *Hinweis: Die bislang anzugebende Telefonnummer entfällt. Noch vorhandene Kennzeichnung darf übergangsweise noch bis zum 31.12.2026 angewendet werden.*

5.2 Kennzeichnung und Bezettelung der Fahrzeuge

Kennzeichnung Fahrzeug und Container (Großzettel)

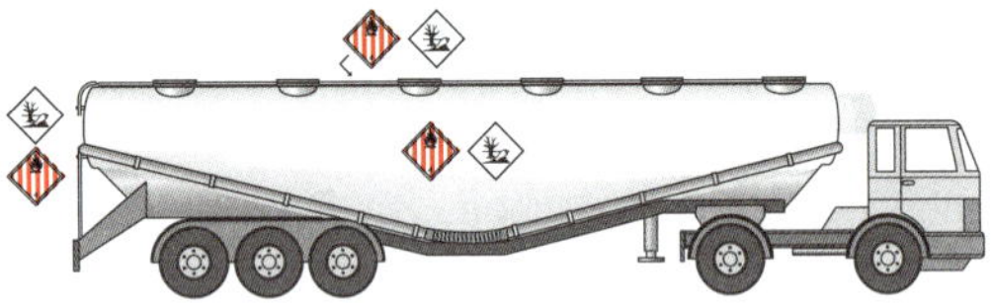

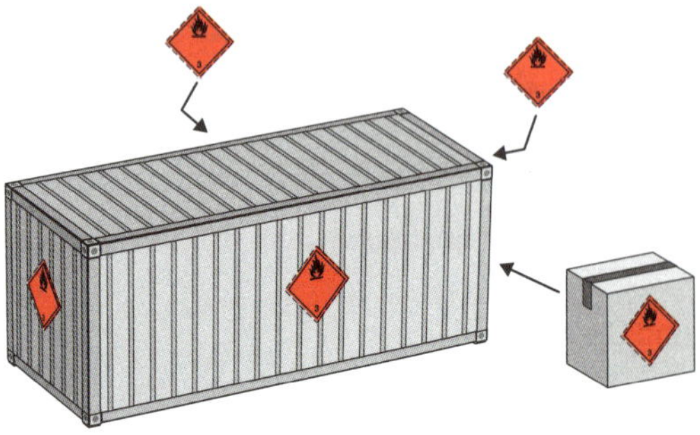

Kennzeichnung Beförderungseinheit (Orangefarbene Tafeln)

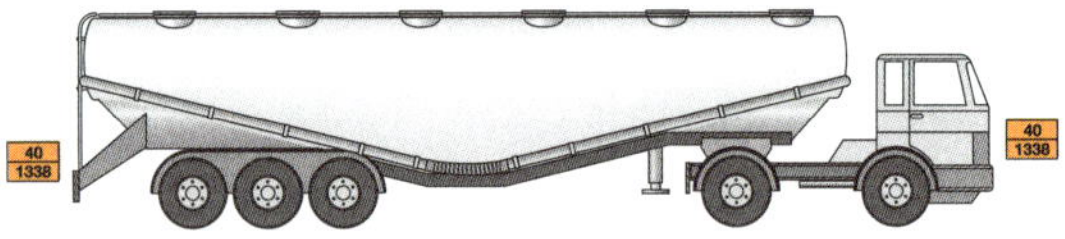

5.2.1 Bezettelung der Fahrzeuge

Bei der Beförderung von Gefahrgütern **in Tanks, in loser Schüttung oder in Schüttgut-Containern** sind die Fahrzeuge an den beiden Längsseiten und am Heck mit Großzetteln (Englisch: Placards) zu kennzeichnen. Werden Versandstücke mit Gefahrgütern oder Güter in loser Schüttung in einem Container oder Schüttgut-Container befördert, so werden die Großzettel an allen vier Seiten des Ladungsträgers (Containers) angebracht. Großzettel sind vergrößerte Gefahrzettel (Mindestgröße 25 x 25 cm). Der englische Begriff für Großzettel ist „Placard".

Die Großzettel müssen vor einem Hintergrund mit kontrastierender Farbe angebracht werden oder müssen eine gestrichelte oder durchgehende äußere Begrenzungslinie aufweisen. Zudem müssen Großzettel witterungsbeständig sein und eine dauerhafte Kennzeichnung während der gesamten Beförderung gewährleisten.

Negativbeispiel

Werden Großzettel auf Klappgestellen angebracht, dürfen die Gestelle während der Beförderung nicht umklappen oder sich lösen.

5.2.2 Kennzeichen für Stoffe, die in erwärmtem Zustand befördert werden, und für umweltgefährdende Stoffe

Tankfahrzeuge, Tankcontainer, ortsbewegliche Tanks, Spezialfahrzeuge oder -container oder besonders ausgerüstete Fahrzeuge oder Container müssen mit dem **Kennzeichen für erwärmte Stoffe** versehen sein, wenn sie

- flüssige Stoffe bei 100 °C oder mehr oder
- feste Stoffe bei 240 °C oder mehr

befördern oder diese Stoffe mit den genannten Temperaturen zur Beförderung übergeben werden. Die Kennzeichnung erfolgt analog zur Fahrzeugkennzeichnung bzw. zur Kennzeichnung der Container.

Wenn das Anbringen von Großzetteln (Placards) vorgeschrieben ist, so müssen Container, Schüttgut-Container, MEGC, Tankcontainer, ortsbewegliche Tanks und Fahrzeuge mit umweltgefährdenden Stoffen zusätzlich mit dem **Kennzeichen für umweltgefährdende Stoffe** gekennzeichnet werden.

5.2.3 Kennzeichnung mit orangefarbenen Tafeln

Zur Erhöhung der Aufmerksamkeit anderer Verkehrsteilnehmer werden Beförderungseinheiten mit Gefahrgut grundsätzlich mit orangefarbenen Tafeln gekennzeichnet. Andere Verkehrsteilnehmer sollen sich gegenüber so gekennzeichneten Beförderungseinheiten umsichtiger verhalten. Die orangefarbenen Tafeln mit Kennzeichnungsnummern (oben Nummer zur Kennzeichnung der Gefahr/unten UN-Nummer) geben darüber hinaus den Unfallhilfsdiensten nach einem Unfall wertvolle Hinweise. Durch die orangefarbenen Tafeln unterscheiden sich Beförderungseinheiten mit Gefahrgut von den übrigen Verkehrsteilnehmern, sie können deshalb bei Kontrollen und Unfällen leichter erkannt werden.

Ausnahme: Orangefarbene Tafeln sind **nicht erforderlich** an Beförderungseinheiten, die lediglich höchstens die **höchstzulässigen Mengen** nach 1.1.3.6.3 ADR *(siehe Seite 63/64)* in **Versandstücken** befördern. Das Öffnen der Tafeln ist zulässig, dann sind jedoch sämtliche Vorschriften zur Beförderung gefährlicher Güter uneingeschränkt zu beachten.

Die orangefarbenen Tafeln haben eine Breite von 40 cm und eine Höhe von 30 cm (± 10%). An Fahrzeugen, an denen keine ausreichende Fläche zur Anbringung einer großen orangefarbenen Tafel vorhanden ist (das ist nach einer Auslegung der RSEB in der Regel nur bei Pkw der Fall), dürfen jedoch auch kleinere orangefarbene Tafeln (mind. 30 cm × 12 cm) angebracht sein.

Sie müssen senkrecht zur Fahrzeuglängsachse angebracht werden, und die Befestigung muss mindestens 15 Minuten einer Feuereinwirkung widerstehen. Bei Verwendung von klappbaren orangefarbenen Tafeln dürfen sich diese während der Beförderung nicht lösen (zusätzliche Sicherung beispielsweise durch ein Schloss). Bei der Verwendung von Wechselziffern auf orangefarbenen Tafeln müssen diese gegen unbeabsichtigte Lageänderungen gesichert werden.

Der **Fahrzeugführer** ist dafür verantwortlich, dass die vorgeschriebenen orangefarbenen Tafeln – erforderlichenfalls mit Kennzeichnungsnummern – an den Beförderungseinheiten **geöffnet** sind. Ebenso muss er dafür sorgen, dass die Tafeln **verdeckt** oder **entfernt** sind, wenn kein Gefahrgut befördert wird, also das Fahrzeug leer und gereinigt ist. Diese Tafeln werden vorne und hinten an der Beförderungseinheit angebracht, also bei Zügen vorne am Zugfahrzeug und hinten am Anhänger.

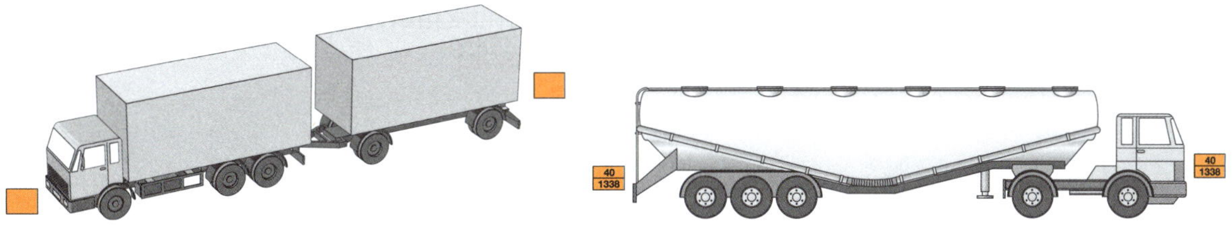

Beförderungen im Vor- oder Nachlauf zu einem Seetransport

Bei Beförderungen, die eine Seebeförderung miteinschließen, dürfen die Container, die ortsbeweglichen Tanks und die Tankcontainer auch mit orangefarbenen Tafeln und mit Großzetteln nach dem IMDG-Code (Seerecht) gekennzeichnet/bezettelt werden. Die Beförderungseinheiten werden in diesen Fällen nur mit neutralen orangefarbenen Tafeln gekennzeichnet.

5.2.4 Übersicht Kennzeichnung mit orangefarbenen Tafeln und Großzetteln an Beförderungseinheiten

Beförderungseinheit mit Gefahrgütern in Versandstücken	Beförderungseinheit mit Gefahrgütern in loser Schüttung	Beförderungseinheit mit Gefahrgütern in Tanks
	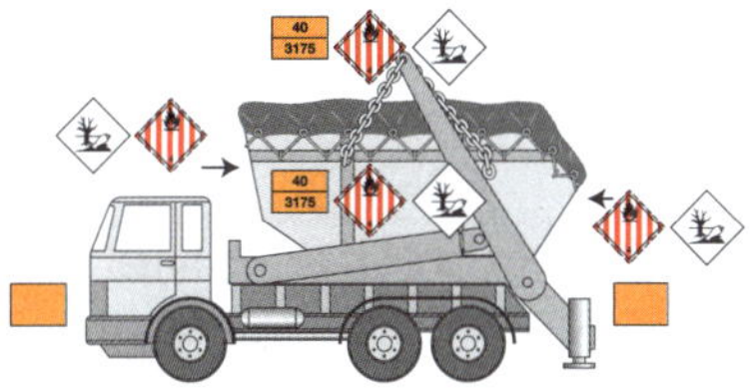	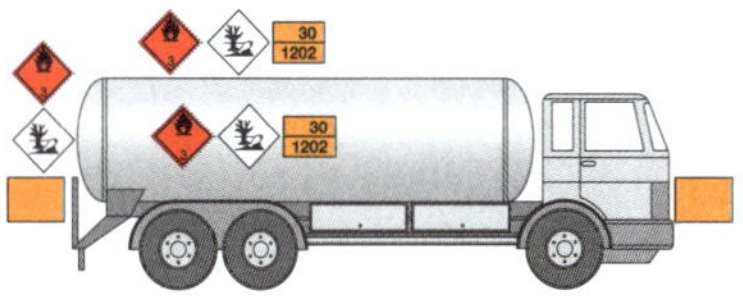
neutrale orangefarbene Tafeln 	**neutrale orangefarbene Tafeln und orangefarbene Tafeln mit Ziffern** 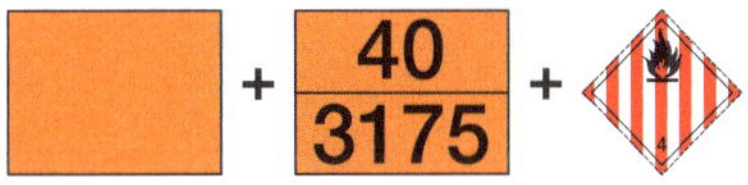	**Neutrale orangefarbene Tafeln und orangefarbene Tafeln mit Ziffern** 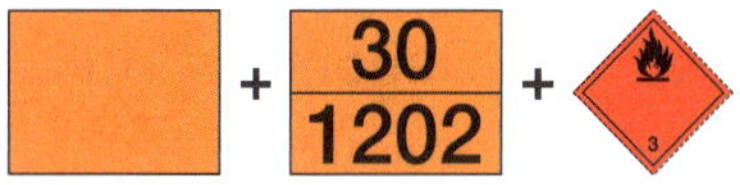
nur Klasse 1 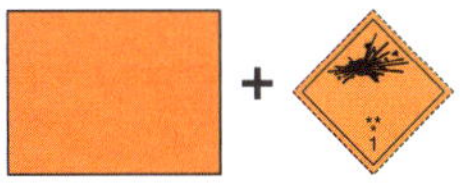	**nur 1 Gefahrgut (alternativ)** 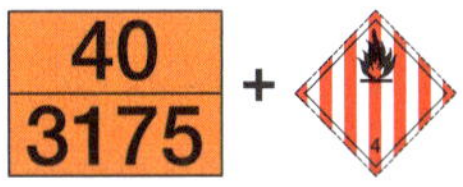	**nur 1 Gefahrgut (alternativ)** 
nur Klasse 7 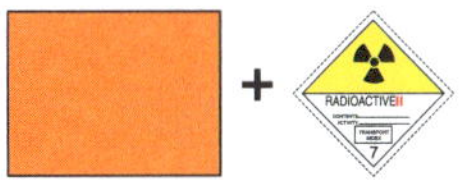 *Ausnahme: ausschließliche Verwendung (→ S. 136)*		**bestimmte Mineralölprodukte** 

Die „Überkennzeichnung" mit orangefarbenen Tafeln mit Ziffern am Anfang und am Ende sowie an den Seiten der Beförderungseinheit ist zulässig.

Merke

- ✔ Bei der Beförderung von Gefahrgütern, die bis zu den höchstzulässigen Mengen (nach Tabelle 1.1.3.6.3 ADR) erfolgen, **dürfen** orangefarbene Tafeln geöffnet sein.
- ✔ Bei der Verwendung von Zifferntafeln müssen immer die entsprechenden Großzettel (Placards) angebracht werden.

Der Fahrzeugführer ist für das Anbringen oder Entfernen der vorgeschriebenen orangefarbenen Tafeln und der Placards an Fahrzeugen verantwortlich. Auf Sicherung gegen Herausfallen ist zu achten.

Möglichkeit der Sicherung der orangefarbenen Tafel

Beim Abstellen von Anhängern, die Gefahrgüter in Mengen oberhalb der Mengen 1.1.3.6 ADR (Tabelle „höchstzulässige Mengen") enthalten, muss die an der Heckseite des Anhängers geöffnete orangefarbene Tafel geöffnet bleiben. (Hinweis: Bitte an die verbleibende Beförderungseinheit denken!)

5.2.5 Besonderheiten

5.2.5.1 Sattelkraftfahrzeuge mit Siloaufbau zur Beförderung von rieselfähigen Gefahrgütern (z.B. Phosphor, amorph) in loser Schüttung

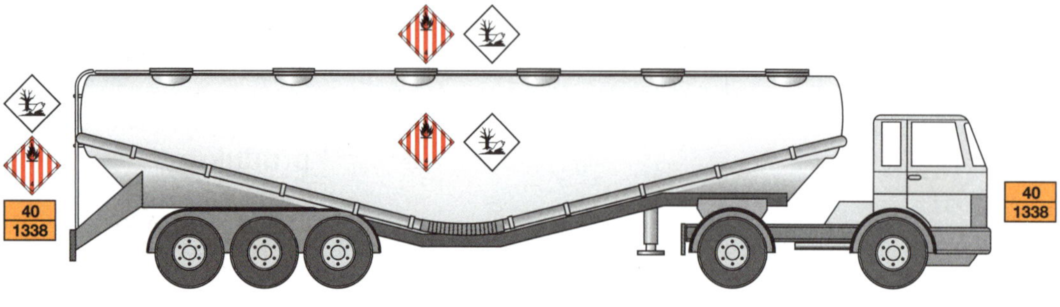

5.2.5.2 Container

Im Straßenverkehr sind an Containern, die Versandstücke unter Einhaltung der Regelung in 1.1.3.6 ADR befördern, keine Großzettel erforderlich. Sind die Mengengrenzen nach 1.1.3.6 ADR überschritten, müssen die entsprechenden Großzettel am Container **an beiden Längsseiten und an Heck- und Stirnseite** angebracht werden.

Im Seeverkehr müssen an Containern mit Versandstücken immer die entsprechenden Großzettel, unabhängig von der enthaltenen Menge, angebracht werden.

Auf die Kennzeichnung mit orangefarbenen Tafeln darf bei Einhaltung der Mengengrenzen nach 1.1.3.6 ADR und dem Eintrag in den Beförderungsdokumenten „Beförderung nach Absatz 1.1.4.2.1 ADR“ sowie den vorgeschriebenen Einträgen gemäß 1.1.3.6 ADR verzichtet werden.

Besonderheiten für Wechselbehälter:

Wechselbehälter werden im kombinierten Verkehr den Containern zugeordnet: Großzettel (Placards) müssen an allen vier Seiten angebracht werden.

5.2.5.3 Klasse 7 und Klasse 1

5.2.5.3.1 Radioaktivtransporte

Fahrzeuge, die **radioaktive Stoffe** der Klasse 7 (ausgenommen UN-Nummern 2908 bis 2911) befördern, werden mit orangefarbenen Tafeln vorn und hinten und außerdem hinten und an beiden Längsseiten mit dem Großzettel Muster 7D gekennzeichnet. Anstelle des Wortes „RADIOACTIVE“ darf sich in dem Großzettel (Placard) auch die entsprechende Stoffnummer (UN-Nummer) befinden, z.B. „2977“. (Weitere Informationen siehe „Aufbaukurs Klasse 7“.)

oder

Muss ein einziger radioaktiver Stoff unter ausschließlicher Verwendung befördert werden, so sind zusätzlich an den beiden Längsseiten der Beförderungseinheit/des Containers orangefarbene Tafeln mit Gefahr- und UN-Nummer zu führen. Werden verkleinerte Tafeln (mind. 300 × 120 mm) verwendet, ist es ausreichend, dass lediglich die UN-Nummer (z.B. 2915) auf dieser Tafel angegeben wird (Schrifthöhe 65 mm, Strichbreite 10 mm).

5.2.5.3.2 Kennzeichnungsbeispiel Klasse 1

Fahrzeuge, die in kennzeichnungspflichtigen Mengen Versandstücke mit Gütern der Klasse 1 (ausgenommen Unterklasse 1.4 Verträglichkeitsgruppe S) befördern, sind an beiden Längsseiten und hinten mit Großzetteln zu versehen und tragen vorn und hinten neutrale orangefarbene Tafeln.
(Die Kennzeichnungsnummern werden in Kapitel 5.2.5.6 behandelt.)

5.2.5.4 Kennzeichnung von Tanks

5.2.5.4.1 Tanks (allgemein)

Werden gefährliche Güter in **Tanks** befördert, so ist die Beförderungseinheit mit den Kennzeichnungsnummern (Gefahr- und UN-Nummer) zu kennzeichnen. Das gilt auch für ungereinigte leere Tanks.
(Die Kennzeichnungsnummern werden im Kapitel 5.2.5.6 behandelt.)

5.2.5.4.2 Mehrkammertankfahrzeuge

An Mehrkammertankfahrzeugen, die unterschiedliche Güter in den einzelnen Tankkammern enthalten oder eine leere, gereinigte Tankkammer enthalten, muss jede Tankkammer seitlich mit orangefarbenen Tafeln mit den jeweils erforderlichen Kennzeichnungsnummern sowie mit Großzetteln (Placards) und ggf. dem Kennzeichen für umweltgefährdende Stoffe gekennzeichnet werden.

Alle seitlich angebrachten Großzettel (Placards) sind am Tankheck zu wiederholen. Außerdem sind vorne und hinten an der Beförderungseinheit neutrale orangefarbene Tafeln anzubringen.

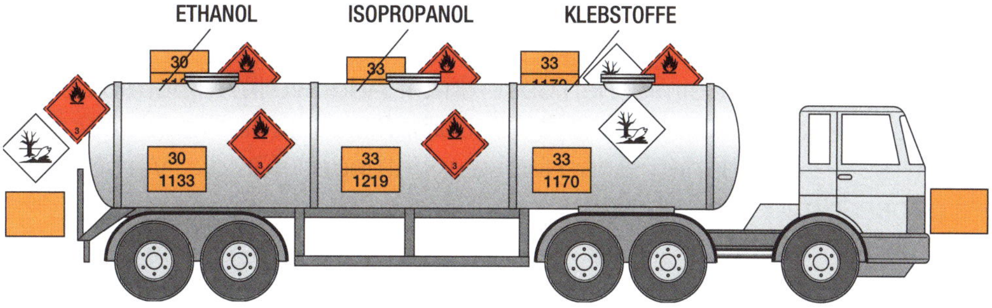

An Beförderungseinheiten, die nur ein Gut befördern, sind die seitlich vorgeschriebenen orangefarbenen Tafeln mit Kennzeichnungsnummern nicht erforderlich, wenn die vorne und hinten angebrachten Tafeln mit der vorgeschriebenen Nummer zur Kennzeichnung der Gefahr und der Nummer versehen sind.

5.2.5.4.3 Mehrproduktentankfahrzeuge mit bestimmten entzündbaren Flüssigkeiten

Bei Mehrproduktentankfahrzeugen, die zwei oder mehr Stoffe der UN-Nummern 1202, 1203 oder 1223 oder Flugbenzin (UN 1268 oder 1863), jedoch keine sonstigen gefährlichen Güter befördern, kann auf die seitliche Anbringung der orangefarbenen Tafeln verzichtet werden, wenn die vorne und hinten angebrachten orangefarbenen Tafeln mit Kennzeichnungsnummern des Stoffes versehen sind, der den niedrigsten Flammpunkt hat (Beispiel: Ein Tankfahrzeug, beladen mit DIESELKRAFTSTOFF und BENZIN, darf mit „33/1203“ gekennzeichnet werden). In diesem Fall müssen die in jedem Abteil enthaltenen Stoffe im Beförderungspapier vermerkt sein (Beladeplan).

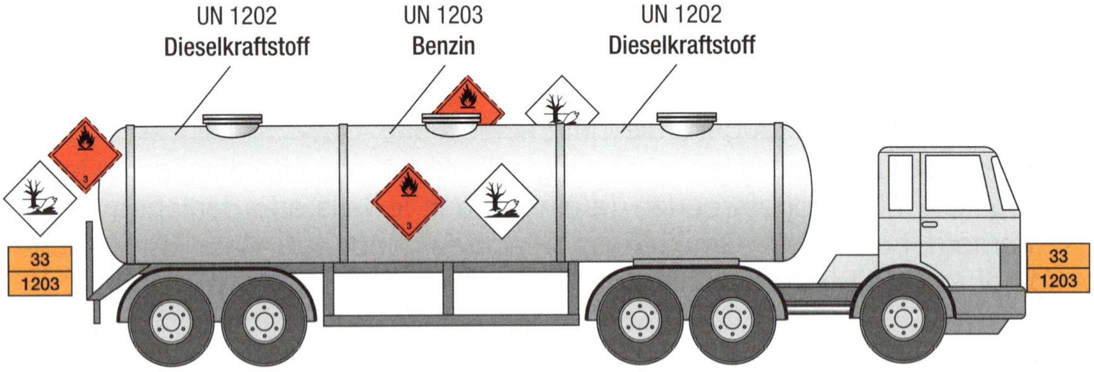

Additivierungsanlagen

Additivierungsanlagen zum Beimischen bestimmter Additive im Mineralölbereich können Bestandteil des Tankkörpers sein, können dauerhaft außen am Tank oder am Tankfahrzeug befestigt sein oder dürfen Anschlusseinrichtungen für die Verbindung mit Verpackungen haben (Sondervorschrift 664).

Eine zusätzliche Kennzeichnung der Umschließungen für die Additivierungsanlage mit Großzetteln ist nicht erforderlich. Wenn die Additive allerdings in **Verpackungen** befördert werden, so sind diese gemäß ADR zu bezetteln und zu kennzeichnen, denn sie werden nicht als Teil der Additivierungseinrichtung angesehen.

5.2.5.4.4 Mehrproduktentankfahrzeuge mit unterschiedlichen Gefahrgütern

Mehrproduktentankfahrzeuge mit unterschiedlichen Gefahrgütern dürfen nur dann unterschiedliche Gefahrgüter in den angrenzenden Tankkammern enthalten, wenn die Produkte nicht gefährlich miteinander reagieren. Jede Tankkammer muss jeweils mit der zutreffenden orangefarbenen Tafel mit Kennzeichnungsnummern und den dazugehörigen Großzetteln (Placards) gekennzeichnet werden.

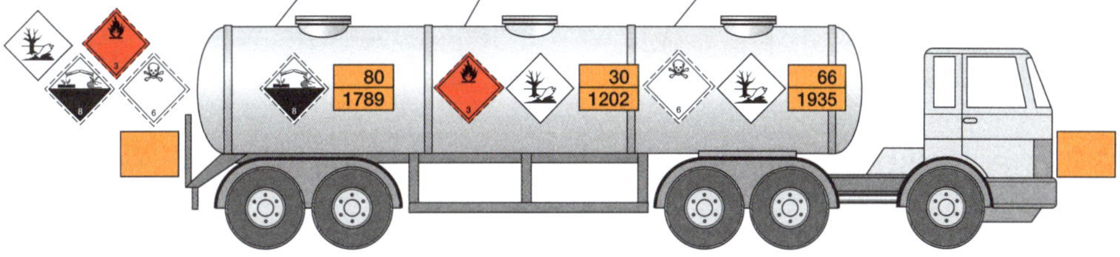

5.2.5.4.5 Kennzeichnung von Beförderungseinheiten mit Tankcontainern/ Tankwechselbehältern, ortsbeweglichen Tanks und MEGC

Beförderungseinheiten mit Tankcontainern/Tankwechselbehältern oder ortsbeweglichen Tanks oder MEGC tragen vorne und hinten neutrale orangefarbene Tafeln. Zusätzlich werden am Tankcontainer/Tankwechselbehälter, am ortsbeweglichen Tank bzw. am MEGC rechts und links orangefarbene Tafeln mit Kennzeichnungsnummern und an allen 4 Seiten Großzettel (Placards) entsprechend ihrem Inhalt angebracht. (Bei Tanks ≤ 3 m^3 dürfen anstelle der Großzettel Gefahrzettel angebracht werden). Werden in einem Tankcontainer/Tankwechselbehälter mit mehreren getrennten Abteilen unterschiedliche Stoffe der gleichen Gefahrklasse befördert, ist ein Placard auf jeder Seite ausreichend. Großpackmittel (IBC = Intermediate Bulk Container) sind **Versandstücke** und demzufolge auch so zu kennzeichnen (siehe Seite 125).

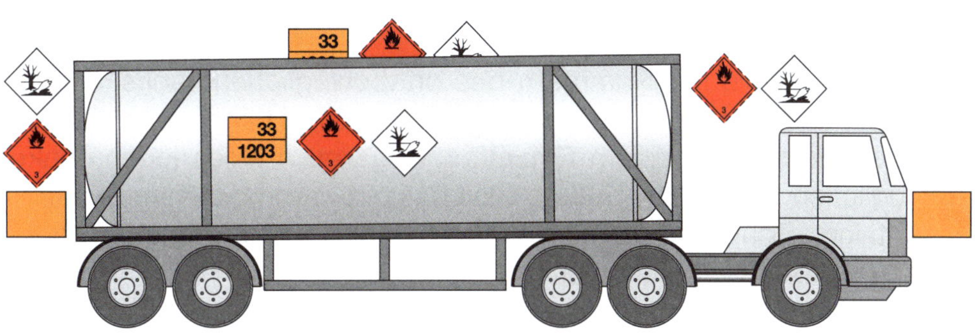

5.2.5.4.6 Bedeckte und gedeckte Fahrzeuge mit Tankcontainer, ortsbeweglichem Tank bzw. MEGC

Sind die Großzettel (Placards) verdeckt (z.B. durch eine Plane), dann sind am Straßenfahrzeug die vorgeschriebenen Großzettel (Placards) sowie das Kennzeichen für umweltgefährdende Stoffe auch außen an den Seitenwänden und hinten anzubringen.

a) Tankcontainer, ortsbeweglicher Tank, MEGC mit einem **Einzelfassungsraum von maximal 3000 Litern**

b) Tankcontainer, ortsbeweglicher Tank, MEGC mit einem **Einzelfassungsraum von mehr als 3000 Litern**

Merke

- ✔ Großzettel immer – seitliche orangefarbene Tafeln mit Nummern nur bei Einzelfassungsraum > 3000 l
- ✔ Aber neutrale orangefarbene Tafeln vorn und hinten immer!

Die orangefarbenen Tafeln mit Nummern des ortsbeweglichen Tanks, Tankcontainers, Containers oder Schüttgut-Containers müssen an beiden Längsseiten des Trägerfahrzeugs wiederholt werden bei einem **Einzelfassungsraum** eines jeden Tankcontainers bzw. ortsbeweglichen Tanks **über 3000 l**. Gleiches gilt, wenn die Kennzeichen der Tankcontainer, Container, Schüttgut-Container, MEGC oder ortsbeweglichen Tanks von Teilen des Fahrzeugaufbaus verdeckt werden.

5.2.5.4.7 Kennzeichnung von Batterie-Fahrzeugen

Batterie-Fahrzeuge sind wie Tankfahrzeuge zu kennzeichnen.

5.2.5.4.8 Kennzeichnung von Tankfahrzeugen, Tankcontainern und ortsbeweglichen Tanks bei der Beförderung von erwärmten Stoffen

Tankfahrzeuge, Tankcontainer und ortsbewegliche Tanks müssen mit dem Kennzeichen für erwärmte Stoffe versehen sein, wenn sie flüssige Stoffe bei 100 °C oder mehr oder feste Stoffe bei oder über 240 °C befördern oder diese Stoffe mit der genannten Temperatur zur Beförderung übergeben werden. Die Kennzeichnung erfolgt bei Fahrzeugen an beiden Längsseiten und hinten, bei Tankcontainern und ortsbeweglichen Tanks an allen vier Seiten *(siehe auch Abbildung S. 139)*.

Gegebenenfalls ist auch das „Kennzeichen für umweltgefährdende Stoffe“ erforderlich.

5.2.5.4.9 Kennzeichen für umweltgefährdende Stoffe (5.2.1.8 ADR)

Bei der Beförderung umweltgefährdender Stoffe ist zusätzliches Anbringen eines Kennzeichens für umweltgefährdende Stoffe erforderlich, wenn die Beförderungseinheit ohnehin mit Großzetteln (Placards) zu kennzeichnen ist.

Achtung:
Ist das Fahrzeug mit diesem Kennzeichen versehen und werden **mehr als 20 l wassergefährdender Ladung** befördert, dann ist das Verkehrszeichen 269 „Verbot für Fahrzeuge mit wassergefährdender Ladung“ zu beachten!

Der Inhalt des Eigenverbrauchstanks (Kraftstoff) sowie Produktreste in Leitungssystemen des Fahrzeugs (Armaturen, Vollschlauchsysteme) sind nicht Bestandteil der Ladung.

5.2.5.4.10 Kennzeichnung von leeren Tankfahrzeugen, Fahrzeugen mit Aufsetztanks, Batterie-Fahrzeugen, MEGC, Tankcontainern und ortsbeweglichen Tanks

Ungereinigte und nicht entgaste leere Tankfahrzeuge, Fahrzeuge mit Aufsetztanks, Batterie-Fahrzeuge, Tankcontainer, ortsbewegliche Tanks und MEGC müssen wie im gefüllten Zustand mit orangefarbenen Tafeln, die mit Kennzeichnungsnummern versehen sind, mit Großzetteln (Placards) und ggf. mit dem Kennzeichen für umweltgefährdende Stoffe versehen sein.

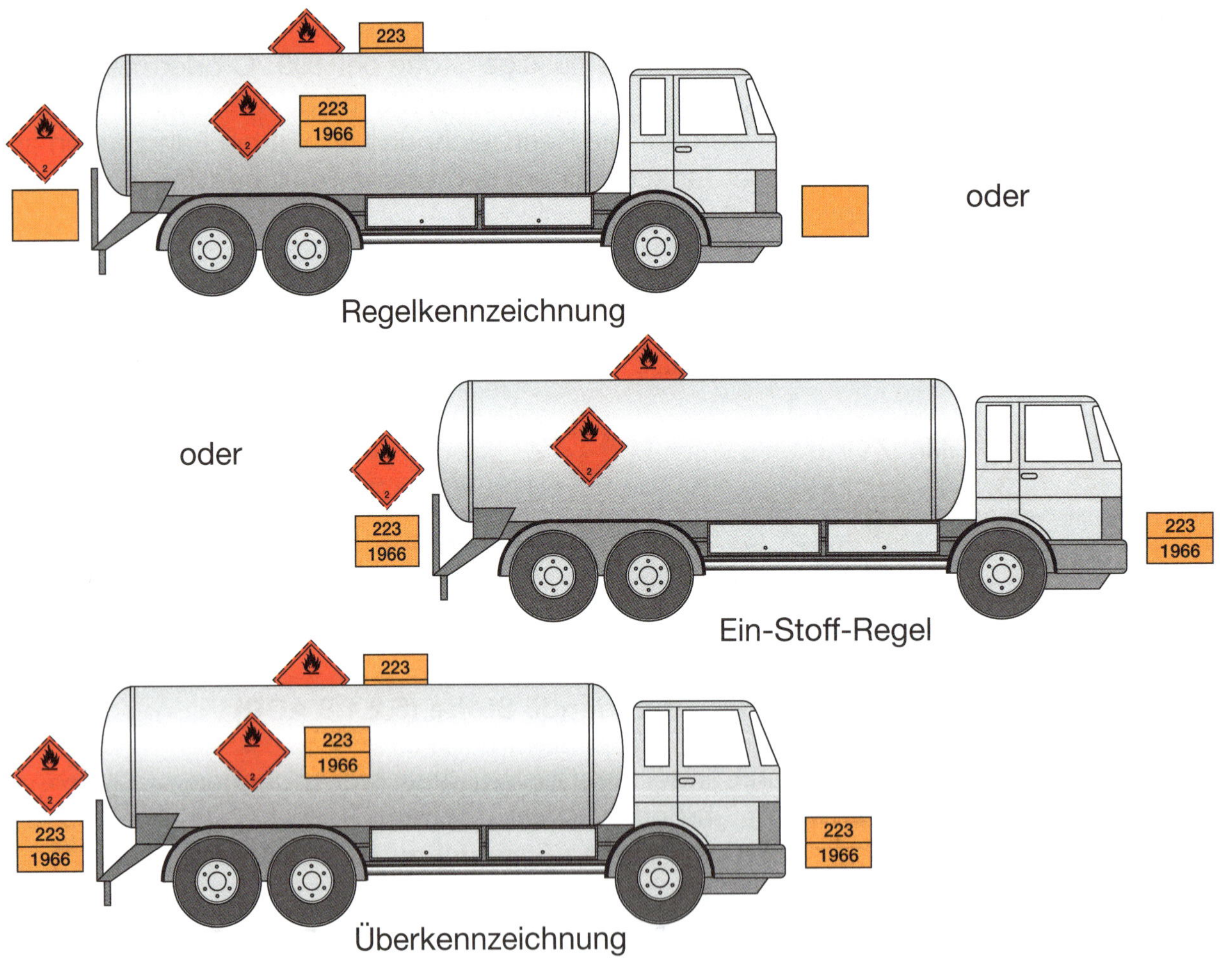

5.2.5.4.11 Entfernen/Abdecken der Kennzeichnung

Orangefarbene Tafeln, Großzettel (Placards) und ggf. Kennzeichen für umweltgefährdende oder erwärmte Stoffe sind zu entfernen oder abzudecken, wenn die Tanks leer, gereinigt und entgast sind. Die Abdeckungen der orangefarbenen Tafeln müssen vollständig und nach einer 15-minütigen Feuereinwirkung noch wirksam sein (Hinweise des Lieferanten beachten!). Die Klapptafeln und ggf. auswechselbare Ziffern und Buchstaben müssen während der Beförderung so gesichert werden, dass sie selbst bei einem Umkippen an der vorgesehenen Stelle bleiben.

5.2.5.4.12 Zu- und Ablauf der Seehäfen

Ortsbewegliche Tanks und Tankcontainer, die einer Beförderung auf See zugeführt oder nach einem Seetransport auf der Straße weiterbefördert werden sollen, müssen nicht gemäß dem ADR bezettelt und gekennzeichnet sein.

Für den Zulauf zum Seehafen darf schon die Kennzeichnung und Bezettelung gemäß IMDG-Code verwendet werden. Für den Ablauf vom Seehafen kann die bereits vorhandene Kennzeichnung und Bezettelung nach IMDG-Code weiterverwendet werden.

In diesen Fällen ist die Beförderungseinheit vorne und hinten mit zwei „neutralen“ rechteckigen rückstrahlenden orangefarbenen Tafeln (ohne Nummer zur Kennzeichnung der Gefahr und ohne UN-Nummer) zu kennzeichnen.

Bei Beförderungen in einer Transportkette, die eine See- oder Luftbeförderung einschließt, ist im Beförderungspapier zu vermerken:

„BEFÖRDERUNG NACH ABSATZ 1.1.4.2.1“.

Wird während oder am Ende einer ADR-Beförderung ein Tanksattelauflieger von seiner Zugmaschine getrennt, um auf ein Schiff verladen zu werden, müssen die Großzettel (Placards) auch vorne am Tanksattelauflieger angebracht werden.

5.2.5.5 Lose Schüttung

Werden gefährliche Güter in **loser Schüttung** befördert, so sind zusätzlich seitlich an der Beförderungseinheit und dem Container orangefarbene Tafeln mit Kennzeichnungsnummern anzubringen. Die Kennzeichnungsnummern ergeben sich aus dem Verzeichnis der gefährlichen Güter (Spalten 1 und 20) *(siehe Seite 10)*. Wird auf einer Beförderungseinheit nur **ein** Stoff in loser Schüttung befördert, so gibt es **drei Möglichkeiten** zur Kennzeichnung (Beispiel: UN 2717 Campher, 4.1, III, (E)):

- Neutrale orangefarbene Tafeln vorne und hinten, orangefarbene Tafeln mit Kennzeichnungsnummern an den vorgeschriebenen Seiten des Aufbaus (Containers) (Regelkennzeichnung)

- Rundumkennzeichnung, das heißt, vorne und hinten und an den Seiten orangefarbene Tafeln mit Kennzeichnungsnummern (Überkennzeichnung ist erlaubt)

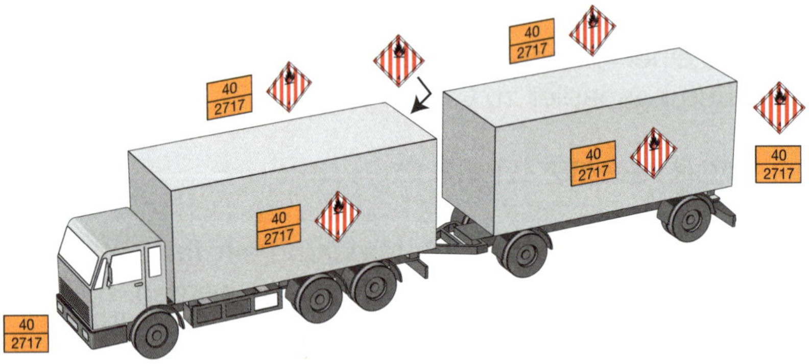

- Orangefarbene Tafeln vorne und hinten mit Kennzeichnungsnummern, seitlich keine orangefarbene Tafeln (Ein-Stoff-Regel)

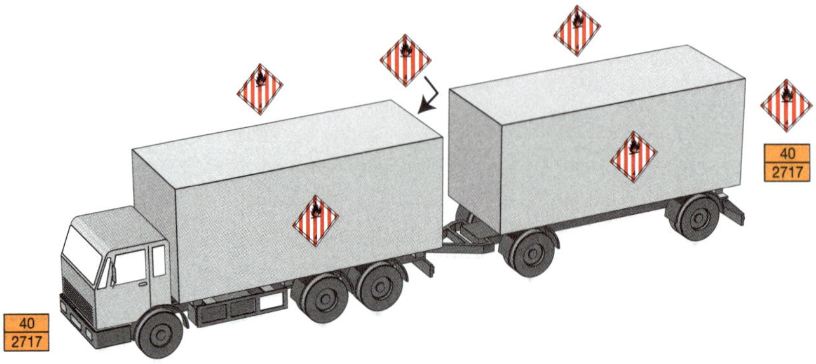

5.2.5.6 Bedeutung der Kennzeichnungsnummern auf den orangefarbenen Tafeln

Die Nummer zur **Kennzeichnung der Gefahr** im oberen Teil der orangefarbenen Tafel dient den Unfallhilfsdiensten als Groborientierung. Sie können sofort anhand der Ziffern erkennen, welche Gefahren (z.B. Ätzwirkung, Radioaktivität ...) von dem Stoff ausgehen. Die Nummern zur Kennzeichnung der Gefahr orientieren sich an der Nummerierung der Klassen, die die Stoffe mit entsprechenden Eigenschaften enthalten.

Nummer zur Kennzeichnung der Gefahr

UN-Nummer (Stoffnummer)

Beispiel:

Stoffe der Klasse **3** sind **entzündbare flüssige** Stoffe.

Eine Ziffer **3** auf der oberen Hälfte der orangefarbenen Tafel bedeutet: Entzündbarkeit von Flüssigkeiten. Die auf der orangefarbenen Tafel gezeigte Nummer „33" zeigt eine Besonderheit: Durch die **Verdopplung der ersten Ziffer** wird eine Zunahme der Hauptgefahr angezeigt**.**

Im **unteren Teil** der Tafel befindet sich die Nummer zur **Kennzeichnung des Stoffes** (UN-Nummer). Sie dient den Unfallhilfsdiensten zum Herausfinden des richtigen Stoffes, sie ist identisch mit einer Nummer, die weltweit für den gleichen Stoff gilt und von den Vereinten Nationen (United Nations – UN) für jedes Gefahrgut festgelegt wird.

Kennzeichnungsnummern, d.h. Nummern zur Kennzeichnung der Gefahr und UN-Nummern, werden für bestimmte Stoffe im **Verzeichnis der gefährlichen Güter des ADR** verbindlich vorgeschrieben. Die UN-Nummer muss zu jedem beförderten Gut im Beförderungspapier angegeben sein.

Merke

✔ Niemals falsche Nummern verwenden, weil dann bei Unfällen falsche Maßnahmen eingeleitet werden!!!

Bedeutung der Nummern zur Kennzeichnung der Gefahr

Die Nummer zur Kennzeichnung der Gefahr besteht in der Regel aus 2 oder 3 Ziffern, die im Allgemeinen auf folgende Gefahren hinweisen:

2	Entweichen von Gas durch Druck oder chemische Reaktion
3	Entzündbarkeit von flüssigen Stoffen (Dämpfen) und Gasen oder selbsterhitzungsfähiger flüssiger Stoff
4	Entzündbarkeit von festen Stoffen oder selbsterhitzungsfähiger fester Stoff
5	Oxidierende (brandfördernde) Wirkung
6	Giftigkeit oder Ansteckungsgefahr
7	Radioaktivität
8	Ätzwirkung
9	Gefahr einer spontanen heftigen Reaktion

Besonderheiten:

Verdopplung einer Ziffer	→	Zunahme der entsprechenden Gefahr
Null als zweite Zahl	→	Gefahr wird durch die erste Ziffer ausreichend angegeben
X vorangestellt	→	Stoff reagiert in gefährlicher Weise mit Wasser!*)

22	tiefgekühlt verflüssigtes Gas, erstickend
238	entzündbares Gas, ätzend
28	ätzendes Gas
X323	entzündbarer flüssiger Stoff, der mit Wasser gefährlich reagiert und entzündbare Gase bildet
X333	pyrophorer flüssiger Stoff, der mit Wasser gefährlich reagiert
X423	fester Stoff, der mit Wasser gefährlich reagiert und entzündbare Gase bildet, oder entzündbarer fester Stoff, der mit Wasser gefährlich reagiert und entzündbare Gase bildet oder selbsterhitzungsfähiger fester Stoff, der mit Wasser gefährlich reagiert und entzündbare Gase bildet
44	entzündbarer fester Stoff, der sich bei erhöhter Temperatur in geschmolzenem Zustand befindet
539	entzündbares organisches Peroxid
90	umweltgefährdender Stoff, verschiedene gefährliche Stoffe
99	verschiedene gefährliche erwärmte Stoffe

Merke

✔ „X“ = ni**X** Wasser!

*) *Entscheidung des Einsatzleiters über die Verwendung von Wasser*

Bitte ordnen Sie die Nummern zur Kennzeichnung der Gefahr den passenden Bedeutungen zu:

(Achtung: es sind mehr Bedeutungen aufgeführt, als zugeordnet werden müssen)*)

Lfd. Nr.	Nummer zur Kennzeichnung der Gefahr
1	22
2	23
3	30
4	33
5	40
6	50
7	60
8	80
9	88
10	99
11	90

Lfd. Nr.	Bedeutung
A	entzündbares Gas
B	giftiger oder schwach giftiger Stoff
C	oxidierender (brandfördernder) Stoff
C	umweltgefährdender Stoff; verschiedene gefährliche Stoffe
E	leicht entzündbarer flüssiger Stoff (Flammpunkt unter 23 °C)
F	ätzender oder schwach ätzender Stoff
G	verschiedene gefährliche erwärmte Stoffe
H	tiefgekühlt verflüssigtes Gas, erstickend
J	entzündbarer fester Stoff oder selbsterhitzungsfähiger Stoff oder selbstzersetzlicher Stoff oder polymerisierender Stoff
K	stark ätzender Stoff
L	entzündbarer flüssiger Stoff (Flammpunkt von 23 °C bis einschließlich 60 °C)
M	ätzender oder schwach ätzender Stoff, der mit Wasser gefährlich reagiert
N	giftiges brennbares Gas
O	entzündbarer flüssiger Stoff, der spontan zu einer heftigen Reaktion führen kann
P	radioaktiver Stoff, ätzend

Merke

✔ Die Nummer zur Kennzeichnung der Gefahr (Gefahrnummer) 23 hat eine völlig andere Bedeutung als das Gefahrzettelmuster 2.3!
23 = Gas, entzündbar
2.3 = giftige Gase (Die Nummer zur Kennzeichnung der Gefahr (Gefahrnummer) für giftige Gase ist 26.)

*) *Die Lösungen sind am Ende des Buches zu finden.*

5.2.6 Kennzeichnung begaster Güterbeförderungseinheiten

Fahrzeugaufbauten und Container, die mit dem abgebildeten Warnkennzeichen versehen sind, wurden begast (z.B. Begasung mit Methylbromid, um Schädlinge zu bekämpfen). Sie dürfen nicht betreten werden. Es besteht Erstickungs- und/oder Vergiftungsgefahr! Falls die Einheit später belüftet wurde, kann dies von und nach Seehäfen durch einen Vermerk vor den Worten „ZUTRITT VERBOTEN“ erkennbar sein.

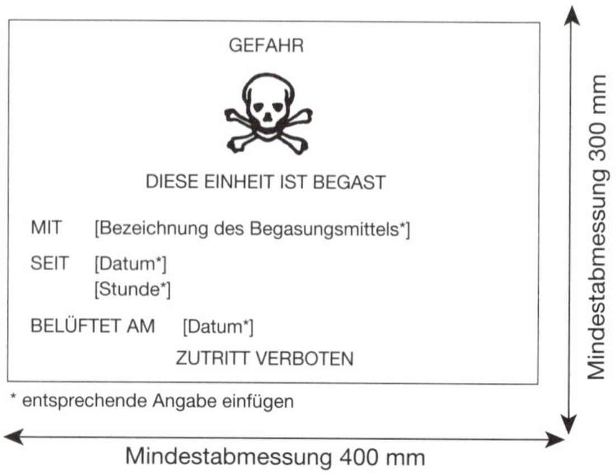

5.2.7 Fahrzeuge und Container, die UN 1845 Kohlendioxid, fest (Trockeneis) als Ladung befördern oder ein Kühl- oder Konditionierungsmittel enthalten

Fahrzeuge und Container, die z.B. Kohlendioxid, fest, Stickstoff, tiefgekühlt, flüssig oder Argon, tiefgekühlt, flüssig oder Stickstoff als Kühlmittel zur Temperaturführung ihrer Güter oder UN 1845 Kohlendioxid, fest, als Sendung befördern, müssen an jedem Zugang (Ladeöffnung) mit dem nebenstehenden Warnkennzeichen versehen sein:

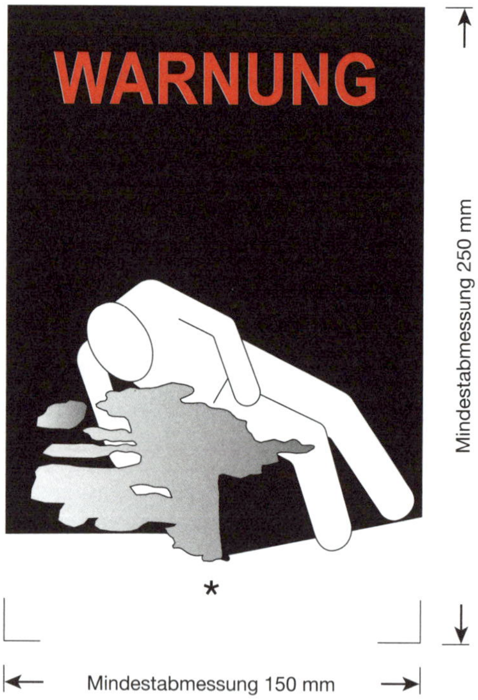

Erstickungswarnkennzeichen

* Beispiel für Eintragung:
KOHLENDIOXID, FEST
ALS KÜHLMITTEL
(Buchstabenhöhe mind. 25 mm)

Dieses Kennzeichen bedeutet **Erstickungsgefahr!**

5.2.8 Gase

Gasflaschenventile schließen nicht immer völlig dicht. Damit sich keine gefährliche (explosionsfähige, giftige, erstickende) Atmosphäre im Fahrzeug bildet, muss für eine ausreichende Belüftung gesorgt werden. Gasflaschen sind deshalb vorzugsweise in offene oder belüftete Fahrzeuge oder in offene oder belüftete Container zu verladen. Die Größe der erforderlichen Lüftungsöffnung sollte sich nach der Gefährlichkeit und der Menge der beförderten Gasflaschen und nach der Größe des Fahrzeugaufbaus richten.

Für bis zu drei Flaschen technischer Gase wie Propan, Acetylen und Sauerstoff kann ein freier Lüftungsquerschnitt von 100 cm^2 als ausreichend angesehen werden. Wenn die Beförderung in offenen oder belüfteten Fahrzeugen nicht möglich ist und die Versandstücke in anderen gedeckten Fahrzeugen oder anderen geschlossenen Containern befördert werden, müssen die Ladetüren der Fahrzeuge oder Container mit folgender Kennzeichnung versehen sein:

Bei der Beförderung von Gasen muss weiter der Gasaustausch zwischen Laderaum und dem Fahrerhaus verhindert werden. Damit sind Fahrzeuge ohne Fahrerhausabtrennung für die Beförderung von Gasen nicht erlaubt.

Druckgaspackungen, die gemäß Kapitel 3.3 SV 327 für Wiederaufarbeitungs- oder Entsorgungszwecke befördert werden, dürfen nur in belüfteten oder offenen Fahrzeugen oder Containern befördert werden.

5.2.9 Weitere Kennzeichnungen

Die Kennzeichnung „ACHTUNG KEINE BELÜFTUNG VORSICHTIG ÖFFNEN“ muss an den Ladetüren von gedeckten Fahrzeugen oder geschlossenen Containern angebracht sein (Buchstabenhöhe mind. 25 mm), wenn in

- Spalte 17 bei gefährlichen Gütern der Klasse 4.3 (nur Schüttgut) die Sondervorschrift „AP5“

angegeben ist.

Bei der Beförderung von Nebenprodukten der Aluminiumherstellung oder der Aluminiumumschmelzung (UN 3170) müssen gemäß Sondervorschrift CV37 die Ladetüren der gedeckten Fahrzeuge und der geschlossenen Container mit folgender Kennzeichnung versehen sein (Buchstabenhöhe mind. 25 mm):

„ACHTUNG GESCHLOSSENES UMSCHLIESSUNGSMITTEL VORSICHTIG ÖFFNEN“

Bei Beförderung von polymerisierenden Stoffen, organischen Peroxiden und selbstzersetzlichen Stoffen unter Temperaturkontrolle und Mitführung von entsprechenden Kühlmitteln muss gemäß CV21 der Beförderer über folgendes in Kenntnis gesetzt werden:

- Anweisungen für die Bedienung des Kühlsystems und ggf. Liste von unterwegs vorhandenen Kühlmittellieferanten
- Vorgehensweise bei Ausfall der Temperaturkontrolle

5.2.10 Begrenzte Mengen in Beförderungseinheiten

Beförderungseinheiten mit einer zulässigen Gesamtmasse von mehr als 12 t, die in begrenzten Mengen verpackte Güter über 8 t (brutto) enthalten, müssen folgendermaßen gekennzeichnet werden:

Sind Versandstücke mit  gekennzeichnet ⟹  an die Beförderungseinheit. Die orangefarbene Tafel ist geschlossen.

Die Kennzeichnung mit der orangefarbenen Tafel ist dann erforderlich, wenn weitere Gefahrgüter auf der Beförderungseinheit in kennzeichnungspflichtigen Mengen (1.1.3.6 ADR) befördert werden. Die Kennzeichnung für die begrenzten Mengen darf in diesem Fall zusätzlich erfolgen. Im Bild auf der vorherigen Seite ist die orangefarbene Tafel zugeklappt.

Diese Lösung ist **nicht** in Ordnung.

5.3 Fürs Gedächtnis

! **Zweck der Kennzeichen und der Bezettelung ist**
- leichte Erkennbarkeit von Gefahrguttransporten
- Hinweis auf bestimmte Gefahren

! **Zur Kennzeichnung und Bezettelung werden verwendet:**
- UN-Nummer
- Gefahrzettel/Großzettel mit Symbolen und Nummer der Gefahrklasse
- Orangefarbene Tafeln mit und ohne Kennzeichnungsnummern
- Ausrichtungspfeile
- Kennzeichen für umweltgefährdende Stoffe/für erwärmte Güter
- ggf. Benennungen

! **Tanks sind grundsätzlich mit orangefarbenen Tafeln mit Kennzeichnungsnummern zu kennzeichnen. Versandstücktransporte** werden **nur** mit „neutralen" orangefarbenen Tafeln gekennzeichnet.

! Jeder Stoff, jedes Stoffgemisch bzw. jeder Gegenstand hat eine ganz **bestimmte UN-Nummer**.

! Auch **Versandstücke** sind mit „UN" und der UN-Nummer zu kennzeichnen.

! **Kennzeichnungsnummern** (Nummern zur Kennzeichnung der Gefahr und UN-Nummern) dienen den Unfallhilfsdiensten zur Erkennung der Gefahren.

! Großzettel, Kennzeichen und orangefarbene Tafeln **entfernen, umklappen und feststellen oder** mit feuerbeständiger Haube **abdecken**, wenn keine gefährlichen Güter geladen sind.

! Bei Unfallmeldungen vorhandene Kennzeichnungsnummern angeben.

! Versandstücke mit begrenzten Mengen sowie Beförderungseinheiten mit mehr als 8 Tonnen begrenzter Menge werden vorne und hinten mit  in der erforderlichen Größe **gekennzeichnet**.

! Bei Beförderung in Tanks oder loser Schüttung werden in der Regel orangefarbene Tafeln **mit Kennzeichnungsnummern** verwendet.

! **Container, Schüttgut-Container, ortsbewegliche Tanks, MEGC, Tankcontainer** an allen vier Seiten kennzeichnen.

! Versandstücke, bei denen die Öffnung nicht erkennbar ist, sind mit **Ausrichtungspfeilen** gekennzeichnet.

! Niemals falsche Kennzeichnungsnummern verwenden, weil dann bei Unfällen **falsche Maßnahmen** eingeleitet werden.

! Für die richtige Kennzeichnung und Bezettelung der **Fahrzeuge** ist der **Fahrzeugführer** verantwortlich.

! **Umverpackungen** müssen als solche gekennzeichnet sein (Aufschrift „UMVERPACKUNG", UN-Nummern, Gefahrzettel, ggf. Ausrichtungspfeile und ggf. Kennzeichen für umweltgefährdende Stoffe).

5.4 Kontrollfragen

1. Welche Abmessungen sind für die orangefarbenen Tafeln bei Beförderungseinheiten vorgeschrieben?

- ❏ A ca. 40 cm × ca. 40 cm
- ❏ B ca. 40 cm Breite × ca. 30 cm Höhe (± 10 %)
- ❏ C ca. 30 cm Breite × ca. 40 cm Höhe
- ❏ D 12 cm × 30 cm (5.2.3)

2. Wo sind die orangefarbenen Tafeln zu öffnen, wenn auf einer Beförderungseinheit (Lkw mit Anhänger) nur der Anhänger mit Gefahrgut beladen ist?

- ❏ A Vorne und hinten am Anhänger
- ❏ B Vorne und hinten am Anhänger und zusätzlich vorne am Lkw
- ❏ C Am Lkw vorne und am Anhänger hinten
- ❏ D Am Lkw hinten und am Anhänger hinten (5.2.3)

3. Wo findet der Fahrzeugführer Angaben über die anzubringenden UN-Nummern?

- ❏ A Im Beförderungspapier
- ❏ B Das sagt ihm der Beförderer
- ❏ C Bei der zuständigen Feuerwehr
- ❏ D In der ADR-Schulungsbescheinigung (3.2.1; 5.2.4.7)

4. Sie kennen die zu führenden Kennzeichnungsnummern (UN-Nummer und Nummer zur Kennzeichnung der Gefahr) nicht. Was tun Sie?

- ❏ A Sie fahren ohne Kennzeichnung.
- ❏ B Sie fragen denjenigen, der Ihnen das Beförderungspapier übergeben hat bzw. denjenigen, der das Fahrzeug befüllt hat.
- ❏ C Sie rufen die nächste Polizeidienststelle an.
- ❏ D Sie fahren mit neutralen orangefarbenen Tafeln los. (Basiskurs)

5. **Wer ist für das Sichtbarmachen der orangefarbenen Tafeln an der Beförderungseinheit verantwortlich?**

❑ A Verlader

❑ B Fahrzeugführer

❑ C Halter

❑ D Beförderer (5.2.3)

6. **An welchen Beförderungseinheiten müssen in der Regel orangefarbene Tafeln mit Kennzeichnungsnummern geöffnet sein?**

❑ A An Tankfahrzeugen und Fahrzeugen mit Gefahrgut in loser Schüttung

❑ B An Fahrzeugen mit Versandstücken

❑ C An allen Containern mit mehr als 3 m^3 Laderaum

❑ D An leeren, gereinigten Tankfahrzeugen (5.2.3)

7. **In welchem Fall müssen an einem Pkw, der gefährliche Güter als Versandstücke geladen hat, orangefarbene Tafeln geöffnet werden?**

❑ A Wenn mehr als höchstzulässige Mengen (nach Tabelle 1.1.3.6.3 ADR) befördert werden.

❑ B Immer wenn gefährliche Güter befördert werden.

❑ C Nur wenn mehr als 100 kg gefährliche Güter transportiert werden.

❑ D Bei der Beförderung von gefährlichen Gütern mit Pkw sind orangefarbene Tafeln nie erforderlich. (5.2.3)

8. **Welche Bedeutung hat es, wenn auf ein Versandstück 2 unterschiedliche Gefahrzettel angebracht sind?**

❑ A Von diesem Versandstück gehen mehrere Gefahren aus.

❑ B Das Versandstück darf nur innerhalb des Werkgeländes befördert werden.

❑ C Es besteht immer ein Zusammenladeverbot mit anderen Gefahrgütern.

❑ D Die Polizei muss über diesen Gefahrguttransport informiert werden. (5.1.2)

9. **Sie befördern Versandstücke mit folgenden Gefahrzettelmustern:**

Welche Bedeutung haben diese Gefahrzettelmuster?

❑ A Der Stoff ist selbstentzündlich und reagiert gefährlich mit Wasser.

❑ B Der Stoff reagiert nur gefährlich mit Wasser.

❑ C Der Stoff ist oxidierend.

❑ D Der Stoff ist ätzend und giftig. (5.1.4)

10. **Bei der Beförderung von gefährlichen Abfällen in Tanks sind orangefarbene Tafeln erforderlich. Müssen sich darauf Nummer zur Kennzeichnung der Gefahr und UN-Nummer befinden?**

❑ A Fahrzeuge mit Abfällen werden nicht mit Kennzeichnungsnummern, sondern mit dem Buchstaben „A“ gekennzeichnet.

❑ B Der Abfallschlüssel „37102“ ist auf der orangefarbenen Tafel anzubringen.

❑ C Ja, weil bei Tankbeförderungen grundsätzlich Nummer zur Kennzeichnung der Gefahr und UN-Nummer vorgeschrieben sind.

❑ D Im oberen Teil muss ein Hinweis auf „ätzende Stoffe“ vorhanden sein. (5.2.3)

11. **Wann müssen die orangefarbenen Tafeln abgedeckt bzw. geschlossen sein?**

❑ A Bei einem leeren und gereinigten Gefahrgutfahrzeug

❑ B Beim Fahren innerhalb von Ortschaften

❑ C Bei Gefahrguttransporten ausschließlich im Ausland (Kabotageverkehr)

❑ D Beim Parken (5.2.3)

12. **Welchen Zweck erfüllt die Aufschrift „UN 1993“ auf einem Versandstück?**

❑ A Sie gibt das Haltbarkeitsdatum an.

❑ B Sie gibt das Jahr der Herstellung an.

❑ C Sie gibt die Gesamtmenge an.

❑ D Sie gibt Auskunft über die UN-Nr. des enthaltenen Stoffes. (5.1.2)

13. **Welche Besonderheit muss beim Transport von gefährlichen Gütern in loser Schüttung beachtet werden?**

❑ A Es darf maximal eine Pause von 15 Minuten eingelegt werden.

❑ B Das Fahrzeug muss mit den entsprechenden Großzetteln (Placards) versehen sein.

❑ C Anhalten ist nicht erlaubt.

❑ D Parken ist nur auf dem Gelände der Polizei erlaubt. (5.2.1)

14. **Warum wird ein Gefahrgutfahrzeug mit orangefarbenen Tafeln gekennzeichnet? Orangefarbene Tafeln weisen darauf hin,**

❑ A dass auf dem Fahrzeug Gefahrgut transportiert wird.

❑ B dass Gefahrgut in Tanks befördert wird.

❑ C dass lediglich ein grenzüberschreitender Gefahrguttransport durchgeführt wird.

❑ D dass Gefahrgut nur im bedeckten Fahrzeug befördert wird. (5.2.3)

15. **Was gibt die erste Ziffer auf dem oberen Teil der orangefarbenen Tafel an?**

❑ A Sie gibt an, ob das Fahrzeug beladen oder leer ist.

❑ B Sie gibt die Hauptgefahr an.

❑ C Sie gibt eine zusätzliche Gefahr an.

❑ D Sie gibt an, welcher Stoff geladen ist. (5.2.4.7)

16. **Was geben die Ziffern auf dem oberen Teil der orangefarbenen Tafel an?**

❑ A Sie geben das Gesamtgewicht des Fahrzeugs an.

❑ B Sie geben den Beladungszustand an.

❑ C Sie geben an, welcher Stoff geladen ist.

❑ D Sie geben an, welche Gefahr von der Ladung ausgeht. (5.2.4.7)

17. Welche der nachfolgenden Ziffern stellt eine UN-Nummer dar?

❏ A X333

❏ B 11072022

❏ C 1993

❏ D A0503 (5.2.4.7)

18. Welche Eigenschaft hat ein Stoff, der in der oberen Hälfte der orangefarbenen Tafel eine „50“ enthält?

❏ A Giftige Flüssigkeit

❏ B Ätzende Flüssigkeit

❏ C Oxidierend (brandfördernd) wirkender Stoff

❏ D Organisches Peroxid (5.2.4.7)

19. Sie befördern einen Tankcontainer mit einem Fassungsvermögen von weniger als 3000 l auf einem offenen Fahrzeug. Die Großzettel des Tankcontainers sind durch den Aufbau des Fahrzeugs nicht zu erkennen. Auf was müssen Sie achten?

❏ A An beiden Längsseiten und am Heck des Fahrzeugs müssen sich die gleichen Großzettel befinden, die auf dem Tankcontainer angebracht sind.

❏ B Die Großzettel auf dem Tankcontainer reichen aus.

❏ C Da ich ein offenes Fahrzeug verwende, ist das egal.

❏ D Der Großzettel des Tankcontainers wird am Heck wiederholt. (5.2.4.5.5)

20. Welche Bedeutung hat dieses Kennzeichen an einer Beförderungseinheit?

❏ A Achtung, große Fahrzeughöhe

❏ B Schräg stehende Kisten

❏ C In begrenzten Mengen verpackte gefährliche Güter

❏ D Stückgutladung, ungesichert (5.2.8)

6 Durchführung der Beförderung

6.1 Abfahrtskontrolle

6.1.1 Checkliste

Vor der Abfahrt (mindestens vor jedem Schichtbeginn) hat sich der Fahrzeugführer davon zu überzeugen, dass sein Fahrzeug in Ordnung ist. Dabei hilft die folgende beispielhafte Checkliste, damit nichts vergessen werden kann. Mängel sind zu erfassen, zu melden und abzustellen.

Eine Unterscheidung in **Sicht-** und **Funktionskontrolle** kann eine effiziente Abfahrtkontrolle mit den Hinweisen „**S**" oder „**F**" unterstützen.

	O.K.	Nein
Fahrzeug		
1. Ist die Beförderungseinheit ohne augenscheinliche Mängel?		
– Räder: Profil, Luftdruck, Fremdkörper, Radmuttern, Beschädigungen wie Risse, Ventile/-kappen, Wintereignung, Reserverad		
– Beleuchtung: Stand-, Fahr-, Fernlicht, Nebelscheinwerfer/-schlussleuchten, Schlussleuchten, Bremsleuchten, Blinker, Verbindungsleitungen (auch zum Anhänger), Tagfahrlicht, Warnblinker, seitliche Markierungsleuchten, Kennzeichen		
– Scheiben, Wischer, Waschanlage, Frostschutz, Spiegel inkl. richtiger Einstellung, Kamerasysteme und ihre Funktion und ggf. Heizung		
– Füllstände und Dichtheit: Motoröl, Kühlwasser, Kraftstoff, Batterieflüssigkeit, Lenkhydraulik, ggf. Zentralschmieranlage		
– Druckluft: Bremsen(-probe), Druckaufbau/-verlust, Leitungen, Anschlüsse		
– Batteriekasten, Batterietrennschalter, Rückfahrwarner		
– Anhänger-, Sattelkupplung, Verriegelung		
– Prüffristen, Plaketten, Stempel, Kfz.-Kennzeichen		
2. Orangefarbene Tafeln		
– Korrekte und sichere Anbringung		
– Richtige Nummer zur Kennzeichnung der Gefahr		
– Tafeln verdeckt/entfernt, wenn Fahrzeug/Tank/Container leer und gereinigt		

	O.K.	Nein
3. Großzettel (Placards), ggf. Kennzeichen „umweltgefährdender Stoff“ bzw. „erwärmte Stoffe“, begrenzte Mengen, Begasung u.a.		
– Korrekte Anbringung, Mindestgröße, den Vorschriften entsprechend, unbeschädigt		
– Placards und Kennzeichen entfernt, wenn Fahrzeug/Tank/Container leer und gereinigt		
4. Bei laufendem Motor		
– Lenkungsspiel		
– Bremsanlage (Dichtheit, Druckverlust)		
– OBU, Tachograph		
Ladung und Ladefläche (falls zutreffend)		
1. Versandstücke unbeschädigt?		
– Falls nein – nicht befördern!		
2. Kennzeichnung/Bezettelung der Versandstücke		
– UN-Nummer		
– Gefahrzettel		
– Ggf. weitere Kennzeichen (z.B. Ausrichtungspfeile, „umweltgefährdender Stoff“)		
3. Ladefläche gereinigt?		
4. Zusammenladeverbote beachtet?		
5. Fahrzeug für Ladung geeignet/zugelassen?		
6. Sind eventuelle Mengenbegrenzungen eingehalten?		
7. Ladung korrekt gesichert?		
Tank (falls zutreffend)		
1. In technisch einwandfreiem Zustand (vor dem Befüllen)?		
– Absturzsicherung/Leiter		
– Armaturenschrank, Verschluss		
– Schläuche, Kupplungen		
– Adapterstücke sicher verstaut?		
– Armaturen, Anschlüsse, Rohrleitungen, Verbindungen		
– Darf der Tank mit dem Gefahrgut befüllt werden?		
– Ggf. gereinigt, gasfrei? (Zertifikate)		
– Gefährlich reagierende Stoffe nicht in benachbarte Tankabteile! (Zusammenladeverbot)		
– Maßnahmen gegen elektrostatische Aufladung (Erdungslasche/-klemme) o.k.?		

	O.K.	Nein
2. Prüfung gemäß Tankschild		
– Erstmalige/wiederkehrende Prüffristen eingehalten?		
– Ist der Tank für den Transport zugelassen?		
3. Höchstzulässiger Füllungsgrad/höchstzulässige Masse und Achslasten eingehalten? (nach dem Befüllen)		
– Falls nein – korrigieren!		
– Außen keine gefährlichen Füllgutreste		
– Dichtheit der Verschlusseinrichtungen geprüft?		
– Schläuche tropffrei und sicher verstaut?		
Ausrüstung		
– 2 Feuerlöscher je nach Fzg.-Gesamtmasse (geprüft, verplombt, leicht erreichbar und wettergeschützt befestigt)		
– mind. 1 Unterlegkeil pro Fzg. (angepasst an Fzg.-Gewicht und Raddurchmesser)		
– 2 selbststehende Warnzeichen		
– ggf. Augenspülflüssigkeit		
– 1 Warnweste*)		
– 1 tragbares Beleuchtungsgerät*) (ggf. ex-geschützt)		
– 1 Paar geeignete Schutzhandschuhe*)		
– Augenschutzausrüstung*) (Schutzbrille)		
– ggf. Notfallfluchtmaske (bei Gefahrzettel 2.3 oder 6.1)*)		
– ggf. Schaufel – ggf. Kanalabdeckung – ggf. Auffangbehälter } für feste und flüssige Stoffe mit Gefahrzettel 3, 4.1, 4.3, 8 oder 9		
– „gültiger“ Erste-Hilfe-Kasten		
– Ladungssicherungsmittel vorhanden und in Ordnung?		
außerdem: Begleitpapiere		
– für Ladung (Beförderungspapiere, schriftliche Weisungen, Ausnahmegenehmigungen, Fahrwegbestimmung, ...)		
– für Fahrzeug (Zulassungsbescheinigung Teil I, Geltungsdauer ADR-Zulassungsbescheinigung, ...)		
– für Fahrzeugbesatzung (Führerschein, ADR-Schulungsbescheinigung, Fahrerkarte u. Reserverollen für digitalen Tacho, Nachweis über arbeitsfreie Tage, Toll-Collect-Karte, ggf. noch Ersatzschaublätter...)		

*) *für jedes Mitglied der Fahrzeugbesatzung*

6.1.2 Verhalten bei schlechter Witterung (§ 2 Abs. 3a StVO)

Beträgt die Sichtweite weniger als 50 m oder herrscht Schneeglätte oder Glatteis, müssen die Führer kennzeichnungspflichtiger Kraftfahrzeuge mit Gefahrgütern eine Gefährdung anderer ausschließen; wenn nötig, ist der nächste geeignete Platz zum Parken aufzusuchen (Schlechtwetterregel). **Auf Rundfunkdurchsagen achten! Bereifung und Ausrüstung sind an das Wetter anzupassen.**

Überholverbot:
Ungeachtet anderer Vorschriften dürfen Kraftfahrzeuge mit einer zGM von mehr als 7,5 t bei einer Sicht unter 50 m durch Nebel, Regen oder Schnee laut StVO generell nicht überholen (§ 5 Abs. 3a StVO).

Fahrverbot bei Schneeglätte. Bleibt man liegen, droht ein Bußgeld!

6.2 Be- und Entladen

Das ADR (7.5.1.1 bis 7.5.1.3) verlangt, dass vor dem Be-/Entladen Fahrer, Fahrzeug, Beförderungsmittel und Papiere kontrolliert werden.

Wenn Fahrzeugführer, Fahrzeug (Bau und Ausrüstung), Beförderungsmittel oder Dokumente (Begleitpapiere) nicht vorschriftsmäßig sind, darf die Beladung nicht erfolgen.

Die Entladung darf nicht erfolgen, wenn bei der Kontrolle Verstöße festgestellt werden, die eine **sichere Entladung** in Frage stellen.

6.2.1 Ladungssicherung

6.2.1.1 Maximalkräfte

In Anlehnung an die VDI-Richtlinie 2700 bzw. DIN EN 12495-1:2010 sind bei der Ladungssicherung folgende Annahmen zu machen: die maximale Querkraft (Fliehkraft) bei Kurvenfahrt beträgt 50 % des Ladungsgewichts (0,5 G), die maximale Bremskraft 80 % (0,8 G) und die maximale Beschleunigungskraft (Trägheitskraft) 50 % (0,5 G).

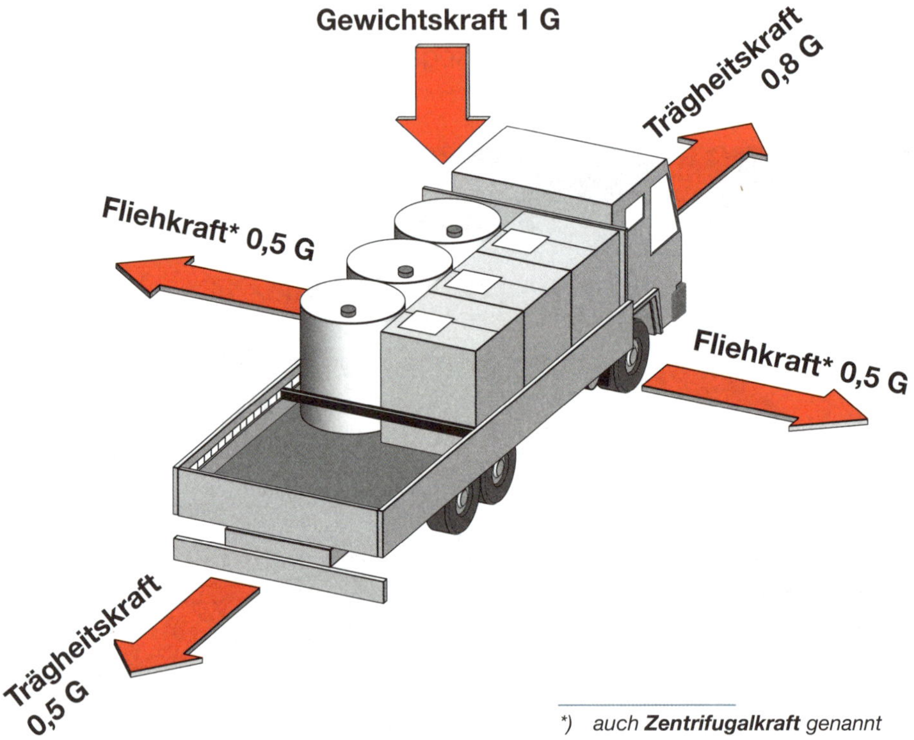

*) auch **Zentrifugalkraft** genannt

6.2.1.2 Ladungssicherungsmaßnahmen

Die Ladung muss so verstaut oder gesichert sein, dass sie ihre Lage auf dem Fahrzeug nicht verändern kann. Die Versandstücke dürfen nicht umkippen oder gar herabfallen. Die Kräfte, die beim Anfahren, Kurvenfahren und insbesondere beim Bremsen auftreten, müssen von den Ladungssicherungsmitteln aufgenommen werden können.

Das ADR verweist für die Ladungssicherung auf die EN 12195-1:2010. Diese gilt für Fahrzeuge mit einer zulässigen Gesamtmasse von mehr als 3,5 Tonnen. Für Fahrzeuge mit einer zGM von maximal 3,5 Tonnen gilt die VDI 2700. Auch der „CTU-Code“ bietet Anleitungen für die Ladungssicherung. In Deutschland ist zudem § 22 StVO zu beachten.

Die EN 12195-1:2010 schreibt strengere Ladungssicherungsmaßnahmen vor, wenn die Flächen zwischen Ladung und Fahrzeug nicht besenrein sowie nicht frei von Frost, Eis und Schnee sind!

6.2.1.3 Grundsätze

1. Gleichmäßige Lastverteilung!

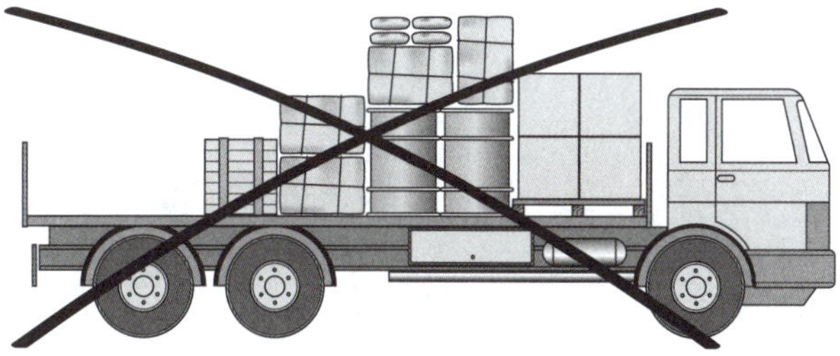

2. Schwerpunkt möglichst tief!

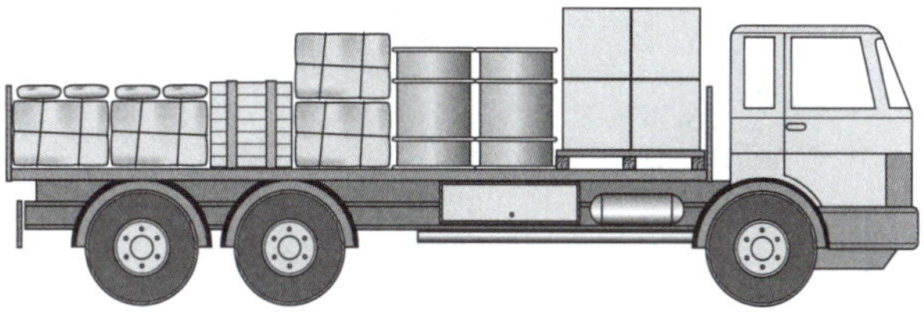

3. Stabile Verpackungen (Holzkisten, Fässer, IBC) unten, empfindliche Versandstücke (Kanister aus Weißblech, Säcke) oben!

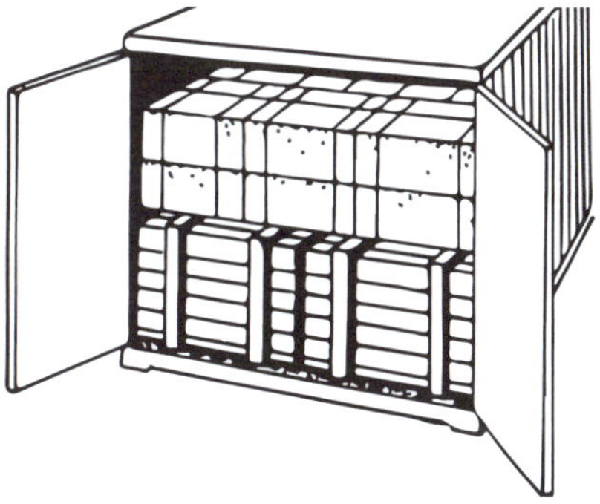

4. Auf zerbrechliche Versandstücke darf grundsätzlich nichts gepackt werden!
5. Freiräume ausfüllen!

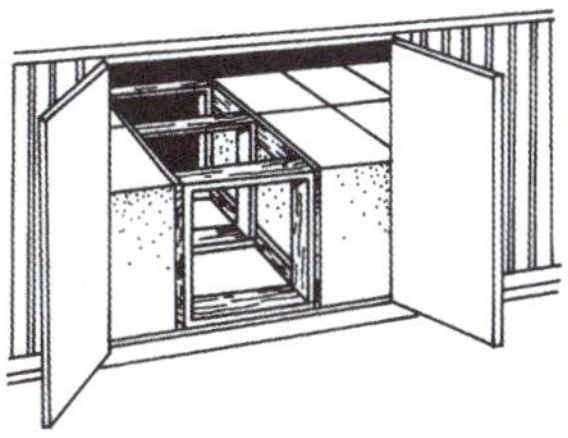

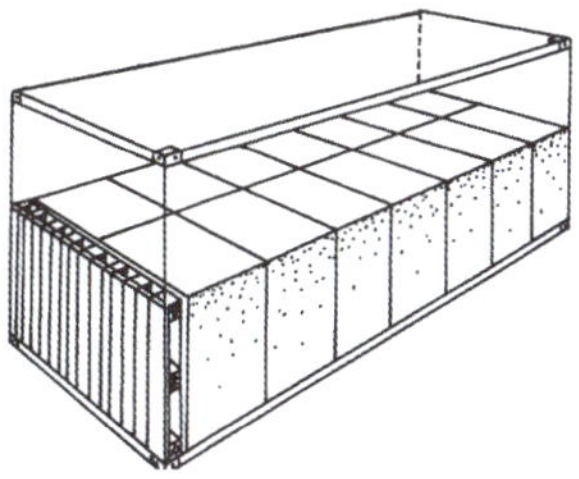

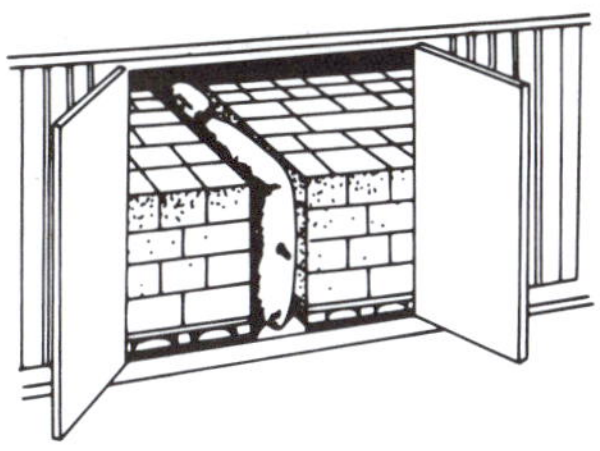

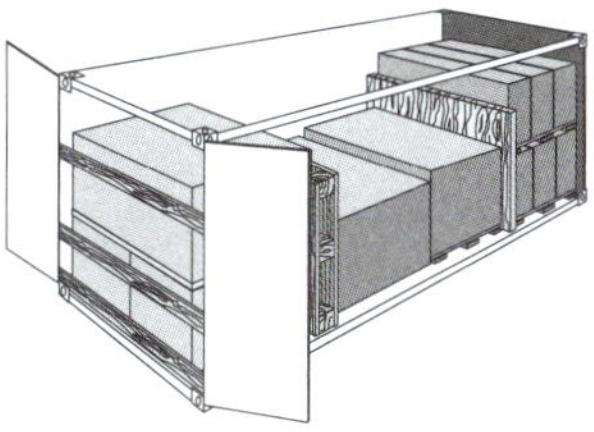

6. Durch Schrumpffolie können Säcke und andere Versandstücke fest auf der Palette gehalten werden.

Ladelücken wie bei diesem Bild sind zu vermeiden. Auch die umgestürzten Versandstücke vorn an der Stirnwand müssen erst wieder in einen beförderungssicheren Zustand gebracht werden, sofern die Versandstücke nicht beschädigt sind. Im Falle der Beschädigung dürfen diese Versandstücke nicht mehr befördert werden.

7. Gasflaschen bündig stauen, Stauchung der Flaschenventile vermeiden!

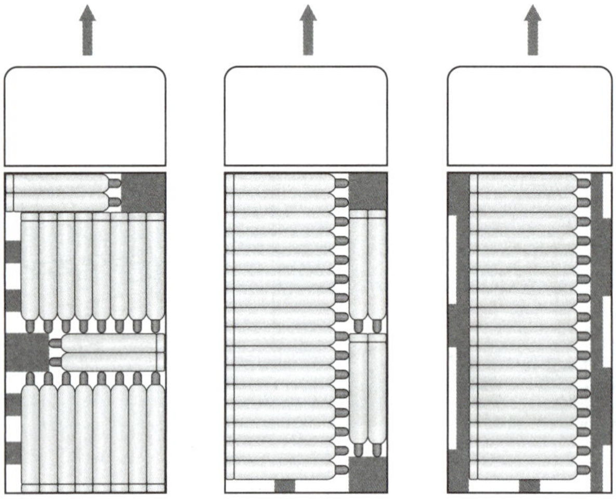

Mit Zurrgurten gesicherte Paletten, die Gasflaschen enthalten.

6.2.1.4 Sicherungsmittel

Wenn die Ladefläche nicht vollständig ausgefüllt ist, müssen die Ladungsteile mit geeigneten Mitteln gesichert sein. Insbesondere muss nach Teilentladung die auf dem Fahrzeug verbleibende Restladung ggf. zur korrekten Lastverteilung auf dem Fahrzeug verschoben und wieder ordnungsgemäß gesichert werden.

Beispiele für Ladungssicherungsmittel

- Klemmbretter (Zwischenwandverschluss)

Zwischenwandverschlüsse halten nur begrenzt die Ladung zurück. Zusätzlich werden rutschhemmende Unterlagen verwendet.

- Sicherung durch Zurrgurte, die an Zurrschienen oder z.B. hochklappbaren Zurrpunkten angeschlagen werden

- Palettierte Versandstücke können z.B. mittels Wickel- oder Schrumpffolie auf der Palette gehalten werden. Die Palette ist aber zusätzlich als Ganzes zu sichern. Bei niedriger Stapelhöhe reichen hier unter Umständen **rutschhemmende Unterlagen**. Rutschhemmende Unterlagen (Antirutschmatten) erhöhen die Reibung erheblich. Ihre Verwendung kann die Anzahl der Sicherungsmittel enorm verringern.

Palettierte Versandstücke in einem Container, seitlicher Formschluss durch Airbag. Die Sicherung entgegen der Fahrtrichtung muss hier noch erfolgen.

Ladungssicherung
so nicht …

So nicht: mit nur einem Zurrgurt ungenügend gesicherte Gasflaschen

… besser so:

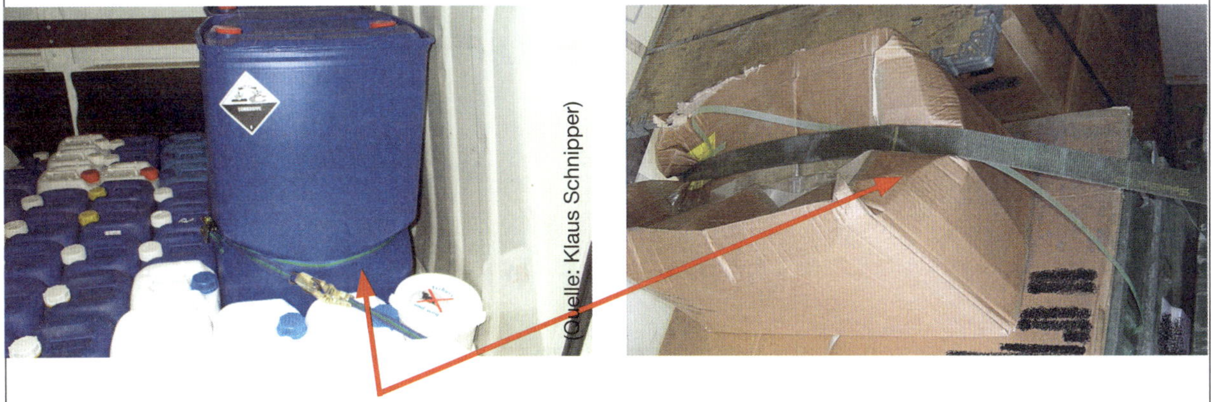

Durch falsches Zurren beschädigte Versandstücke. Man beachte die „Taille“ des Kunststofffasses.

6.2.1.5 Sicherung schwerer Ladungsteile

Es ist ein weit verbreiteter Irrtum, dass schwere Güter nicht gesichert werden müssen, weil sie sich aufgrund ihres Gewichtes nicht bewegen können.

Das Gegenteil ist der Fall:

Wenn ein mit schwerer ungesicherter Ladung beladenes Fahrzeug plötzlich abbremst, kommt das Fahrzeug bald zum Stillstand, aber die Ladung behält zunächst ihre Geschwindigkeit bei und verschiebt sich mit ihrer gesamten Masse nach vorne. Insbesondere auf unebener Fahrbahn werden die Auflagekräfte der Ladung zum Teil erheblich reduziert, dadurch wird das Verrutschen noch erleichtert. Wenn große Massen erst einmal in Bewegung geraten sind, verschieben sie sich mit großer Energie und zerstören dabei nicht selten Teile des Fahrzeugs (Bordwände, Fahrerhaus).

Schwere Ladungsteile können gesichert werden

1. durch Niederzurren in Längs- oder Querrichtung (kraftschlüssiges Verfahren),
2. durch Schrägzurren,
3. durch Horizontalzurren,
4. durch Diagonalzurren.

(2.–4.: formschlüssiges Verfahren)

Für alle Zurr-Arten werden Zurrgurte, Zurrketten und Zurrseile verwendet. Als zusätzliche Sicherung empfiehlt es sich, die Ladungsteile mit Holzkeilen und Balken festzulegen (Festlegehölzer).

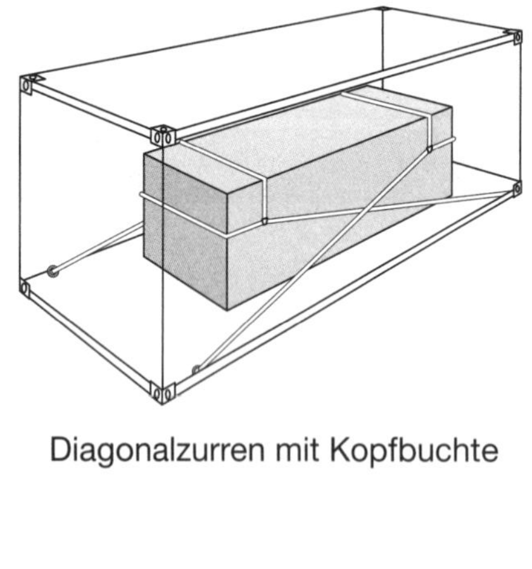

Diagonalzurren mit Kopfbuchte

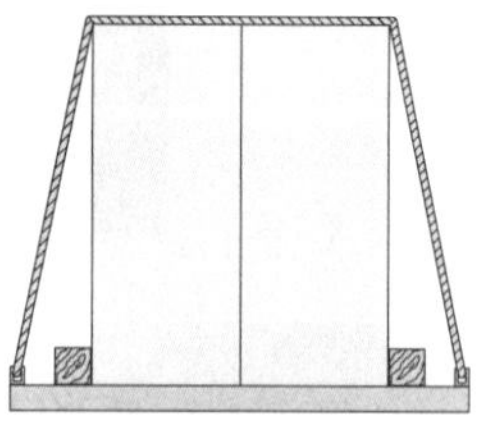

Niederzurren

6.2.2 Ladefläche

Ladeflächen von Gefahrgutfahrzeugen müssen sauber sein, es dürfen keine Nägel, Schrauben oder Teile der Innenverkleidungen aus der Ladefläche herausragen, die Versandstücke beschädigen könnten. Fahrzeuge und Container, denen Gefahrgut anhaftet, müssen vor erneuter Beladung **gereinigt** werden.

6.2.3 Zusammenladeverbote

Das Zusammenladen von Versandstücken mit verschiedenen Gefahrzetteln **auf einer Ladefläche** ist verboten, es sei denn, die Zusammenladung ist ausdrücklich erlaubt. Die nachfolgende Tabelle gibt einen Überblick über die erlaubten Zusammenladungen.

Zusammenladeverbote Straße

Gefahrzettel	1	1.4	1.5	1.6	2.1, 2.2, 2.3	3	4.1	4.1 +1	4.2	4.3	5.1	5.2	5.2 + 1	6.1	6.2	7A, 7B, 7C	8	9, 9A
1	siehe 7.5.2.2 ADR										d)							b)
1.4					a)	a)	a)		a)	a)	a)	a)		a)	a)	a)	a)	a), b), c)
1.5																		b)
1.6																		b)
2.1, 2.2, 2.3		a)			X	X	X		X	X	X	X		X	X	X	X	X
3		a)			X	X	X		X	X	X	X		X	X	X	X	X
4.1		a)			X	X	X		X	X	X	X		X	X	X	X	X
4.1 + 1								X										
4.2		a)			X	X	X		X	X	X	X		X	X	X	X	X
4.3		a)			X	X	X		X	X	X	X		X	X	X	X	X
5.1	d)	a)			X	X	X		X	X	X	X		X	X	X	X	X
5.2		a)			X	X	X		X	X	X	X	X	X	X	X	X	X
5.2 + 1												X	X					
6.1		a)			X	X	X		X	X	X	X		X	X	X	X	X
6.2		a)			X	X	X		X	X	X	X		X	X	X	X	X
7A, 7B, 7C		a)			X	X	X		X	X	X	X		X	X	X	X	X
8		a)			X	X	X		X	X	X	X		X	X	X	X	X
9, 9A	b)	a), b), c)	b)	b)	X	X	X		X	X	X	X		X	X	X	X	X

X Zusammenladung zugelassen.

a) Zusammenladung mit Stoffen und Gegenständen der Verträglichkeitsgruppe 1.4S zugelassen.

b) Zusammenladung von Gütern der Klasse 1 mit Rettungsmitteln der Klasse 9 (UN-Nummern 2990, 3072 und 3268) zugelassen.

c) Zusammenladung von Sicherheitseinrichtungen, pyrotechnisch, der Unterklasse 1.4 Verträglichkeitsgruppe G (UN-Nummer 0503) mit Sicherheitseinrichtungen, elektrische Auslösung, der Klasse 9 (UN-Nummer 3268) zugelassen.

d) Zusammenladung von Sprengstoffen (ausgenommen UN 0083 Sprengstoff Typ C) mit Ammoniumnitrat (UN-Nummern 1942 und 2067), Ammoniumnitrat-Emulsion, -Suspension oder -Gel (UN-Nummer 3375), Alkalimetall-Nitraten und Erdalkalimetall-Nitraten zugelassen, vorausgesetzt, die Einheit wird für Zwecke des Anbringens von Großzetteln (Placards), der Trennung, des Verladens und der höchstzulässigen Ladung als Sprengstoffe der Klasse 1 betrachtet. Zu den Alkalimetall-Nitraten gehören Caesiumnitrat (UN 1451), Lithiumnitrat (UN 2722), Kaliumnitrat (UN 1486), Rubidiumnitrat (UN 1477) und Natriumnitrat (UN 1498). Zu den Erdalkalimetall-Nitraten gehören Bariumnitrat (UN 1446), Berylliumnitrat (UN 2464), Calciumnitrat (UN 1454), Magnesiumnitrat (UN 1474) und Strontiumnitrat (UN 1507).

Hinweis: Bei den UN-Nummern UN 2211 SCHÄUMBARE POLYMERKÜGELCHEN und UN 3314 KUNSTSTOFFPRESSMISCHUNG gilt ein Zusammenladeverbot mit Gütern der Klasse 1 mit Ausnahme der Unterklasse 1.4S. Diese UN-Nummern werden nicht mit einem Gefahrzettelmuster gekennzeichnet.

Zusammenladeverbote für Güter der Klasse 1

Verträglich-keitsgruppen	A	B	C	D	E	F	G	H	J	L	N	S
A	●											
B		●		a)								●
C			●	●	●		●				b),c)	●
D		a)	●	●	●		●				b),c)	●
E			●	●	●		●				b),c)	●
F						●						●
G			●	●	●		●					●
H								●				●
J									●			●
L										d)		
N			b),c)	b),c)	b),c)						b)	●
S		●	●	●	●	●	●	●	●		●	●

● *Zusammenladung erlaubt*

a) *Versandstücke mit Gegenständen der Verträglichkeitsgruppe B und Versandstücke mit Stoffen oder Gegenständen der Verträglichkeitsgruppe D dürfen zusammen in ein Fahrzeug oder einen Container verladen werden, vorausgesetzt, sie sind wirksam getrennt, so dass keine Gefahr der Explosionsübertragung von Gegenständen der Verträglichkeitsgruppe B auf Stoffe oder Gegenstände der Verträglichkeitsgruppe D besteht. Die Trennung ist durch die Verwendung getrennter Abteile oder durch Einsetzen einer der beiden Arten von explosiven Stoffen oder Gegenständen mit Explosivstoff in ein besonderes Umschließungssystem zu bewerkstelligen. Beide Trennungsmethoden müssen von der zuständigen Behörde zugelassen sein.*

b) *Verschiedene Arten von Gegenständen der Klassifizierung 1.6N dürfen nur als Gegenstände der Klassifizierung 1.6N zusammengeladen werden, wenn durch Prüfungen oder Analogieschluss nachgewiesen ist, dass keine zusätzliche Detonationsgefahr durch Übertragung unter den Gegenständen besteht. Andernfalls sind sie als Gegenstände der Gefahrenunterklasse 1.1 zu behandeln.*

c) *Wenn Gegenstände der Verträglichkeitsgruppe N mit Stoffen oder Gegenständen der Verträglichkeitsgruppe C, D oder E zusammengeladen werden, sind die Gegenstände der Verträglichkeitsgruppe N so zu behandeln, als hätten sie die Eigenschaften der Verträglichkeitsgruppe D.*

d) *Versandstücke mit Stoffen und Gegenständen der Verträglichkeitsgruppe L dürfen mit Versandstücken mit gleichartigen Stoffen und Gegenständen dieser Verträglichkeitsgruppe zusammen in ein Fahrzeug oder einen Container verladen werden.*

Unterklasse und Verträglichkeitsgruppe bilden zusammen den Klassifizierungscode.

Versandstücke unterschiedlicher Verträglichkeitsgruppen dürfen grundsätzlich nicht zusammengeladen werden, es sei denn, es ist nach obenstehender Tabelle erlaubt.

6.2.4 Getrennthalten

Gefahrgüter mit Zetteln Nr. **6.1** (giftig), **6.2** (ansteckungsgefährlich) oder **9** (nur wenige UN-Nummern) müssen auf Fahrzeugen und an Ladestellen getrennt von **Nahrungs-, Genuss- und Futtermitteln** gehalten werden. Trennung durch zusätzliche Umverpackung, vollwandige Trennwände, Abstand von mind. 80 cm oder Versandstücke mit anderen Gefahrzetteln.

6.2.5 Rauchverbot

Bei Ladearbeiten ist das Rauchen in der Nähe von Fahrzeugen und Containern sowie in den Fahrzeugen untersagt (auch bei Mengen gemäß 1.1.3.6 ADR und „begrenzten Mengen"). Während der Fahrt darf im Fahrerhaus geraucht werden.

Ausnahme:
Bei Beförderung von Gütern der Klasse 1 besteht ein generelles Rauchverbot.

Das Rauchverbot gilt auch für die Verwendung von **elektronischen Zigaretten** und ähnlichen Geräten.

6.2.6 Verbot von Feuer und offenem Licht

Der Umgang mit Feuer und offenem Licht ist in Deutschland bei Ladearbeiten verboten:

- in der Nähe von Fahrzeugen und Containern
- in den Fahrzeugen (auch im Fahrerhaus) und in Containern
- generell bei Klasse-1-Gütern

Im Bereich des ADR gilt das Verbot nur für Güter der Klasse 1.

6.2.7 Beschädigte Versandstücke

Beschädigte, erkennbar unvollständige oder mit Anhaftungen versehene Versandstücke dürfen nicht verladen werden; erforderlichenfalls hat der Fahrzeugführer sie zurückzuweisen. Versandstücke dürfen vom Fahrpersonal nicht geöffnet werden.

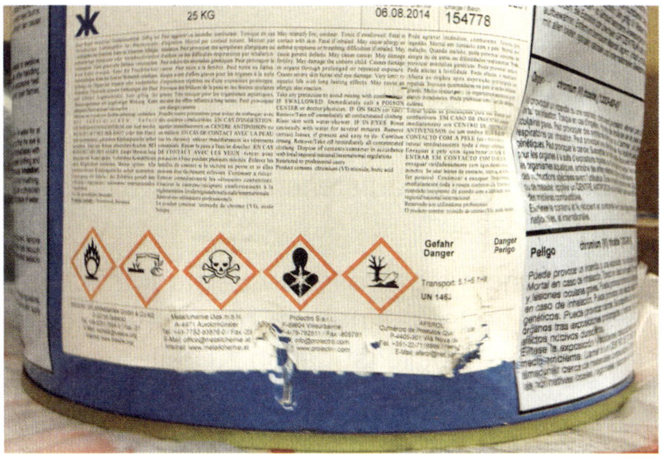

So nicht!

6.2.8 Tätigkeiten beim Beladen am Beispiel eines Tankfahrzeugs mit Heizöl, leicht (UN 1202)

6.2.8.1 Anfahrt zur Füllstelle

- Zusatzheizung und alle nicht notwendigen elektrischen Geräte abschalten (z.B. Radio).
- Interne Hinweisschilder der Füllstelle beachten (Rauchen, offenes Feuer, Handy verboten).
- Vorsichtig in die Füllposition einfahren, dabei auf herabhängende Füllarme, Schläuche, bewegliche Übergänge und Füllstellenpersonal achten.
- Spur halten und sobald das Fahrzeug steht, **Motor abstellen**, Gang einlegen, Bremsen anziehen, elektrische Anlage abschalten, ggf. innerbetriebliche Regelungen beachten (z.B. Unterlegkeil verwenden).
- **Tankfahrzeug erden**.
- Sichtprüfung, ob die Anlage in Ordnung ist.

6.2.8.2 Füllen des Tankfahrzeugs – Befüllung von oben

- Nur für den Tank zugelassene Füllgüter einfüllen (siehe ADR-Zulassungsbescheinigung).
- Vor dem Besteigen des Doms die Absturzsicherung (Geländer) füllstellen- bzw. fahrzeugseitig aufklappen.
- Ggf. weitere vorhandene vorgeschriebene Sturzsicherung verwenden, z.B. Tragegestelle mit Gurt.
- Fülllochdeckel öffnen, ggf. zweistufige Verriegelung (Achtung: es darf nur der Fülllochdeckel geöffnet werden, dessen Kammer befüllt werden soll).
- Auslaufrohr des Füllarms auf den Boden des Tanks aufstellen und bis zum Ende des Befüllvorgangs aufstehen lassen, Füllarm am Rand des Fülldomes anlegen (nicht freistehen lassen).
- Befüllung mit gedrosselter Leistung beginnen, bis die Ausläufe des Füllrohrs mit Flüssigkeit bedeckt sind, um die Dampfbildung und elektrostatische Aufladung infolge Spritzens möglichst gering zu halten.
- Zughebel bzw. Zugleinen dürfen nicht festgemacht (arretiert) oder außer Funktion gesetzt werden (Totmannprinzip).
- Bei Erreichen der gewünschten Füllmenge Ventil schließen. Achtung: Auf „Nachlaufmengen" achten. Füllarm anschließend vorsichtig herausnehmen, den Rohrinhalt in die Tankkammer auslaufen lassen und Auffangbehälter für Tropfmengen unterhängen.
- Bei Gewitter ist der Betrieb einzustellen (Füllarm herausnehmen, Fülldeckel schließen).

- Bei Produktwechsel beachten:
  War vorher Ottokraftstoff geladen, so müssen die Kammern speziell behandelt werden und dürfen anschließend nicht direkt mit Heizöl, leicht, befüllt werden. (Allgemein: Wenn sich die Eigenschaften [z.B. Flammpunkt] des neuen Füllguts vom vorher in dem Tank beförderten Füllgut unterscheiden, so muss dies dem Verantwortlichen gemeldet werden, damit er festlegen kann, unter welchen Bedingungen der Wechsel zulässig ist.)

6.2.8.3 Bei Zusammenladung beachten

Es ist verboten, Ottokraftstoffe oder Spezialbenzine gemeinsam mit Heizöl, leicht in einem Mehrkammer-/Mehrprodukten-Tankfahrzeug zu transportieren.

Es ist verboten, Produkte, die sonst gemeinsam befördert werden dürfen, wie z.B. Otto- und Dieselkraftstoff, in Kammern zu transportieren, die durch eine gemeinsame Gaspendelleitung ständig miteinander verbunden sind, auch die Abgabesysteme müssen vollständig voneinander getrennt sein.

Werden jedoch Ottokraftstoff und Heizöl, leicht, in unterschiedlichen Fahrzeugen einer Beförderungseinheit (Motorwagen mit Anhänger) transportiert, muss die Entladung über separate Auslaufsysteme erfolgen, damit es zu keiner Produktvermischung kommen kann.

6.2.8.4 Untenbefüllung

- Befüllanschlüsse der verschiedenen Produkte „sortieren“, Erdung und Überfüllsicherung anschließen. Gaspendel anschließen.
- Befüllkupplung anschließen, dann Absperrorgane am Tankfahrzeug öffnen.
- Auf Dichtheit der Anschlüsse achten.
- Werden keine Trockenkupplungen verwendet, sind mögliche Reste im Füllschlauch in geeignete Gefäße zu füllen.
- Sicherstellen, dass keine Kammer überfüllt wird.
- Bevor Schlauchverbindung getrennt wird, Absperrorgane am Tankfahrzeug schließen, zuerst innenliegendes Ventil.
- Zur Entleerung des Schlauches Gefäß benutzen.

6.2.8.5 Nach dem Füllen:

- Füllarm so abnehmen, dass abtropfende Restmenge gefahrlos aufgefangen werden kann.
- Fülllochdeckel zuklappen und sicher verschließen.
- Probeentnahmen, Peilungen, Temperaturmessungen frühestens 5 Minuten nach Füllende. (Dazu Geräte aus elektrisch leitfähigem Material benutzen; keine Kunststoffteile verwenden; Draht am Rand der Füllöffnung entlanggleiten lassen) (*Abb. 1*).
- Übergänge hochklappen, Absturzsicherung (Geländer) einklappen (*Abb. 2*).
- Erdung trennen (*Abb. 3*).
- Kontrollieren, ob Ventile geschlossen und dicht sind.
- Füllgutreste entfernen.
- Füllanschluss mit Kappen sichern, ggf. verschließen.
- Armaturenschrank (wenn vorhanden) verschließen.
- Schriftliche Weisungen, orangefarbene Tafeln, Großzettel und andere erforderliche Kennzeichen prüfen.
- Nur mit leerer Domwanne und geschlossenem Entleerungshahn fahren.
- Zusatzheizung und elektrische Geräte erst nach Verlassen der Füllstelle wieder einschalten.

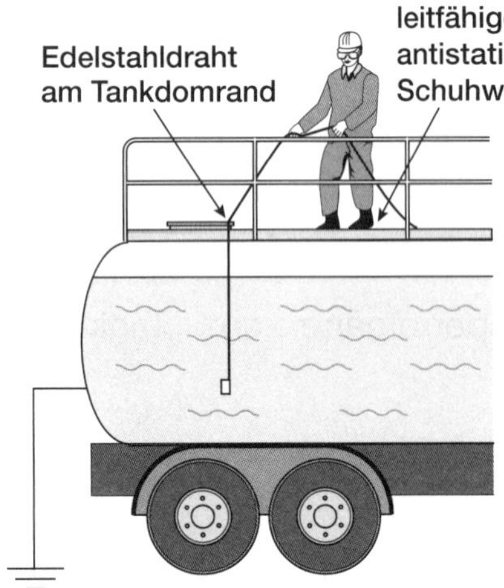

Abb. 1

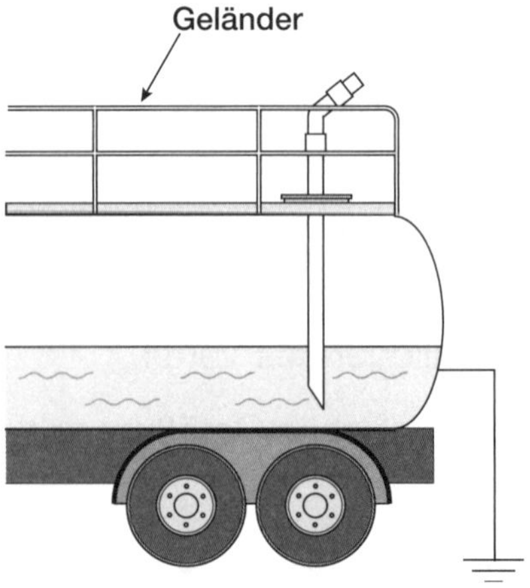

Abb. 2

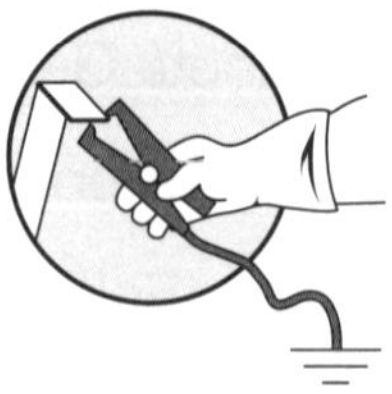
Abb. 3

6.2.9 Besondere Vorschriften für Klasse 1

Das **Be- oder Entladen** von Gütern der Klasse 1 an einer der Öffentlichkeit zugänglichen Stelle innerhalb von Ortschaften ist untersagt und außerhalb von Ortschaften nur nach Unterrichtung der zuständigen Behörde erlaubt, falls aus Sicherheitsgründen dringend erforderlich. Die Güter sind dann entsprechend ihren Gefahrzetteln zu trennen, und zwischen den Fahrzeugen ist ein Abstand von mindestens 50 m einzuhalten.

In Deutschland darf von der Unterrichtung der Behörde abgesehen werden, wenn die Be- oder Entladestelle vor einer Herstellungsstätte, an einer Verwendungsstelle oder vor einem Lagerraum oder einem Labor oder ähnlicher Einrichtung liegt.

Vor dem Beladen ist die Ladefläche oder der Container generell zu **reinigen**.

Feuer und offenes Licht sind auf den Fahrzeugen, in ihrer Nähe sowie beim Be- und Entladen verboten. Das bedeutet auch: absolutes Rauchverbot (auch keine E-Zigaretten)!

Die gesamte Nettomasse der explosiven Stoffe pro Beförderungseinheit ist begrenzt, außer bei Verträglichkeitsgruppe 1.4S und bei leeren Verpackungen. Die Stoffe der Verträglichkeitsgruppe L dürfen nur als geschlossene Ladung befördert werden. Die Zusammenladevorschriften innerhalb der Klasse 1 müssen beachtet werden (*siehe Kapitel 6.2.3*).

Bei **Kolonnenfahrten** muss zwischen den einzelnen Beförderungseinheiten ein Mindestabstand von 50 m eingehalten werden.

Versandstücke mit explosiven Stoffen und Gegenständen mit Explosivstoff dürfen nur an Empfangsberechtigte übergeben werden.

6.2.10 Besondere Vorschriften für Klasse 7

Die in den „IAEO-Empfehlungen" festgelegten Strahlenschutzmaßnahmen sind so ausgelegt, dass bei Einhaltung der Vorschriften niemand unzulässige Strahlendosen bekommen kann. Fahrer, Beifahrer und andere Transportbeteiligte müssen deshalb – in ihrem eigenen Interesse – peinlich genau alle Schutzvorschriften einhalten. Im Wesentlichen handelt es sich dabei um die **„3 großen A im Strahlenschutz"**.

Merke

- ✔ **A**bschirmung so gut wie möglich
- ✔ **A**bstand so groß wie möglich
- ✔ **A**ufenthaltszeit so gering wie möglich
- ✔ Das 4. große **A** heißt **A**usbildung.

Fahrzeugführer, die häufig radioaktive Stoffe befördern, tragen ein Dosimeter, mit dem die persönlich erhaltene Dosisleistung gemessen wird.

Versandstücke mit radioaktiven Stoffen dürfen nur an empfangsberechtigte Personen ausgehändigt werden.

Beim Transport von radioaktiven Stoffen sind bestimmte zusätzliche Vorschriften einzuhalten (Sondervorschrift CV33).

- **Trennung** der Klasse-7-Güter
  - von Beschäftigten in regelmäßig benutzten Arbeitsbereichen
  - von Personen in Bereichen, zu denen die Öffentlichkeit regelmäßigen Zugang hat
  - von unentwickelten Filmen und Postsäcken
  - von anderen gefährlichen Gütern
- **Aktivitäts**grenzwerte
  Die Gesamtaktivität pro Fahrzeug darf bestimmte Grenzwerte nicht überschreiten.

- Verstauung zur Beförderung und Zwischenlagerung

Die Sendungen müssen sicher verstaut werden. Die Gesamtzahl der Versandstücke im Fahrzeug ist zu begrenzen, so dass die Summe der **Transportkennzahlen** einen bestimmten Wert nicht überschreitet. Die **Dosisleistung** an der Außenfläche des Fahrzeugs darf einen Maximalwert nicht überschreiten. Die Summe der Kritikalitätssicherheitskennzahlen im Fahrzeug ist ebenfalls begrenzt. Bei einer Transportkennzahl > 10 und einer **Kritikalitätssicherheitskennzahl** > 50 hat der Transport unter ausschließlicher Verwendung zu erfolgen.

- Bei **spaltbaren Stoffen** gelten weitere Trennvorschriften.

- Besondere Maßnahmen bei **beschädigten** oder undichten **Versandstücken** und bei Kontamination sowie bei **unzustellbaren Sendungen** sind ebenfalls in CV 33 festgelegt.

- **Unterweisung** gemäß Strahlenschutzverordnung

6.3 Durchführung der Beförderung

Bei Ankunft am Be- und Entladeort muss kontrolliert werden, ob der Fahrzeugführer und das Fahrzeug den geltenden Vorschriften genügen. Dies gilt insbesondere hinsichtlich

- der Sicherheit,
- der Sauberkeit und
- der ordnungsgemäßen Funktion

der zum Be- und Entladen verwendeten Fahrzeugausrüstung.

Wenn Fahrzeugführer, Fahrzeug (Bau und Ausrüstung) oder Dokumente (Begleitpapiere) nicht vorschriftsmäßig sind, darf die Beladung nicht erfolgen. Die Entladung darf nicht erfolgen, wenn bei der Kontrolle Verstöße festgestellt werden, die eine **sichere Entladung** in Frage stellen.

6.3.1 Fahrpersonal

In kennzeichnungspflichtigen Gefahrgutbeförderungseinheiten dürfen **außer der Fahrzeugbesatzung keine weiteren Personen** mitgenommen werden. Kennzeichnungspflichtige Beförderungseinheiten dürfen nur von besonders ausgebildeten Fahrzeugführern gefahren werden.

6.3.2 Verwendung von Verbindungsleitungen

Ist eine Beförderungseinheit mit einem Antiblockiersystem (ABS) ausgerüstet, müssen die elektrischen Anschlüsse zwischen Zugfahrzeug und Anhänger während der Beförderung **immer** verbunden sein.

6.3.3 Halten und Parken, Überwachung

Fahrzeuge, die gefährliche Güter in bestimmten Mengen (im Gefahrgut-Verzeichnis Spalte 19 angegebene besondere Vorschriften S1 …) befördern, müssen beim Parken überwacht werden. In Deutschland sind gemäß GGVSEB alle mit orangefarbener Tafel kennzeichnungspflichtigen Fahrzeuge – auch Anhänger (ausgenommen UN 1202) – und Container zu überwachen.

Bei der **Auswahl von Parkplätzen** muss Folgendes beachtet werden:

abgeschlossenes Betriebsgelände

Abgeschlossene Betriebsgelände sind für die Allgemeinheit nicht zugänglich. Abgeschlossen sind Betriebsgelände, bei denen der Zugang mit Schranke oder Tor beschränkt wird.

bewachter Parkplatz

Die für die Aufsicht des bewachten Parkplatzes zuständige Person muss über das Gefahrgut und über den Aufenthaltsort des Fahrzeugführers unterrichtet sein (Angabe der Mobilnummer oder der Adresse des Fahrzeugführers oder der Adresse seines Aufenthaltsortes).

öffentliche oder private Parkplätze

Es darf nicht die Gefahr bestehen, dass das Fahrzeug beschädigt wird.

Außerhalb von Lagern und Werksbereichen dürfen Beförderungseinheiten nur dann abgestellt werden, wenn sie vom Fahrzeugführer oder einer anderen Person überwacht werden. Die Person muss über die Gefährlichkeit der Ladung und den Aufenthalt des Fahrzeugführers informiert sein.

Wenn **bei Nacht oder schlechter Sicht** ohne Fahrzeugbeleuchtung gehalten oder geparkt wird, ist das Fahrzeug mit den **Warnzeichen** zu sichern. Halten oder Parken nur mit angezogener Feststellbremse. Anhänger ohne Bremseinrichtung sind durch mindestens einen Unterlegkeil zu sichern.

6.3.4 Befreiung von Vorschriften bei bestimmten höchstzulässigen Mengen

Wenn die beförderten Mengen gefährlicher Güter bestimmte höchstzulässige Mengen nicht überschreiten, so kann der Transport von der Einhaltung bestimmter Vorschriften befreit sein (Tabelle in 1.1.3.6.3 ADR; *siehe Seite 63/64*).

Der Fahrzeugführer, der lediglich solche Mengen gefährlicher Güter befördert, muss zumindest eine Unterweisung gemäß 1.3 ADR erhalten haben.

6.3.5 In begrenzten Mengen verpackte Güter

Ist ein gefährlicher Stoff im Gefahrgut-Verzeichnis Spalte 7a (Kapitel 3.2 ADR) mit einer begrenzten Menge (ml, l, kg) versehen, so unterliegt er bestimmten ADR-Vorschriften nicht, wenn:

- bestimmte zusammengesetzte Verpackungen bzw. stabile Innenverpackungen in Trays mit Schrumpffolie verwendet werden,
- die Höchstmenge je Innenverpackung oder Gegenstand nicht überschritten wird,
- das Bruttogewicht des Versandstücks 30 kg bzw. des Trays 20 kg nicht überschreitet,
- die Versandstücke mit dem „Kennzeichen für begrenzte Mengen“ *(siehe Seite 126)* versehen sind.

Achtung: Fahrzeug ab bestimmten Mengen kennzeichnen *(siehe Seite 150)*.

6.3.6 In freigestellten Mengen verpackte Güter

Freigestellte Mengen gefährlicher Güter unterliegen nicht den Vorschriften des ADR mit einigen Ausnahmen:

- Unterweisung der beteiligten Personen (z.B. Fahrzeugführer),
- Klassifizierung und Kriterien für die Verpackungsgruppen,
- bestimmte Verpackungsvorschriften,
- Angabe der Anzahl der Versandstücke mit freigestellten Mengen.

6.3.7 ADR-Tunnelregelung

Für das Durchfahren von Tunneln mit gefährlichen Gütern in kennzeichnungspflichtigen Mengen oder in begrenzten Mengen > 8 Tonnen Bruttomasse gelten die ADR-Tunnelvorschriften. Die Tunnel sind, abhängig von der Bauweise, in 5 Kategorien eingeteilt. Mit Ausnahme einiger UN-Nummern (UN 2814, 2900 (nur ein Eintrag), 2908, 2909, 2910, 2911, 2919, 3077, 3082, 3166, 3171, 3291, 3331, 3359, 3373, 3549) ist jedem Stoff oder Gegenstand ein Tunnelbeschränkungscode (TBC) – je nach der Gefährlichkeit – zugeordnet. **Beförderungseinheiten mit begrenzten Mengen > 8 t dürfen nicht durch Tunnel der Kategorie „E“ fahren**. Der Fahrzeugführer muss entsprechend seiner Ladung und den zu durchfahrenden Tunneln entscheiden, ob er die Tunnelstrecke benutzen darf oder die Umleitungsstrecke befahren muss. In Deutschland gelten Beschränkungen für folgende Tunnel (Diese Liste kann entsprechend den Erfordernissen angepasst werden und ist daher nicht ohne Prüfung gültig*)):

Bezeichnung der Straße und/oder des Tunnels	Streckenkilometer und ggf. Ortslage	Tunnelkategorie und ggf. Zeitfenster	Bemerkungen
Baden-Württemberg			
B 38 – Saukopftunnel	Weinheim	E	Umleitung über B 3, L 3408 in Richtung Birkenau
B 312 – Bereich Flughafen Stuttgart	Netzknoten 7321 078 nach 7321 075 0+195 bis 0+704	E	unter Start- und Landebahn Flughafen Stuttgart
Gemeindestraße – Schlossbergtunnel	Heidelberg	E	Umleitung über Adenauerplatz – Sofienstraße – Neckarstaden (B 37)
B 10 – „Westringtunnel“	Ulm, Netzknoten/ Stationierung 063/0.000 – 060/0.609; 0.000 – 061/0.294	E	
Wagenburgtunnel	Stuttgart	E	
Bayern			
Pferseer Unterführung	Augsburg Zentrum	B	
BAB A3	Katzenbergtunnel bei Würzburg zwischen km 287,052 (AS Würzburg-Heidingsfeld) und km 292,628 (AS Würzburg-Randersacker)	A im Grundbetrieb, Kategorie E zeitlich befristet fahrtrichtungsbezogen bei Bedarf	
Berlin			
BAB A 100 (AS Schmargendorf)	km 1,4 – 1,931 zwischen den Ein- und Ausfahrten Mecklenburgische Straße und Schildhornstraße	E	
Brandenburg	Keine Angabe		
Bremen	Keine Angabe		
Hamburg			
Wallringtunnel	Hamburg-Altstadt	E	
Tunnel Alsterkrugchaussee	Hamburg, Knoten Alsterkrugchaussee / Sengelmannstraße	E von 06.00 bis 21.00 Uhr, C in der übrigen Zeit	
A 7 – Elbtunnel	Hamburg	E von 05.00 bis 23.00 Uhr, C in der übrigen Zeit	
Krohnstiegtunnel	Hamburg-Niendorf	E von 06.00 bis 21.00 Uhr, C in der übrigen Zeit	
Hessen	Keine Angabe		
Mecklenburg-Vorpommern	Keine Angabe		

*) *Siehe auch im Internet unter www.unece.org/trans/danger/publi/adr/country-info_e.html*

Niedersachsen			
A 39 – Galerien Lindenberg und Heidberg		-	Aufhebung der bisher geltenden Beschränkung für die Durchfahrt ab 06.04.2016
A 38 – Heidkopftunnel			Aufhebung der bisher geltenden Beschränkung für die Durchfahrt
A 31 – Emstunnel		B	
B 437 – Wesertunnel			Aufhebung der bisher geltenden Beschränkung für die Durchfahrt
Nordrhein-Westfalen			
A 1 – Einhausung/Tunnel Köln-Lövenich	Köln-Lövenich		Aufhebung der bisher geltenden Beschränkung für die Durchfahrt
B 9 – Tunnel Bad Godesberg	Bonn – Bad Godesberg	E	
B 55a – Tunnel Grenzstraße	Köln-Buchforst	E ab 31. Kw 2013 bis Sanierungsende 2022	Geschwindigkeitsreduzierung im Tunnel auf 50 km/h und Verbot der Durchfahrt des Tunnels für den Schwerlastverkehr (ab 7,5 t).
B 55a – Tunnel Köln-Kalk		E	
B 61n – Streckenabschnitt 99,1 Weserauentunnel	B 61, Abschnitt 99,1, von Station 177 bis Station 1910/ Porta Westfalica – Barkhausen	E	Kategorisiert seit 21.04.2011
Am Bahndamm, Verlängerung Trankgasse zum Konrad-Adenauer-Ufer	Innerorts Stadt Köln	E ab dem 15.12.2017 angeordnet	Meldung der Stadt Köln, Amt für Brücken, Tunnel und Stadtbahnenbau am 2.11.2017 Verkehrsbehördliche Anordnung durch Stadt Köln, Amt für Straßen und Verkehrstechnik erfolgte am 15.12.2017
Rheinland-Pfalz	Keine Beschränkungen		
Saarland	Keine Beschränkungen		
Sachsen	Keine Beschränkungen		
Sachsen-Anhalt	Keine Beschränkungen		
Schleswig-Holstein			
B 104 – Herrentunnel	Lübeck	E	Umleitung über Travemünder Allee (B 75), Eric-Warburg-Brücke (K 25), BAB A 1 und A 226
Thüringen			
A 71 – Tunnel Alte Burg	km 112,3 – 113,2	E	
A 71 – Tunnel Rennsteig	km 114,8 – 122,7	E	
A 71 – Tunnel Hochwald	km 123,6 – 124,3	E	
A 71 – Tunnel Berg Bock	km 126,4 – 129,0	E	

Grundsätzlich gelten die Tunnelvorschriften des ADR nur für kennzeichnungspflichtige Beförderungen (orangefarbene Tafeln offen an der Beförderungseinheit). Ausschlaggebend für das Befahren der Tunnel mit gefährlichen Gütern sind die Tunnelbeschränkungscodes der gefährlichen Güter, die sich aus dem/den Beförderungspapier/en ergeben.

Wichtig: Ist im Beförderungspapier kein Tunnelbeschränkungscode angegeben und kommt der Fahrzeugführer mit einer gekennzeichneten Beförderungseinheit zu einem Tunnel mit der nebenstehenden Beschilderung, muss er die ausgewiesene Umleitungsstrecke befahren. Die Benutzung des Tunnels ist dann auf jeden Fall untersagt.

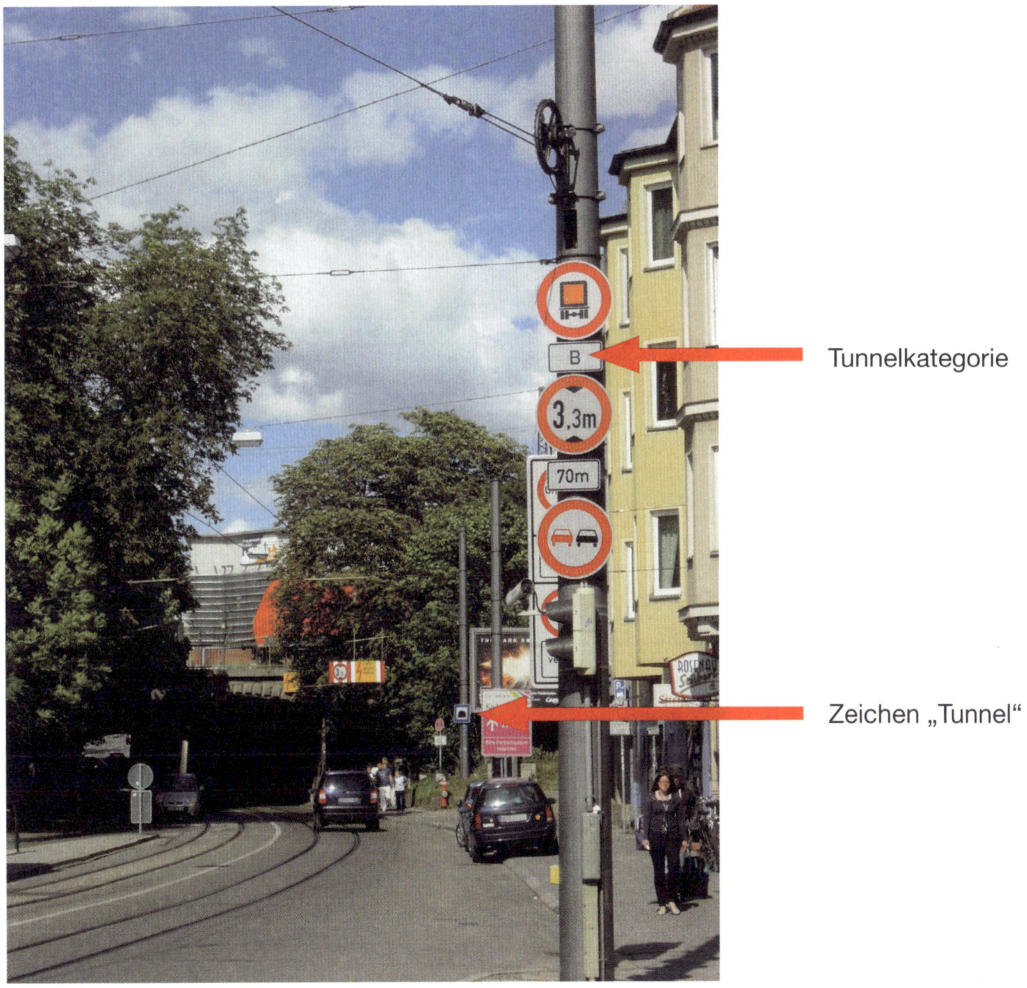

Hinweis auf einen Tunnel der Tunnelkategorie B

Merke

- ✔ Die Tunnelkategorie E ist die „schärfste“ aller Kategorien.
- ✔ Auch begrenzte Mengen > 8 t Bruttogesamtmasse je Beförderungseinheit dürfen nicht durch „E“ fahren.

Wie funktionieren die Tunnelvorschriften mit dem Tunnelbeschränkungscode?

Tunnelkategorie / Gefahrgut mit Tunnelbeschränkungscode		B	C	D	E
(B)	erlaubt	verboten	verboten	verboten	verboten
(B1000C)	erlaubt	erlaubt falls NEM ≤ 1000 kg verboten falls NEM > 1000 kg	verboten	verboten	verboten
(B/D)	erlaubt	erlaubt falls Versandstück[1)] / verboten falls Tank		verboten	verboten
(B/E)	erlaubt	erlaubt falls Versandstück[1)] / verboten falls Tank			verboten
(C)	erlaubt	erlaubt	verboten	verboten	verboten
(C5000D)	erlaubt	erlaubt	erlaubt falls NEM ≤ 5000 kg / verboten falls NEM > 5000 kg	verboten	verboten
(D)	erlaubt	erlaubt	erlaubt	verboten	verboten
(C/D)	erlaubt	erlaubt	erlaubt falls Versandstück[1)] / verboten falls Tank	verboten	verboten
(C/E)	erlaubt	erlaubt	erlaubt falls Versandstück[1)] / verboten falls Tank		verboten
(D/E)	erlaubt	erlaubt	erlaubt	erlaubt falls Versandstück/ verboten falls Tank / lose Schüttung	verboten
(E)	erlaubt	erlaubt	erlaubt	erlaubt	verboten
(-) nur bei UN 2814, 2900, 2908, 2909, 2910, 2911, 2919*, 3077, 3082, 3166, 3171, 3291 (nur ein Eintrag), 3331*, 3359, 3373	erlaubt	erlaubt	erlaubt	erlaubt	erlaubt
falls > 8 T je Beförderungseinheit	erlaubt	erlaubt	erlaubt	erlaubt	verboten

1) „falls Versandstück" schließt bis auf Tunnelbeschränkungscode (D/E) die Beförderungsart Lose Schüttung mit ein.
* kann durch Staaten anders festgelegt werden

Übungsaufgaben zu den ADR-Tunnelvorschriften

Bitte bearbeiten Sie die folgenden Beispiele für die Anwendung der Tunnelvorschriften des ADR:

X = Verboten ✓ = Erlaubt

1. Sie befördern folgendes Gefahrgut in kennzeichnungspflichtigen Mengen. Welche der aufgeführten Tunnelkategorien dürfen Sie durchfahren?
   UN 1310 Ammoniumpikrat, angefeuchtet, 4.1, I, (B)

Tunnelkat. / TBC	B	C	D	E
(B)				

2. Sie befördern folgende Gefahrgüter in kennzeichnungspflichtigen Mengen. Welche der aufgeführten Tunnelkategorien dürfen Sie durchfahren?
   UN 2289 Isophorondiamin, 8, III, (E)
   UN 1830 Schwefelsäure, 8, II, (E)

Tunnelkat. / TBC	B	C	D	E
(E)				

3. Sie befördern folgendes Gefahrgut in kennzeichnungspflichtigen Mengen in Versandstücken. Welche der aufgeführten Tunnelkategorien dürfen Sie nicht durchfahren?
   UN 2036 Xernon, 2.2, (C/E)

Tunnelkat. / TBC	B	C	D	E
(C/E)				

4. Sie befördern folgende Gefahrgüter. Bei welcher aufgeführten Tunnelkategorie müssen Sie mit einem Verbot rechnen, das heißt, Sie dürfen den Tunnel nicht durchfahren?
   UN 3082 Umweltgefährdender Stoff, flüssig, n.a.g., 9, III, (-), 400 Kisten aus Pappe, 10000 kg UN 1263 Farbe, Begrenzte Mengen 11.000 kg

Tunnelkat. / TBC	B	C	D	E

Merke

- ✔ gleicher Buchstabe Tunnelkategorie und Tunnelbeschränkungscode = Durchfahrt verboten
- ✔ unterschiedliche Tunnelbeschränkungscodes auf einer Beförderungseinheit = der restriktivste Tunnelbeschränkungscode gilt für die gesamte Beförderungseinheit unabhängig von der Menge
- ✔ kombinierte Tunnelbeschränkungscodes z.B. (D/E) = Buchstabe vor dem „/“ Geltung immer für Tank, Buchstabe hinter „/“ Geltung immer für Versandstücke („D“ = Tank, „E“ = Versandstücke)
- ✔ Lose Schüttung mit Ausnahme von (D/E) immer wie Versandstücke

6.4 Fahrverhalten von Fahrzeugen

6.4.1 Schwallwirkung und Fliehkraft

Zeichnen Sie ein, in welche Richtung die Fliehkraft wirkt, wenn das Fahrzeug die Kurve durchfährt.

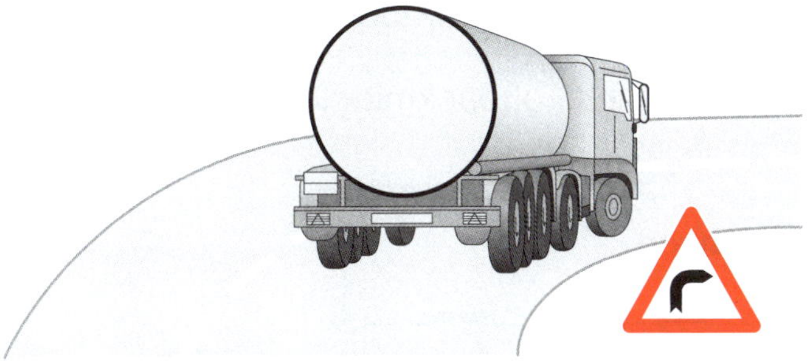

Zeichnen Sie in den drei Fahrzeugen ein, wie sich die Flüssigkeit bei den unterschiedlichen Beladungszuständen in einer Rechtskurve verlagert.

1

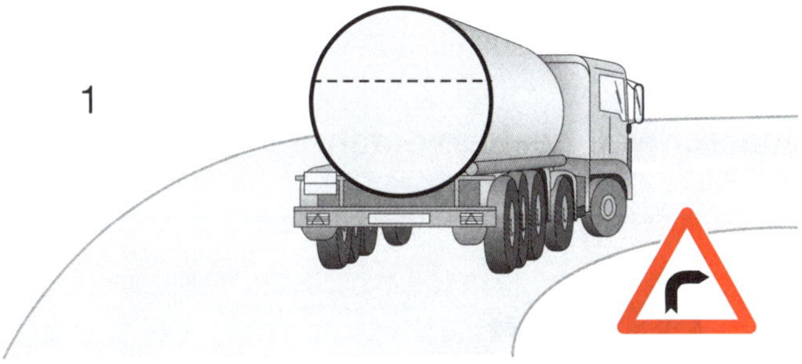

2

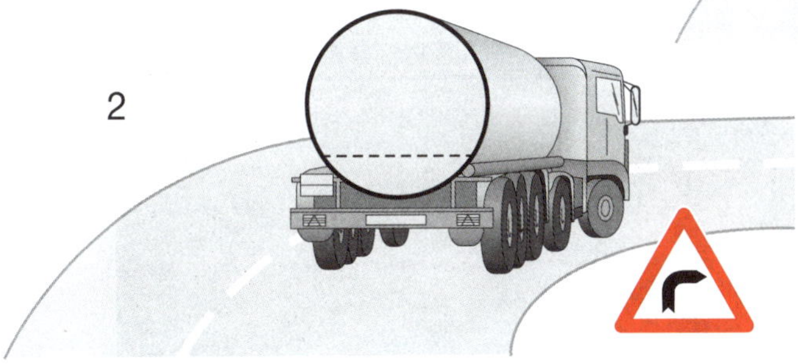

3

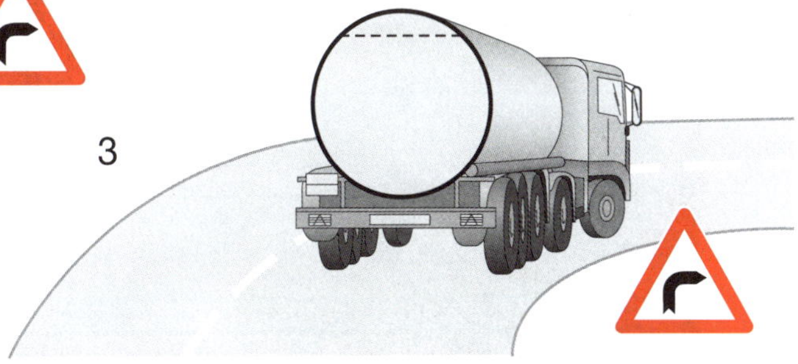

Bei welchem der drei Beladungszustände wirkt sich der Querschwall am ungünstigsten auf das Fahrverhalten des Tankfahrzeuges aus?

- ❑ Beladungszustand 1
- ❑ Beladungszustand 2
- ❑ Beladungszustand 3

Die Wirkung des Längsschwalls wird dadurch gemindert, dass man die Tanks in einzelne Tankkammern oder Tankabteile unterteilt.

Die Schwallwirkung wird zusätzlich durch den Einbau von Schwallwänden in den einzelnen Tankabteilen verringert.

In den unterteilten Tanks kann sich die Flüssigkeit beim Bremsen oder Beschleunigen immer nur bis zur nächsten Kammertrennwand oder Schwallwand verlagern.

Die Schwallwirkung kann auch in Großpackmitteln (IBC) auftreten.

Längsschwall beim Bremsen

Querschwall bei Kurvenfahrt

Dieses Fahrzeug mit Flüssigkalk war wegen zu hoher Geschwindigkeit bei der Auffahrt auf die Autobahn umgekippt.

Je schneller das Fahrzeug, desto größer die Fliehkräfte.
Je enger die Kurve, desto größer die Fliehkräfte.

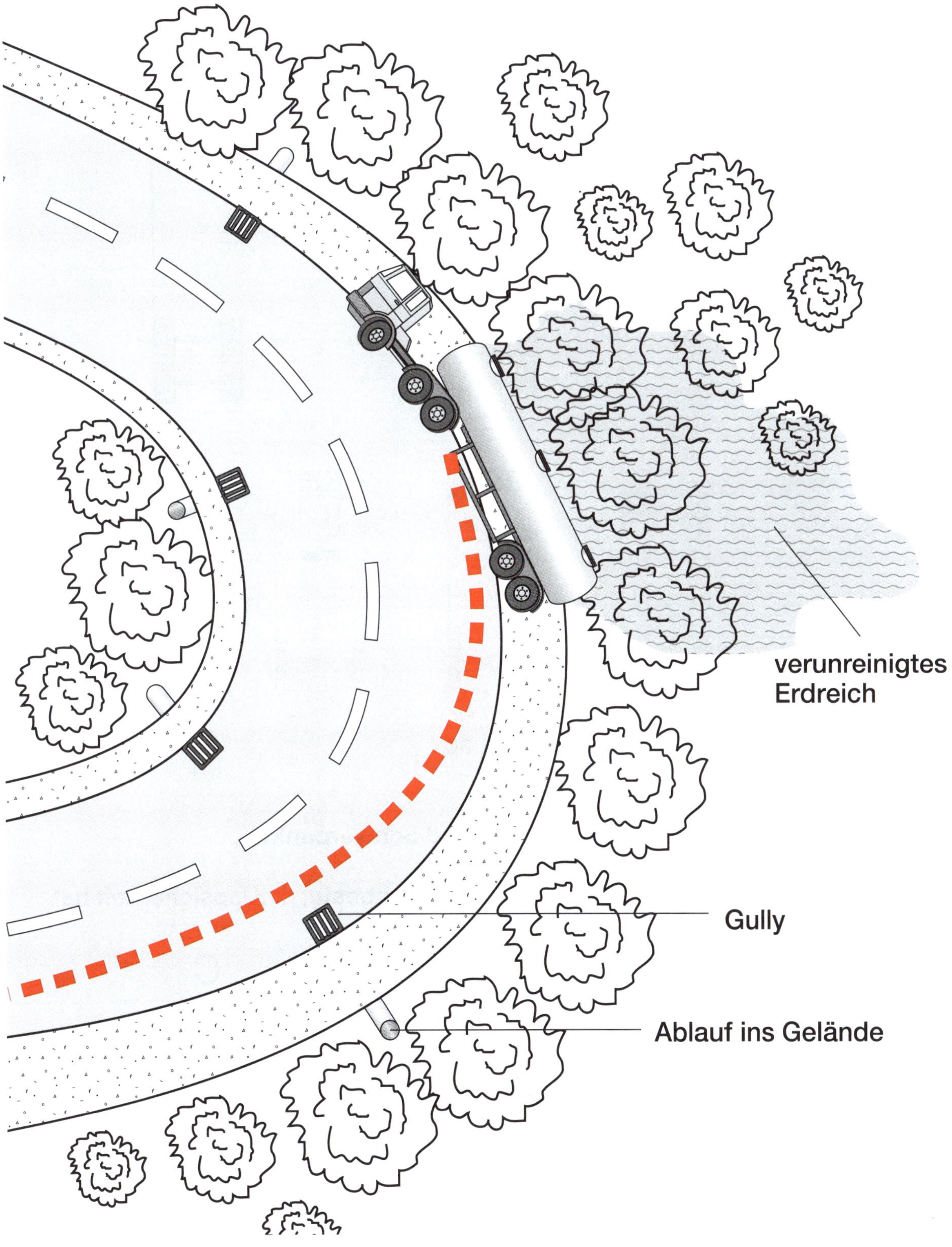

6.4.2 Kippverhalten

Die Kippkante ist diejenige Kante, über die ein Körper kippen kann. Zeichnen Sie bei folgenden Fahrzeugen die Kippkante ein.

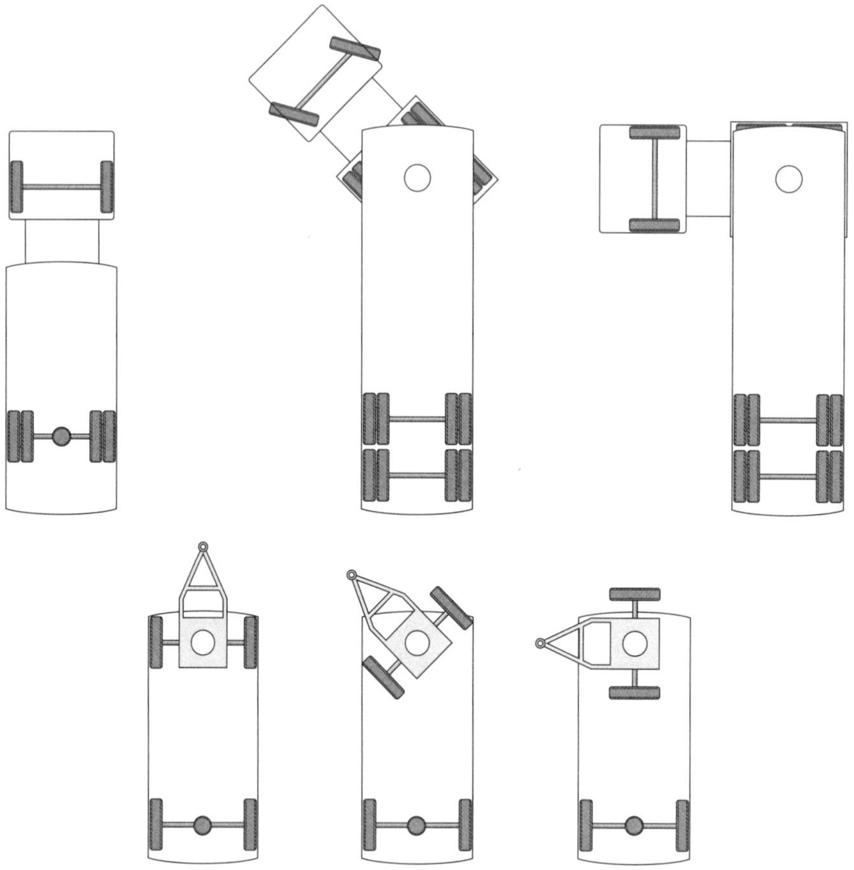

Die Kippsicherheit eines Fahrzeugs hängt ab

1. **von der Höhe des Schwerpunktes und**
2. **von dem Abstand zwischen Kippkante und Schwerpunkt.**

Bestimmen Sie, welches Fahrzeug die beste, zweitbeste, ... Kippsicherheit hat.

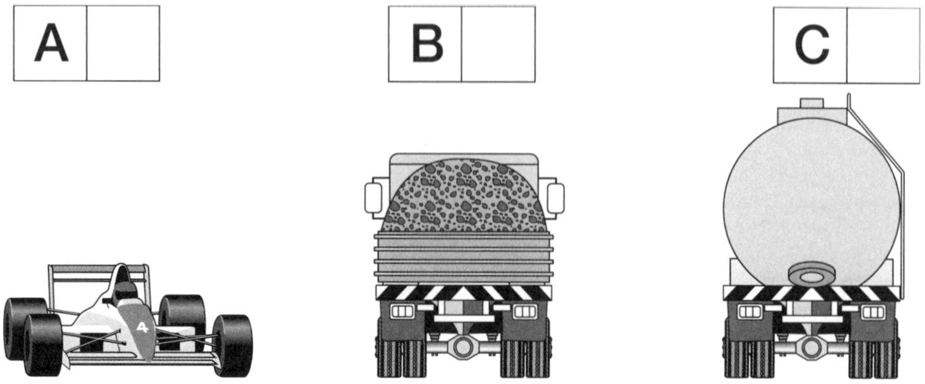

6.5 Fürs Gedächtnis

- **Nur** die **Mitglieder der Fahrzeugbesatzung** dürfen auf einem Gefahrgutfahrzeug mitfahren.
- **Rauchverbot** bei der Be- und Entladung beachten. Das gilt auch für E-Zigaretten und ähnliche Geräte.
- Rauchverbot besteht generell bei **Klasse-1**-Gütern.
- **Kein Feuer** oder **offenes Licht** in oder an Gefahrgutfahrzeugen verwenden.
- **Beschädigte**, erkennbar unvollständige oder mit Anhaftungen versehene Versandstücke dürfen **nicht verladen** werden.
- Möglichst **sicheren Parkplatz** auswählen. Überwachung!
- Bei schlechter Sicht oder Straßenglätte muss die **Schlechtwetter-Regel** beachtet werden.
- Immer **Verkehrsfunk** hören.
- **Ladung** ausreichend **sichern**.
- Ladung **gleichmäßig** verstauen.
- Vor Fahrtbeginn grundsätzlich eine **Abfahrtskontrolle** durchführen.
- Bei der Abfahrtkontrolle eine **Checkliste**, die auf das Fahrzeug abgestimmt ist, verwenden.
- **Querschwall** entsteht bei Kurvenfahrt.
- **Längsschwall** entsteht beim Bremsen und Beschleunigen.
- Bei **teilgefülltem Tank und teilgefüllten Großpackmitteln** ist die Schwallwirkung am größten.
- Achtung: Der **Schwall** kann sich **aufschaukeln**!
- Je enger die Kurve und je größer die Geschwindigkeit, desto größer die **Kippgefahr**. Daher Kurven mit angepasster Geschwindigkeit befahren.
- **Füll- und Entleerrohre** müssen während der Beförderung leer sein.

6.6 Kontrollfragen

1. Was soll durch die Ladungssicherung verhindert werden?

❏ A Umkippen und Verschieben von Ladungsteilen

❏ B Schnelleres Beladen

❏ C Reaktion der Gefahrgüter

❏ D Übersichtlichkeit auf der Ladefläche (6.2.1.2)

2. Welche Kräfte müssen durch die Ladungssicherung aufgenommen werden?

❏ A Trägheitskräfte beim Bremsen und Beschleunigen, Fliehkraft (Zentrifugalkraft) bei Kurvenfahrt

❏ B Trägheitskräfte bei einem Zusammenstoß

❏ C Bremskräfte beim Beschleunigen

❏ D Gewichtskräfte beim Umstürzen des Fahrzeugs (6.2.1.1)

3. Bei welchem Fahrmanöver sind die größten Belastungen der Ladung zu erwarten?

❏ A Beim Anfahren in Steigungen

❏ B Beim Bremsen

❏ C Bei Kurvenfahrt

❏ D Beim Beschleunigen (6.2.1.1)

4. Wie müssen einzelne Teile der Ladung verstaut und gesichert sein?

❏ A Zu sichern sind nur besonders gefährliche Güter (§-35-Güter).

❏ B Im innerstaatlichen Verkehr dürfen Ladungsteile bis zu 25 cm Abstand haben.

❏ C Es sind grundsätzlich geeignete Mittel zu verwenden, die eine sichere Verstauung gewährleisten.

❏ D Spezielle Sicherungen gelten nur für Klassen 1 und 7. (6.2.1.4)

5. **Sie durchfahren eine Autobahnabfahrt. Womit müssen Sie rechnen?**

❑ A Die Ladung steht so stabil, ich muss mir keine Sorgen machen.

❑ B Durch das Betätigen der Bremsen und die bevorstehende Rechtskurve muss ich damit rechnen, dass sich nicht ausreichend gesicherte Ladungsteile nach vorne und zur Kurvenaußenseite bewegen.

❑ C Durch das Betätigen der Bremsen und die bevorstehende Rechtskurve muss ich damit rechnen, dass sich nicht ausreichend gesicherte Ladungsteile nach vorne und zur Kurveninnenseite bewegen.

❑ D Die Ladung wird durch die Trägheitskraft nach hinten verschoben.

(6.2.1.1)

6. **Die Fliehkraft wird umso größer,**

❑ A je kleiner der Kurvenradius ist (enge Kurve).

❑ B je größer der Kurvenradius ist (lange Kurve).

❑ C je langsamer die Geschwindigkeit in der Kurve ist.

❑ D je höher das Fahrzeug ist. (6.4.1)

7. **Wie kann Überfüllen eines Gastankwagens sicher festgestellt werden?**

❑ A Durch Peilen mit dem Drehpeilrohr

❑ B Durch Peilen am Kontrollpeilrohr

❑ C Durch Peilen am Normalpeilrohr

❑ D Durch Wiegen des Fahrzeugs (Aufbaukurs Tank)

8. **Aus welchem Peilrohr darf unmittelbar nach dem Füllvorgang Gas in der Flüssigphase austreten?**

❑ A Aus der Peilstaböffnung

❑ B Aus dem Kontrollpeilrohr

❑ C Aus dem Normalpeilrohr

❑ D Aus dem Drehpeilrohr (Aufbaukurs Tank)

9. Wodurch entsteht Querschwall?

❏ A Durch zu hohe Schwerpunktlage des Tankaufbaus

❏ B Durch zu hohe Geschwindigkeit auf gerader Strecke

❏ C Durch Fliehkraft bei Kurvenfahrt

❏ D Durch plötzliches Bremsen (6.4)

10. Was kann der Tankwagenfahrer tun, um die Schwallwirkung klein zu halten?

❏ A Den Tank maximal zu 70 % befüllen

❏ B Grundsätzlich nicht schneller als 50 km/h fahren

❏ C Auf günstige Ladungsverteilung achten

❏ D Mit offenen Domdeckeln fahren (6.4.1; Aufbaukurs Tank)

11. Welchen Einfluss hat der Füllungsgrad auf das Fahrverhalten eines Tankfahrzeugs?

❏ A Keinen

❏ B Bei nur teilweise gefülltem Tank (z.B. 60 %) verschlechtert sich das Fahrverhalten.

❏ C Je geringer der Füllungsgrad, desto länger der Bremsweg.

❏ D Je geringer der Tankfüllungsgrad, desto besser die Bodenhaftung. (6.4.1; Aufbaukurs Tank)

12. Beim Bremsen kommt es im Tank zu

❏ A Querschwall nach rechts.

❏ B Längsschwall, der das Fahrzeug in Fahrtrichtung schiebt.

❏ C Längsschwall, entgegen der Fahrtrichtung.

❏ D Querschwall nach links. (6.4; 6.5)

13. Woraus kann man den Tunnelbeschränkungscode eines Gefahrgutes entnehmen?

❏ A Aus dem Beförderungspapier

❏ B Aus Anlage B des ADR

❏ C Aus Anlage 2 der GGVSEB

❏ D Vom Schild vor dem Tunnel (3.2.1; 6.3.7)

14. **Kann sich der Füllungsgrad eines geschlossenen Tanks während des Straßentransports verändern?**

❑ A Nur beim Bremsen

❑ B Ja, aber nur bei Kälteeinwirkung

❑ C Ja, z.B. bei Sonneneinstrahlung

❑ D Ja, er wird geringer, weil die Flüssigkeiten Gase entwickeln

(Aufbaukurs Tank)

15. **Wie viele Rohrleitungen müssen bei Anwendung des Gaspendelverfahrens zwischen Fahrzeugtank und Lagertank hergestellt werden?**

❑ A 1

❑ B 2

❑ C 3

❑ D 4 (Aufbaukurs Tank)

16. **Dürfen Sie E-Zigaretten während der Be- und Entladung gefährlicher Güter (nicht kennzeichnungspflichtig) benutzen?**

❑ A Nein

❑ B Bei nicht kennzeichnungspflichtigen Mengen interessiert das nicht.

❑ C Solange der Entlader nichts dagegen hat, ja.

❑ D Es dürfen keine Zigaretten und Zigarren geraucht werden.
E-Zigaretten sind erlaubt. (6.2.5)

17. **Durch welches Verhalten kann der Tankwagenfahrer die Schwallwirkung im Tank niedrig halten?**

❑ A Durch Anpassung der Fahrweise an den Beladungszustand

❑ B Das Tankfahrzeug bis zu höchstens 80 % beladen

❑ C Vor Kurven das Fahrzeug stark abbremsen

❑ D Auf Gefällstrecken sicherheitshalber häufig ruckartig abbremsen
(Stotterbremsen) (6.4.1)

18. **Der Fahrzeugführer durchfährt eine Rechtskurve mit konstanter Geschwindigkeit. An welcher Tankwand staut sich die Flüssigkeit auf?**

- ❑ A An der rechten Tankwand
- ❑ B An der Rückwand
- ❑ C An der Vorderwand
- ❑ D An der linken Wand (6.4)

19. **Wie sollen Versandstücke auf der Ladefläche verstaut werden?**

- ❑ A Über der Hinterachse
- ❑ B Hinter dem Fahrerhaus
- ❑ C Das hängt von der Menge ab.
- ❑ D Versandstücke gleichmäßig verteilen und die Ladung sichern.

(6.2.1.3; 6.2.1.4)

20. **Welche der folgenden Vorschriften müssen auch bei der Beförderung von höchstzulässigen Mengen nach 1.1.3.6 ADR beachtet werden?**

- ❑ A 2-kg-Feuerlöscher mitführen, Ladungssicherung
- ❑ B Fahrpersonal muss ADR-Schulungsbescheinigung haben
- ❑ C Kennzeichnung der Fahrzeuge mit orangefarbenen Tafeln
- ❑ D Die Fahrzeuge müssen mit CB-Funk ausgestattet sein.

(4.6.1.1, 6.2.1; Basiskurs)

7 Pflichten und Verantwortlichkeiten, Sanktionen

7.1 Allgemeine Sicherheitspflichten

7.1.1 Verantwortliche

Alle am Gefahrguttransport Beteiligten (Fahrzeugführer, Beförderer, Verlader/Befüller, Absender und sonstige) **tragen eine hohe Verantwortung**. In der GGVSEB/im ADR wird deshalb im Einzelnen bestimmt, für was sie jeweils verantwortlich sind. Unabhängig davon muss jeder Beteiligte bei vorhersehbaren Gefahren Vorkehrungen treffen, um **Schadensfälle zu verhindern** und bei Eintritt eines Schadens dessen Umfang so gering wie möglich zu halten.

7.1.2 Fahrzeugführer

Den Fahrzeugführer treffen wohl die meisten Verantwortlichkeiten bei der Durchführung der Beförderung gefährlicher Güter. Insbesondere von ihm hängt es ab, ob eine Beförderung mit vertretbaren Risiken durchgeführt wird. **Er kann allerdings im Großen und Ganzen darauf vertrauen, dass Absender, Verlader, Befüller und Beförderer ihm die richtigen Angaben übermitteln.** Stellt er fest, dass diese Angaben falsch sind, so hat er erforderliche Vorkehrungen zu treffen, um Schadensfälle zu verhindern.

7.1.3 Straf- und Bußgeldvorschriften

Wer gegen die Vorschriften der GGVSEB/des ADR vorsätzlich oder fahrlässig verstößt, handelt im Sinne des § 10 des Gesetzes über die Beförderung gefährlicher Güter ordnungswidrig. Welche Ordnungswidrigkeiten im Einzelnen in Frage kommen, ist im **§ 37 der GGVSEB** aufgeführt.

Entsprechende Verstöße werden in der Tabelle des **Buß- und Verwarnungsgeldkatalogs der RSEB** unter Hinweis auf den in Frage kommenden Paragraphen (§) aufgeführt.

Die Bußgeldbeträge des Katalogs sind **Regelsätze**, die von fahrlässiger Begehung, normalen Tatumständen und von mittleren wirtschaftlichen Verhältnissen ausgehen. Bei vorsätzlichem Handeln werden die angegebenen Sätze verdoppelt. Die Regelsätze erhöhen sich um mindestens 25 %, wenn durch die Zuwiderhandlung ein anderer gefährdet oder geschädigt ist. Sind durch eine Handlung mehrere Ordnungswidrigkeiten in Tateinheit begangen worden, so wird der höchste in Betracht kommende Regelsatz angemessen erhöht. Werden durch eine Ordnungswidrigkeit wirtschaftliche Vorteile erzielt, so kann die Bußgeldbehörde diesen Vorteil abschöpfen.

In einigen Bundesländern werden die Bußgeldbeträge bei Mehrfachtatbeständen addiert.

Ein Punkt im Fahreignungsregister wird fällig bei fehlender oder nicht vorschriftsgemäßer Ladungssicherung (7.5.7.1 ADR i.V.m. § 37 GGVSEB).

Straftaten gegen die Umwelt werden aufgrund der §§ 324 ff. des Strafgesetzbuches (StGB) mit hohen Geld- oder gar Haftstrafen geahndet. Solche Straftaten sind z.B.:

- Gewässerverunreinigung (§ 324 StGB)
- Unerlaubter Umgang mit Abfällen (§ 326 StGB)
- Besonders schwerer Fall einer Umweltstraftat (§ 330 StGB)
- Unerlaubter Umgang mit radioaktiven Stoffen und anderen gefährlichen Stoffen und Gütern (§ 328 StGB)
- Gefährdung schutzbedürftiger Gebiete (§ 329 StGB)

Die Bußgelder im Straßenverkehrsrecht erhöhen sich ebenfalls, wenn im **Zusammenhang mit der Beförderung von Gefahrgut** gegen **straßenverkehrsrechtliche Vorschriften** verstoßen wird.

Überwachung durch das BALM (Bundesamt für Logistik und Mobilität, ehemals BAG)

7.2 Am Gefahrguttransport beteiligte Personen

In GGVSEB/ADR werden u.a. folgende am Transport Beteiligte genannt:

Absender

Befüller

Verlader

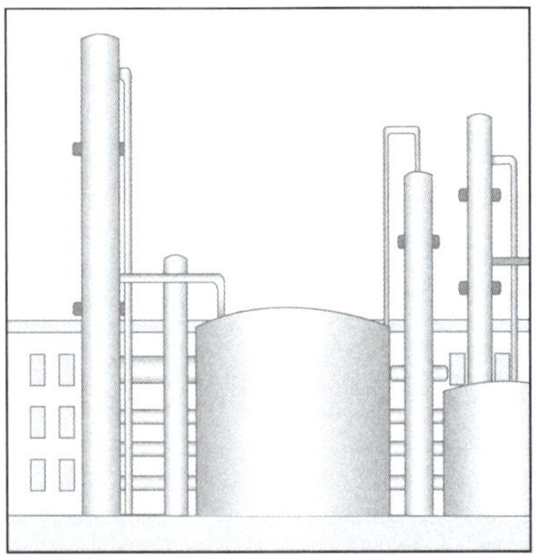

Beförderer

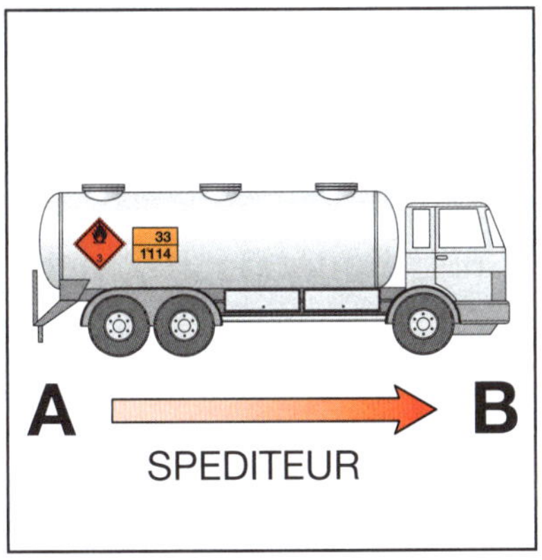

Empfänger

Entlader

Achtung! Stellt der Spediteur selbst den Beförderungsvertrag aus, so ist er Absender und Beförderer. Befördert eine Firma im Werkverkehr, so ist sie ebenfalls Beförderer, Absender und unter Umständen auch noch Verlader/Befüller und Empfänger.

Fahrzeugführer

Verpacker

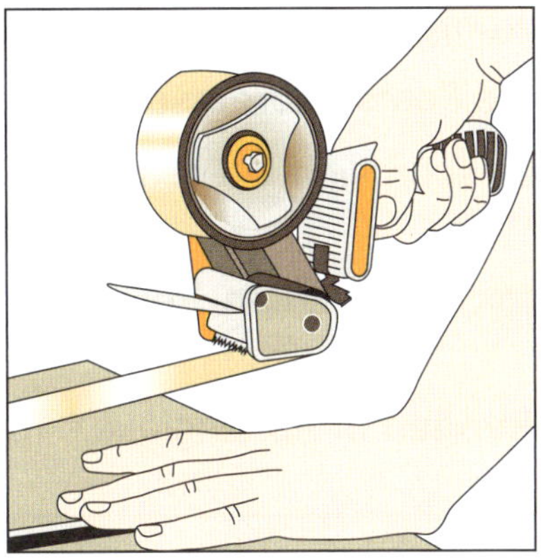

Gefahrgutbeauftragter

Jeder der Genannten hat besondere Aufgaben und Zuständigkeiten. Bei Nichtbeachtung der Vorschriften drohen Strafen.

7.2.1 Fahrzeugführer

Pflichten
Der Fahrzeugführer ...
– darf keine **beschädigten oder erkennbar unvollständigen oder mit Anhaftungen versehenen Versandstücke** befördern
– muss die **Begleitpapiere**, insbesondere seine gültige **ADR-Schulungsbescheinigung**, Lichtbildausweis*) und erforderlichenfalls **Ausnahme** mitführen
– muss die persönliche und sonstige **Schutzausrüstung** und **Feuerlöscher** entsprechend den Vorschriften mitführen
– muss **orangefarbene Tafeln, Großzettel und Kennzeichen** (z.B. begrenzte Mengen, erwärmte Stoffe oder umweltgefährdende Stoffe) an Fahrzeugen, Aufsetztanks und im Huckepackverkehr an Tragwagen anbringen bzw. entfernen
– muss **Motor** beim Be- und Entladen **abstellen** (soweit er nicht für Pumpenantrieb benötigt wird)
– darf bei Ladearbeiten in der Nähe der Fahrzeuge und in Fahrzeugen **nicht rauchen** (Das gilt auch für E-Zigaretten und ähnliche Geräte.)
– muss möglichst **sicheren Parkplatz** aussuchen
– muss die **Überwachungsvorschriften** beim Parken einhalten
– muss beim Halten/Parken die **Feststellbremse** anziehen/Unterlegkeil bei Anhängern
– muss bei Gefahr die in den schriftlichen Weisungen beschriebenen **Maßnahmen** treffen
– darf bei der Gefahrgutbeförderung **keine Personen außer Fahrzeugbesatzung mitnehmen**
– hat ggf. **Tunnelbeschränkungen** in Abhängigkeit vom transportierten Gut zu beachten

*) *In D. gilt gemäß RSEB auch die ADR-Schulungsbescheinigung in Kartenform als Lichtbildausweis.*

Der Fahrzeugführer ...

- muss **Fahrwegbestimmung** beachten, mitführen und zuständigen Personen zur Prüfung aushändigen
- muss die **zuständige Behörde informieren**, wenn bei Zwischenfällen Gefahr nicht rasch beseitigt werden kann (u.a. Gefahrgut-Freisetzung)
- darf nur **beladen,** wenn Fahrzeug und Begleitpapiere vorschriftsmäßig sind
- darf nur **entladen,** wenn eine sichere Entladung möglich ist
- muss bei Sicherheitsverstößen die Sendung rasch **anhalten**
- muss dafür sorgen, dass das Fahrzeug **nicht überladen** ist bzw. der Füllungsgrad eingehalten wird
- muss Vorschriften über die **Reinigung** beachten
- muss beim Befüllen von Tanks, Tankcontainern und Aufsetztanks anhaftende gefährliche **Reste beseitigen** oder beseitigen lassen
- muss Vorsichtsmaßnahmen bei **Nahrungs-, Genuss- und Futtermitteln** beachten
- muss für eine geeignete **Ladungssicherung** sorgen
- muss **Zusammenladeverbote** beachten
- muss ggf. **zusätzliche Vorschriften** bei Beförderung in Tanks bzw. von Gütern der Klassen 1 oder 7 beachten
- muss das **Verbot von Feuer** und offenem Licht beachten
- darf nicht unter Wirkung **berauschender Mittel** fahren
- muss dafür sorgen, dass bei Beförderungseinheiten mit ABS die elektrischen **Anschlussverbindungen** zum Anhänger während der Fahrt **nicht unterbrochen** werden

Darüber hinaus hat der Fahrzeugführer in **Zusammenarbeit mit dem Verlader/Befüller/Empfänger** die Pflicht, Vorschriften, die z.B. die Eignung des zu beladenden Fahrzeugs betreffen, einzuhalten (wie: gedecktes/bedecktes/offenes Fahrzeug, Reinigung vor Beladung).

Weitere Pflichten des Fahrzeugführers siehe §§ 4, 26 (4), 28, 29 GGVSEB sowie z.B. 8.3 ADR.

Zusätzlich allgemeine Sicherheitspflichten

7.2.2 Verpacker

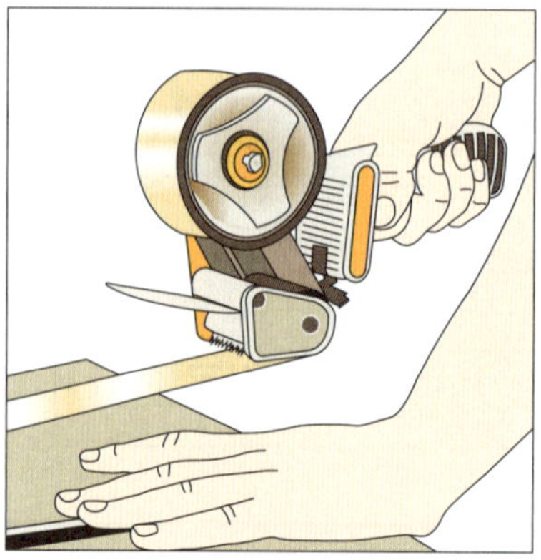

Der Verpacker ist dafür verantwortlich, dass die richtige Verpackung verwendet und richtig gekennzeichnet wird. Er hat z.B. die Ausrichtungspfeile anzubringen.

Er muss außerdem die Vorschriften beachten betreffend

- Verpacken, Umverpacken und Kennzeichnen begrenzter und freigestellter Mengen
- Prüfung der Dichtheit nach dem Befüllen von Druckgefäßen, Verpackungen (einschließlich IBC, Großverpackungen)
- Zusammenpacken, Kennzeichnung und Bezettelung, wenn eine See- oder Luftbeförderung eingeschlossen ist
- Verwendung von Umverpackungen, **Sichern der Versandstücke in den Umverpackungen.**

Weitere Pflichten des Verpackers siehe § 22 GGVSEB.

7.3 Fürs Gedächtnis

! Der **Fahrzeugführer** hat eine hohe Verantwortung.

! Jeder am Transport Beteiligte hat **allgemeine Sicherheitspflichten**.

! Der **Absender** stellt das Beförderungspapier aus.

! Der **Verlader bzw. Befüller** macht den Fahrzeugführer auf das Gefahrgut aufmerksam.

! Der **Beförderer** stellt schriftliche Weisungen zur Verfügung und muss für die Gefahrgut-Ausrüstung, für Ladungssicherungsmittel u.a. der Fahrzeuge sorgen.

! Der **Entlader** hat die Übereinstimmung der zu entladenden Güter mit den Beförderungspapieren zu prüfen.

! Der **Gefahrgutbeauftragte** überwacht die Einhaltung der Vorschriften. Bei ihm kann sich der Fahrzeugführer erforderlichenfalls Rat und Hilfe holen.

! Der Fahrzeugführer darf **keine unbefugten Personen mitnehmen**.

! Der **Verpacker** hat u.a. Pflichten betreffend Verpacken, Umverpacken und Kennzeichnen.

! **Rauchverbot** bei Ladearbeiten beachten. (Gilt auch für E-Zigaretten und ähnliche Geräte)

! Bei **grob pflichtwidrigen Verstößen** drohen hohe Geld- und Haftstrafen.

! Bei Ordnungswidrigkeiten drohen **Bußgelder**, bei Ladungssicherungsverstößen nun auch **Punkte** (neu).

! **Bußgeldempfehlungen** sind in der Richtlinie RSEB enthalten.

! Der **Fahrzeugführer** hat insbesondere **Pflichten**, die sich u.a. beziehen auf:
- Vollständigkeit und Funktionsfähigkeit der Ausrüstung,
- Begleitpapiere,
- Kennzeichnung,
- Rauchverbot,
- Halten und Parken,
- Vorschriftsmäßigkeit des Fahrzeugs,
- Fahrwegbestimmung.

! Festgestellte **Mängel** sofort bei zuständigen Stellen im Betrieb **melden**.

! Wird bei der Entladung die Ladungssicherung durch den Entlader verändert, muss dieser als neuer Verlader die ordnungsgemäße Ladungssicherung kontrollieren.

7.4 Kontrollfragen

1. Wer ist für die Ladungssicherung verantwortlich?

- ❑ A Beförderer
- ❑ B Fahrzeugführer und Verlader
- ❑ C Empfänger
- ❑ D Absender (7.2.1)

2. Wer muss die persönliche und allgemeine Schutzausrüstung mitführen?

- ❑ A Fahrzeugführer
- ❑ B Halter
- ❑ C Beförderer
- ❑ D Verlader (4.6; 7.2.1)

3. Wer muss die orangefarbenen Tafeln an einem Trägerfahrzeug für Tankcontainer öffnen?

- ❑ A Fahrzeugführer
- ❑ B Verlader
- ❑ C Absender
- ❑ D Befüller (5.2.3)

4. Der Fahrzeugführer besitzt vor Beförderungsbeginn noch keine Schriftlichen Weisungen. Wer muss sicherstellen, dass sie in seinen Besitz gelangen?

- ❑ A Der Beförderer
- ❑ B Der Halter
- ❑ C Der Versender
- ❑ D Der Absender (3.3)

5. Wer muss die Mittel zur Ladungssicherung zur Verfügung stellen?

❏ A Absender

❏ B Fahrzeugführer

❏ C Verlader

❏ D Beförderer (7.3)

6. Darf der Fahrzeugführer beim Transport gefährlicher Güter bei kennzeichnungspflichtigen Gefahrguttransporten andere Personen außer der Fahrzeugbesatzung mitnehmen?

❏ A Nein

❏ B Ja

❏ C Ja, aber nur auf Autobahnen

❏ D Nur wenn die Personen freiwillig mitfahren wollen (7.2.1)

7. Wer muss die orangefarbenen Tafeln an einem Tankcontainer öffnen?

❏ A Absender

❏ B Befüller

❏ C Fahrzeugführer

❏ D Verlader (Basiskurs)

8. Wer kann Auskunft über Ablaufdaten von Ausrüstungsgegenständen und über die Schulung der Fahrzeugführer geben?

❏ A Disponent

❏ B Gefahrgutbeauftragter

❏ C Verlader

❏ D Bundesamt für Güterverkehr (Basiskurs)

9. **Wer muss die Großzettel (Placards) an einem leeren gereinigten Aufsetztank verdecken?**

❑ A Absender

❑ B Eigentümer des Tanks

❑ C Verlader

❑ D Fahrzeugführer (7.2.1)

10. **Wer muss der Polizei melden, wenn Gefahrgut in solchen Mengen frei wird, dass es nicht rasch beseitigt werden kann?**

❑ A Beförderer

❑ B Fahrzeugführer

❑ C Halter

❑ D Anwohner (7.2.1)

11. **Wer ist für die Ausrüstung der Fahrzeuge mit Hilfsmitteln zur Ladungssicherung verantwortlich?**

❑ A Verlader

❑ B Absender

❑ C Fahrzeugführer

❑ D Beförderer (7.3)

12. **Wer muss sich durch Vergleichen der Informationen im Beförderungspapier und auf dem Versandstück vergewissern, dass die richtigen Güter ausgeladen werden?**

❑ A Gefahrgutbeauftragter

❑ B Entlader

❑ C Verlader

❑ D Beförderer (7.3)

13. **Wer ist zuständig für das Sichern der Versandstücke in Umverpackungen?**

❑ A Der Beförderer

❑ B Der Fahrzeugführer

❑ C Der Verpacker

❑ D Der Sicherheitsingenieur des Absenders (7.2.2; 7.3)

14. **Welche der folgenden Aussagen ist richtig?**

❑ A Der Fahrzeugführer ist für die Art der verwendeten Feuerlöscher nicht zuständig.

❑ B Es dürfen auch fabrikneue Feuerlöscher ohne Datum der nächsten Prüfung mitgeführt werden.

❑ C Der Fahrzeugführer hat für die Prüfung der Feuerlöschgeräte zu sorgen.

❑ D Der Fahrzeugführer muss Feuerlöschgeräte mit der erforderlichen Mindestmenge an Löschmittel, der Plombe und dem Datum der nächsten Prüfung mitführen. (4.6.1.1)

8 Maßnahmen nach Unfällen und Zwischenfällen

8.1 Erstmaßnahmen bei Unfällen

Bei allen Maßnahmen an den Selbstschutz denken!

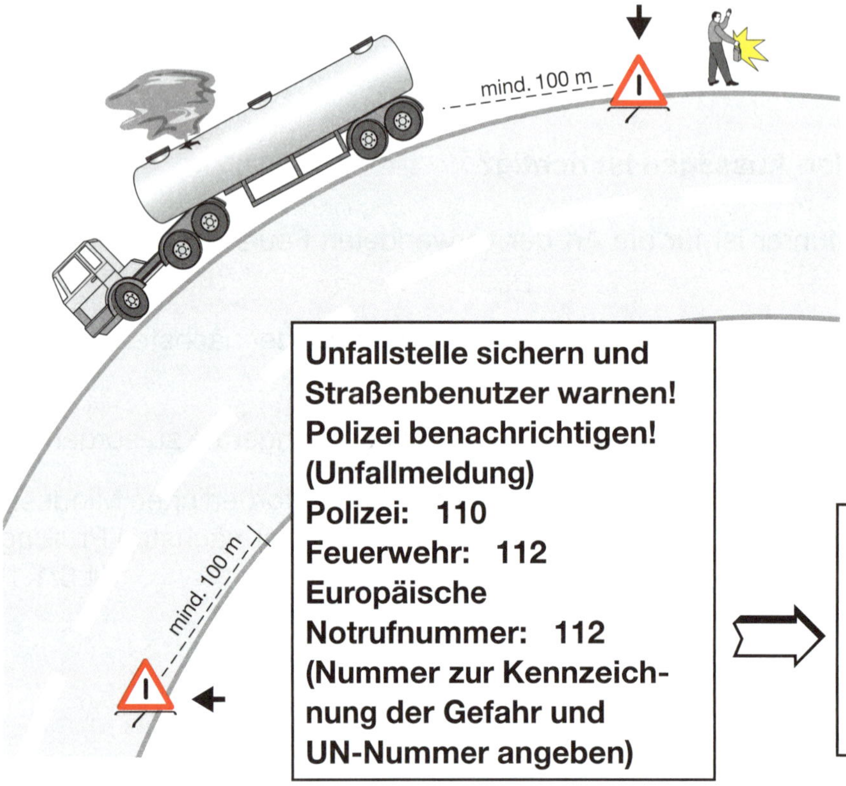

Unfallstelle sichern und Straßenbenutzer warnen!
Polizei benachrichtigen!
(Unfallmeldung)
Polizei: 110
Feuerwehr: 112
Europäische Notrufnummer: 112
(Nummer zur Kennzeichnung der Gefahr und UN-Nummer angeben)

Unfallmeldung:
Was ist passiert?
Wo ist es passiert?
Wie ist das Fahrzeug gekennzeichnet?

- **Feststellbremse** betätigen
- **Motor abstellen, Batterietrennschalter betätigen** (falls vorhanden)
- **Zündquellen fernhalten,** Passanten auf absolutes Rauchverbot hinweisen
- Unfallstelle **absichern** (Warnzeichen)
- Andere Straßenbenutzer warnen
- **Verletzte retten,** ohne dabei den **Selbstschutz** zu vergessen
- **Persönliche Schutzausrüstung** benutzen und Warnweste tragen
- Auf der **windzugewandten Seite** bleiben (soweit möglich)
- **Anwohner warnen**
- Tiefgelegene Räume schließen – erst nach Kontrolle wieder betreten
- **Kanalöffnungen abdecken** – Abflussrichtungen von ausgeströmtem Gefahrgut beobachten – evtl. Explosionsgefahr, auch an entfernter Stelle!
- Bei Austritt brennbarer Gase, Dämpfe oder Flüssigkeiten **offene Feuer löschen** (Heizungen) und Funkenbildung vermeiden
- **Begleitpapiere bergen**, soweit möglich
- Hinweise aus den **Schriftlichen Weisungen beachten**

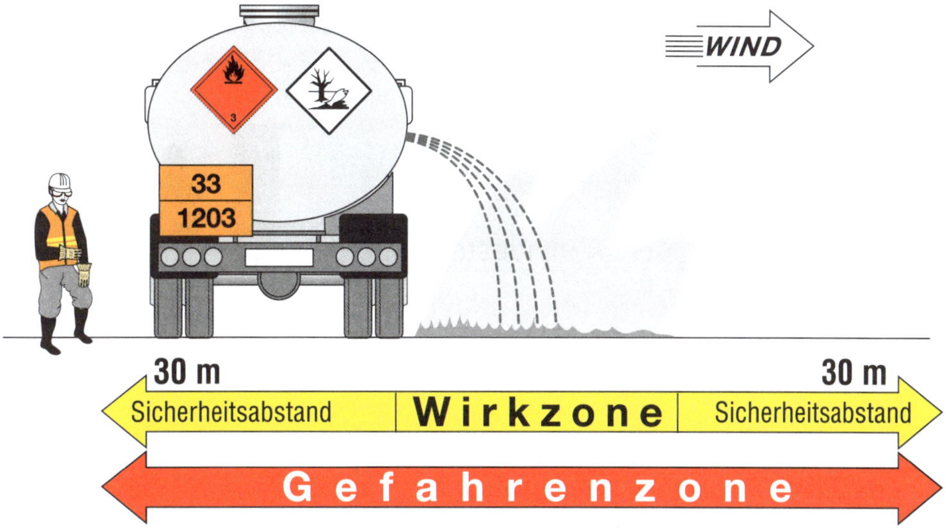

8.1.1 Besonderheiten bei Tanktransporten

Von Tanks gehen nach Unfällen aufgrund des größeren Volumens erhöhte Gefahren aus. Bei leeren ungereinigten Tanks kann akute Explosionsgefahr des Gas-Luft-Gemischs bestehen. Bei vollen Tanks, die noch dicht sind, kann Wärme (Feuer) zur Drucksteigerung und damit zum Zerbersten führen.

8.1.2 Besonderheiten bei Klasse-1-Transporten

Wenn ein Brand die Ladung erreicht hat, sollte die Fahrzeugbesatzung die folgenden Abstände (Richtwerte) einhalten und dabei Deckungen ausnutzen:

– mindestens 500 m Schutzabstand bei den Unterklassen 1.1, 1.2 und 1.5

- mindestens 300 m Schutzabstand bei den Unterklassen 1.3, 1.4 und 1.6

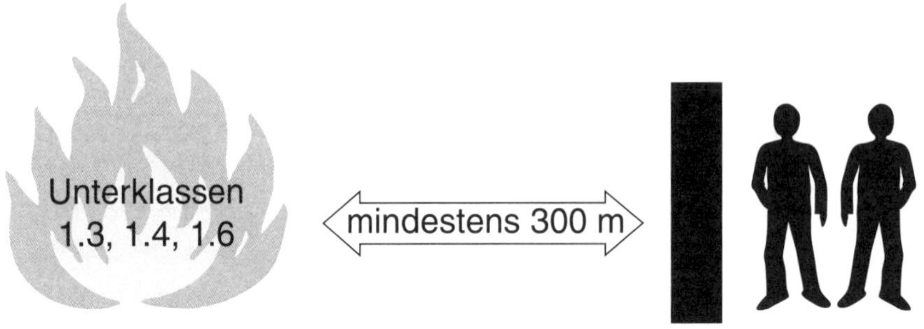

8.1.3 Besonderheiten bei Klasse-7-Transporten

Bei Unfällen mit radioaktiven Stoffen sind die Polizei, die zuständige strahlenschutzrechtliche Behörde und der Absender zu benachrichtigen.

Müssen beschädigte Versandstücke bewegt werden, so ist ein möglichst großer Abstand (z.B. Verwendung von Stangen, Seilen, Zangen) zu ihnen einzuhalten.

Beim Abhandenkommen von radioaktiven Stoffen ist die Polizei zu verständigen.

8.2 Hinweise aus Schriftlichen Weisungen

Damit die Mitglieder der Fahrzeugbesatzung bei einem Unfall schnell die erforderlichen Maßnahmen treffen können, müssen sie vor Fahrtantritt von den Hinweisen in den Schriftlichen Weisungen Kenntnis nehmen.

Überzeugen Sie sich anhand der Schriftlichen Weisungen in Kapitel 3 *(siehe Seiten 68–71)* davon, dass diese wichtige Hinweise für den Fahrzeugführer enthalten, insbesondere für Maßnahmen, die in den ersten Minuten nach einem Unfall einzuleiten sind.

Die Mitglieder der Fahrzeugbesatzung müssen in der Lage sein, die erforderliche Schutzausrüstung (z.B. Atemschutz bei giftigen Stoffen) anzuwenden.

8.3 Verhalten in Tunnelanlagen

Unfälle in Tunnelanlagen haben größere Folgen als solche auf „freien" Straßen. Es ist deshalb wichtig, bestimmte Verhaltensregeln zu beachten.

Die Europäische Kommission hat ein Merkblatt *(siehe folgende Seite)* herausgegeben, in dem wichtige Verhaltensregeln enthalten sind.

Zusammengestellt von der Europäischen Kommission
Generaldirektion Energie und Verkehr
auf der Grundlage eines Textes des Weltstraßenverbandes (PIARC)

Sicheres Fahren von Berufskraftfahrern in Straßentunneln

Hinweise für Lkw- und Busfahrer

Übliche Sicherheitseinrichtungen in Straßentunneln

Tunnelbeleuchtung
Beleuchtungssysteme ermöglichen dem menschlichen Auge eine schnelle Anpassung an die reduzierten Sichtverhältnisse in Tunneln. Notausgänge und -einrichtungen sind mit ständigen Notbeleuchtungen ausgerüstet.

Verkehrsradio
Hinweistafeln geben die Frequenz für Verkehrsinformationen an. Der Tunnelbetreiber kann diese Frequenz für dringende Mitteilungen nutzen.

Belüftungssysteme
Im Brandfall können die Belüftungssysteme entweder Rauch aus dem Tunnel absaugen oder einseitig abtreiben.

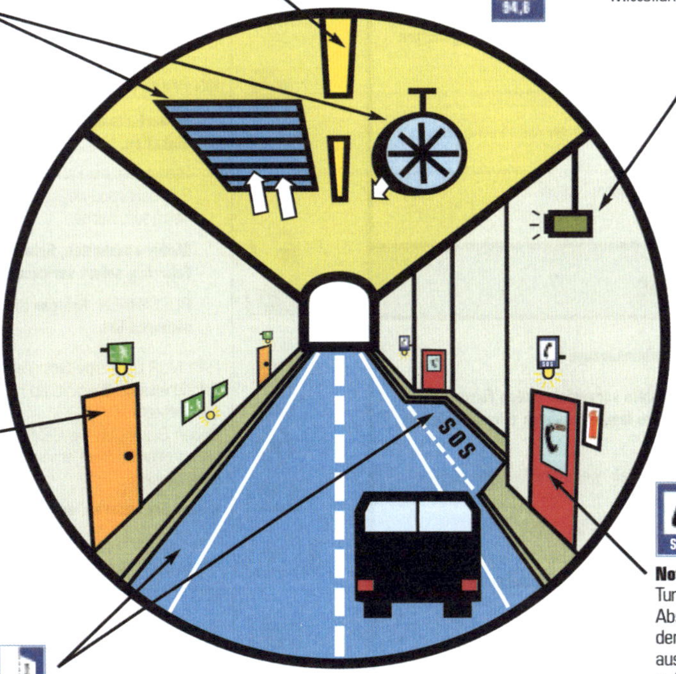

Verkehrsüberwachungskameras
Wenn aus dem Tunnel ein Notruf abgegeben wird, erscheinen die von der Kamera in dem entsprechenden Tunnelabschnitt aufgenommenen Bilder automatisch auf dem Monitor im Kontrollraum der Tunnelwarte.

Notausgänge
Diese sind durch entsprechende Zeichen und Leuchten eindeutig gekennzeichnet und verfügen über brandsichere und rauchdichte Türen.

Notrufeinrichtungen sind in Tunneln in regelmäßigen Abständen vorhanden. In der Regel sind sie ausgerüstet mit:

- Notruftelefonen, die mit dem Kontrollraum verbunden sind,
- Feuerlöschern
- Alarmknöpfen

Standstreifen oder Pannenbuchten
Wenn es entweder Standstreifen oder in regelmäßigen Abständen Pannenbuchten gibt, sollten sie genutzt werden, wenn Ihr Fahrzeug eine Panne hat. Pannenbuchten sind meist mit Notrufeinrichtungen ausgerüstet.

Europäische Kommission – Generaldirektion Energie und Verkehr • B-1049 Brüssel
http://europa.eu.int/comm/dgs/energy_transport/index_de.html

KO-52-03-942-DE-D

1 Bevor Sie zu einem Tunnel kommen

Überprüfen Sie Kraftstoff-, Öl- und Kühlmittelmenge und die Motortemperatur. Bei Überhitzung anhalten und Motor abkühlen lassen.

Überprüfen Sie Ihre Bremsen und Beleuchtung.

Vergewissern Sie sich, ob Feuerlöscher einsatzbereit sind und ob Sie wissen, wie diese zu verwenden sind.

LKW-FAHRER: Vergewissern Sie sich, ob Ihr Fahrzeug und seine Ladung den Tunnelvorschriften entsprechen. Wenn nicht, sind Ausweichstrecken zu benutzen.

BUSFAHRER: Vergewissern Sie sich, ob Sie mit allen Sicherheitsvorschriften einschließlich der Evakuierung von Fahrgästen vertraut sind.

2 Bevor Sie in einen Tunnel einfahren

Schalten Sie Ihr Abblendlicht ein.

Nehmen Sie Ihre Sonnenbrille ab.

Hören Sie Verkehrsnachrichten im Radio.

Beachten Sie Verkehrszeichen und -signale sowie Geschwindigkeitsbegrenzungen.

Benutzen Sie nicht Ihr Mobiltelefon. Rauchen Sie nicht.

3 Im Tunnel

Sicherheitsabstand zu dem vorausfahrenden Fahrzeug einhalten, auch wenn Sie langsam fahren oder angehalten haben.

In Gegenverkehrstunneln nicht überholen.

Nicht wenden oder rückwärts fahren, wenn es nicht angeordnet wird.

Nicht anhalten, außer in einem Notfall.

4 Bei Verkehrsstau

Schalten Sie Ihre Warnblinkanlage ein.

Sicherheitsabstand zu dem vorausfahrenden Fahrzeug einhalten, auch wenn Sie langsam fahren oder angehalten haben.

Schalten Sie Ihren Motor ab, wenn der Verkehr zum Stillstand gekommen ist.

Hören Sie Verkehrsnachrichten im Radio.

Folgen Sie den Anweisungen des Tunnelpersonals oder denen der Wechselverkehrszeichen.

5 Bei Panne oder Unfall

Schalten Sie Ihre Warnblinkanlage ein.

Wenn möglich, fahren Sie Ihr Fahrzeug aus dem Tunnel. Wenn nicht möglich, stellen Sie es auf einem Standstreifen, in einer Pannenbucht oder am Fahrbahnrand ab.

Motor abschalten, Schüssel stecken lassen und Fahrzeug verlassen.

Hilfe NUR über eine Notrufeinrichtung herbeirufen (Mobiltelefone übermitteln nicht den Ort, von dem aus Sie anrufen).
Geben Sie an, ob Sie Gefahrgut (welche Art) transportieren oder ob Sie Personen befördern (und ob welche verletzt sind).

Folgen Sie den Anweisungen des Tunnelpersonals.

Wenn möglich, erste Hilfe für Verletzte leisten.

6 Bei Brand

Schalten Sie Ihre Warnblinkanlage ein.

IHR FAHRZEUG BRENNT:

Wenn möglich, aus dem Tunnel herausfahren. Wenn nicht möglich, am Fahrbahnrand anhalten.

Motor abschalten, Schüssel stecken lassen und Fahrzeug sofort verlassen.

BUSFAHRER: **Bringen Sie alle Fahrgäste an einen sicheren Ort** (z. B. Fluchtwege, Notausgänge, Schutzräume).

EIN ANDERES FAHRZEUG BRENNT:

Sicherheitsabstand zu dem Fahrzeug vor Ihnen einhalten.

Stellen Sie Ihr Fahrzeug so weit wie möglich am Fahrbahnrand ab, so dass die Rettungsdienste nicht behindert werden.

Motor abschalten, Schüssel stecken lassen und Fahrzeug sofort verlassen.

BUSFAHRER: **Bringen Sie alle Fahrgäste an einen sicheren Ort.**

Hilfe NUR über eine Notrufeinrichtung herbeirufen (Mobiltelefone übermitteln nicht den Ort, von dem aus Sie anrufen).
Geben Sie an, ob Sie Gefahrgut (welche Art) transportieren oder ob Sie Personen befördern (und ob welche verletzt sind).

Helfen Sie anderen, an einen sicheren Ort zu gelangen.

Wenn möglich, den Brand mit Hilfe Ihres eigenen oder eines im Tunnel verfügbaren Feuerlöschers löschen und wenn möglich erste Hilfe für Verletzte leisten.

Wenn nicht möglich, sofort zu einem Notausgang gehen und den Anweisungen des Tunnelpersonals Folge leisten.

DENKEN SIE DARAN

Als Berufskraftfahrer sollten Sie im Notfall anderen Fahrern und Fahrgästen helfen!

Feuer und Rauch können tödlich sein – retten Sie Ihr Leben, nicht Ihr Fahrzeug!

8.4 Fürs Gedächtnis

- Bei Unfällen **Ruhe** bewahren und an **Selbstschutz** denken.
- **Persönliche und allgemeine Schutzausrüstung** entsprechend den Schriftlichen Weisungen nutzen.
- Bei Gefahrgutaustritt möglichst auf **windzugewandter Seite** bleiben.
- Entsprechend den **Schriftlichen Weisungen** handeln.
- Besonders vorsichtig bei **Sammelladungen** handeln.
- Bei Reifenbrand, wenn möglich, Fahrzeug **auf freies Gelände** abziehen.
- Bei Unfällen **Polizei** verständigen und Angaben über Kennzeichnungsnummern machen.
- **Zündquellen** fernhalten.
- Unfallstelle **absichern**, Personen fernhalten.
- Besonders in **Wasserschutzgebieten** vorsichtig verhalten.
- **Kanaldeckel abdecken**, wenn Gefahr des Einlaufens von Gefahrgut besteht.
- Bei schweren Gasen besteht **Erstickungsgefahr**.
- Durchtränkte **Kleidung** sofort **ausziehen**.
- Ggf. **Batterietrennschalter** betätigen.
- **Brandklassen A, B, C** bei Feuerlöschern bedeuten
  - A für brennbare feste Stoffe
  - B für brennbare flüssige Stoffe
  - C für brennbare Gase
- **Tunnel-Merkblatt** beachten. Bei Tunneldurchfahrten besonders umsichtig fahren und unbedingt Sicherheitsabstand einhalten.

8.5 Kontrollfragen

1. Wo können Sie nachlesen, welche Schutzausrüstung Sie für das beförderte Gut mitführen und verwenden müssen?

- ❑ A Im Beförderungspapier
- ❑ B In der ADR-Zulassungsbescheinigung
- ❑ C In den Schriftlichen Weisungen
- ❑ D In der Fahrwegbestimmung (8.2; 3.3)

2. Weshalb muss das Eindringen von leicht entzündbaren Flüssigkeiten in die Kanalisation verhindert werden?

- ❑ A Die Flüssigkeiten zersetzen die Kanalrohre
- ❑ B Die Flüssigkeiten können große Schäden in Gewässern und im Grundwasser verursachen und an entfernter Stelle gezündet werden
- ❑ C Die Flüssigkeiten verstopfen die Kanalisation
- ❑ D Um Geruchsbelästigungen zu vermeiden (8.1)

3. Wo finden Sie Hinweise auf empfehlenswerte Maßnahmen nach einem Unfall?

- ❑ A In der ADR-Schulungsbescheinigung
- ❑ B In der ADR-Zulassungsbescheinigung
- ❑ C In den Schriftlichen Weisungen
- ❑ D Im Beförderungspapier (8.2; 3.3)

4. Bei einer Gefahrgutbeförderung auf einer Straße ist Gefahrgut freigeworden und stellt eine besondere Gefahr dar. Welche Stelle ist zuerst zu informieren?

- ❑ A Die Polizei
- ❑ B Der Speditionsinhaber oder sein Stellvertreter
- ❑ C Nur der Rettungsdienst
- ❑ D Der Absender (7.2.1; 8.1)

5. **Jeder Pulverlöscher hat nur eine sehr begrenzte Löschdauer. Wie setzt der Fahrzeugführer diesen zur Bekämpfung eines Entstehungsbrandes richtig und sicher ein?**

- ❑ A Den Löschstrahl anhaltend lange in den Flammenherd halten
- ❑ B Den Brandherd von unten und von vorne beginnend ablöschen
- ❑ C Das Feuer immer von der Mitte her nach außen hin angreifen
- ❑ D Mit dem Pulverstrahl den Brandherd von oben her bekämpfen (Basiskurs)

6. **Welche Maßnahme sollte der Fahrzeugführer als erste nach einem Unfall mit Gefahrgutfreisetzung ergreifen?**

- ❑ A Den Vorgesetzten unverzüglich um Anweisung bitten
- ❑ B Das Produkt so stark wie möglich mit Wasser verdünnen
- ❑ C Den Unfallhergang festhalten
- ❑ D Die Unfallstelle sichern und Maßnahmen gemäß Schriftlichen Weisungen durchführen (8.1)

7. **Warum ist Wasser zum Löschen von brennendem Kraftstoff ungeeignet?**

- ❑ A Kraftstoff, Wasser und Luft bilden ein gefährliches Gasgemisch.
- ❑ B Kraftstoff ist leichter als Wasser, er schwimmt daher auf dem Wasser und brennt weiter.
- ❑ C Wasser verdampft und behindert die Löscharbeiten.
- ❑ D Weil das Wasser den Brand fördert. (Basiskurs; Aufbaukurs Tank)

8. **Welche der nachstehenden Personen ist verpflichtet, bei Gefahrgutunfällen die Polizei zu verständigen?**

- ❑ A Der Beförderer
- ❑ B Der Fahrzeugführer
- ❑ C Der Absender
- ❑ D Der Verlader (7.2.1)

9. Welche Maßnahme ist geeignet, um einige Liter ausgelaufenen Kraftstoffs aufzunehmen?

❑ A Verdunsten lassen

❑ B Mit Putzwolle aufwischen

❑ C Mit Ölbindemittel aufsaugen und ordnungsgemäß entsorgen

❑ D Pumpe des Tankfahrzeugs auf „Saugen“ stellen und die Flüssigkeit mit Leerschlauch aufsaugen. Der verbleibende Rest verdunstet sehr schnell.

(4.6.1.4)

10. Ein Reifen eines mit Gas beladenen Fahrzeugs ist in einem Wohngebiet in Brand geraten. Was sollte der Fahrzeugführer tun, wenn die von ihm getroffenen Maßnahmen (Einsatz des Feuerlöschers usw.) den Brand nicht stoppen?

❑ A Wenn möglich, das Fahrzeug auf freies Gelände abziehen

❑ B Besprühen des Sicherheitsbereiches mit Wasser, damit das Feuer nicht übergreifen kann

❑ C Sofort ein Produktventil öffnen, damit im Tank kein Überdruck entsteht

❑ D Die anderen Reifen vorsorglich mit dem Feuerlöscher besprühen (8.4)

11. Bei einem Unfall ist Gefahrgut aus einem Tankfahrzeug ausgetreten. Was ist zu tun?

❑ A Maßnahmen entsprechend den Schriftlichen Weisungen ergreifen

❑ B Das ausgetretene Ladegut unverdünnt in die Kanalisation leiten

❑ C Mit geringer Geschwindigkeit zur nächsten Werkstatt fahren

❑ D Zuerst den Vorgesetzten um Anweisung bitten (3.3)

12. Beim Entleeren eines Tankfahrzeugs ist der Füllschlauch geplatzt, und Flüssigkeit in erheblicher Menge läuft aus. Welche der genannten Maßnahmen ist zuerst zu ergreifen?

❑ A Polizei benachrichtigen

❑ B Verlader benachrichtigen

❑ C Absender benachrichtigen

❑ D Bei der Auskunft anrufen (7.2.1)

13. Ein mit Folie eingeschweißtes Versandstück, das Sie verladen sollen, weist Undichtigkeiten auf. Was müssen Sie tun?

❑ A Ich öffne die Verpackung und versuche, den Schaden zu beheben.

❑ B Die Folie verhindert das Auslaufen. Also verlade ich das Versandstück.

❑ C Das Versandstück darf ich nicht verladen.

❑ D Ich informiere die Versicherung und verlade dann das Versandstück.

(7.2.1)

14. Was ist vom Fahrzeugführer zu unternehmen, wenn er feststellt, dass ein Bodenventil undicht ist und brennbare Flüssigkeit ausläuft?

❑ A Schnellstens zum Empfänger weiterfahren

❑ B Unverzüglich zur Beladestelle zurückfahren

❑ C Motor abstellen, Trennschalter betätigen, Zündquellen fernhalten

❑ D Fahrzeug verlassen und weglaufen (8.1)

15. Bei der Tunneldurchfahrt stellen Sie einen Defekt an Ihrem Fahrzeug fest, der so schwerwiegend ist, dass Sie sofort anhalten müssen. Wie verhalten Sie sich?

❑ A Die nachfolgenden Fahrzeuge erkennen, dass ich eine Notlage habe und halten entsprechenden Abstand.

❑ B Ich schalte die Warnblinkanlage an meinem Fahrzeug an und halte sofort auf dem rechten Fahrstreifen an.

❑ C Ich schalte die Warnblinkanlage an, versuche die nächste Nothaltebucht zu erreichen, um das Fahrzeug dort sicher abstellen und absichern zu können.

❑ D Ich informiere sofort meinen Disponenten, damit er den nächsten Kunden über meine Verspätung in Kenntnis setzen kann. (8.3)

16. Was muss der Fahrzeugführer tun, wenn ihm eine ätzende Flüssigkeit über die Hand gelaufen ist?

❑ A Die Hautstelle mit Mehl bestreuen

❑ B Die Hand in Öl tauchen

❑ C Schutzhandschuhe anziehen

❑ D Die Hautstelle mit viel Wasser abspülen, nötigenfalls einen Arzt aufsuchen

(2.6.2)

17. **Was ist beim Durchfahren von Tunneln zu beachten?**

- ❑ A Nichts Besonderes, da Tunnel mit Sicherheitseinrichtungen versehen sind
- ❑ B Abstand halten, Sonnenbrille abnehmen
- ❑ C Zügig durchfahren
- ❑ D Gefahrgutfahrzeuge haben Vorfahrt vor allen anderen Fahrzeugen. (8.3)

9 Lösungen der Kontrollfragen

Zu Kapitel 1

1	D
2	D
3	B
4	C
5	D
6	A
7	C
8	C
9	A
10	C
11	C
12	C

Zu Kapitel 2

1	C
2	B
3	C
4	B
5	D
6	C
7	B
8	A
9	C
10	B
11	A
12	C
13	D
14	B
15	B
16	C
17	C
18	C
19	D
20	B
21	A
22	C

Zu Kapitel 3

1	C
2	A
3	B
4	D
5	C
6	A
7	C
8	C
9	C
10	A
11	B
12	B
13	C
14	B
15	B
16	D

Zu Kapitel 4

1	B
2	B
3	C
4	C
5	D
6	C
7	A
8	B
9	B
10	A
11	A
12	D
13	C
14	A
15	B
16	C
17	C
18	C
19	D
20	A
21	B
22	B
23	A
24	A
25	D
26	B
27	C
28	C
29	D
30	B
31	C

Zu Kapitel 5

Kapitel 5.2.5.6, Seite 147

1H, 2A, 3L, 4E, 5J, 6C, 7B, 8F, 9K, 10G, 11C

1	B
2	C
3	A
4	B
5	B
6	A
7	A
8	A
9	A
10	C
11	A
12	D
13	B
14	A
15	B
16	D
17	C
18	C
19	A
20	C

Zu Kapitel 6

1	A
2	A
3	B
4	C
5	B
6	A
7	B
8	C
9	C
10	C
11	B
12	B
13	A
14	C
15	B
16	A
17	A
18	D
19	D
20	A

Zu Kapitel 7

1	B
2	A
3	A
4	A
5	D
6	A
7	B
8	B
9	D
10	B
11	D
12	B
13	C
14	D

Zu Kapitel 8

1	C
2	B
3	C
4	A
5	B
6	D
7	B
8	B
9	C
10	A
11	A
12	A
13	C
14	C
15	C
16	D
17	B

10 Abkürzungs- und Begriffsverzeichnis

Abkürzung/Begriff	Bedeutung
ADN	Accord relatif au transport international des marchandises Dangereuses par voie de Navigation interieure Übereinkommen über die internationale Beförderung gefährlicher Güter auf Binnenwasserstraßen
ADR	Accord relatif au transport international des marchandises Dangereuses par Route Übereinkommen über die internationale Beförderung gefährlicher Güter auf der Straße
AT-Fahrzeug	AT-Fahrzeuge sind für den Transport von Tanks zugelassen und verfügen über eine besondere Zulassung. AT-Fahrzeuge dienen der Beförderung von Gefahrgütern, die nicht in EX/II- Fahrzeugen, EX/III-Fahrzeugen, FL-Fahrzeugen oder MEMU befördert werden müssen.
AwSV	Verordnung über Anlagen zum Umgang mit wassergefährdenden Stoffen
BALM	Bundesamt für Logistik und Mobilität (ehemals BAG – Bundesamt für Güterverkehr)
BAM	Bundesamt für Materialforschung und -prüfung in Berlin
BetrSichV	Betriebssicherheitsverordnung – Verordnung zum Schutz der Beschäftigten vor Arbeitsmitteln
ChemG	Chemikaliengesetz
CTU	Cargo Transport Unit – Einheit zur Güterbeförderung auf See. Dies können sowohl Fahrzeuge wie auch Container sein.
CTU-Code	Verfahrensregel der IMO/ILO/UNECE zum Stauen und Packen von Gütern im Seeverkehr
EQ	Excepted Quantities – Freigestellte Mengen Gefahrgüter in freigestellten Mengen (Kapitel 3.5 ADR/RID) bestehen aus einer oder mehreren Innenverpackungen, die in eine Zwischenverpackung verpackt und dann in ein Versandstück (Außenverpackung) eingestellt werden. Für die Größe der Innen- und Außenverpackung gelten Obergrenzen. Versandstücke mit freigestellten Mengen werden mit einem besonderen Kennzeichen versehen.
EX/II-Fahrzeug EX/III-Fahrzeug	Fahrzeuge mit einer besonderen Zulassung für die Beförderung von Explosivstoffen oder Gegenständen mit Explosivstoffen
FL-Fahrzeug	FL-Fahrzeuge sind mit einer besonders geschützten elektrischen Anlage ausgerüstet und daher geeignet für die Beförderung leicht entzündbarer flüssiger bzw. gasförmiger Stoffe in Tanks
GbV	Gefahrgutbeauftragtenverordnung – offiziell „Verordnung über die Bestellung von Gefahrgutbeauftragten in Unternehmen“
GDWS	Generaldirektion Wasserstraßen und Schifffahrt
GGAV	Verordnung über Ausnahmen von den Vorschriften über die Beförderung gefährlicher Güter (Gefahrgut-Ausnahmeverordnung)
GGBefG	Gefahrgutbeförderungsgesetz – Gesetz über die Beförderung gefährlicher Güter
GGKontrollV	Verordnung über die Kontrollen von Gefahrguttransporten auf der Straße und in den Unternehmen
GGKostV	Kostenverordnung für Maßnahmen bei der Beförderung gefährlicher Güter (Gefahrgutkostenverordnung)

Abkürzung/Begriff	Bedeutung
GGVSEB	Verordnung über die innerstaatliche und grenzüberschreitende Beförderung gefährlicher Güter auf der Straße, mit Eisenbahnen und auf Binnengewässern (Gefahrgutverordnung Straße, Eisenbahn und Binnenschifffahrt – GGVSEB)
GGVSee	Verordnung über die Beförderung gefährlicher Güter mit Seeschiffen (Gefahrgutverordnung See – GGVSee)
GHS	Globally Harmonized System – weltweites System der UN für die einheitliche Einstufung und Kennzeichnung von Gefahrstoffen
GPSG	Gesetz über technische Arbeitsmittel und Verbraucherprodukte (Geräte- und Produktsicherheitsgesetz – GPSG)
IATA-DGR	IATA dangerous goods regulations – Gefahrgutvorschriften für den Luftverkehr
IBC	Abkürzung für „Intermediate Bulk Container“ – Großpackmittel Starre oder flexible transportable Verpackung, die nicht in Kapitel 6.1 aufgeführt ist. Max. Fassungsraum: 3000 Liter
IHK	Industrie- und Handelskammer
IMDG Code	International Maritime Dangerous Goods Code – Beförderungsvorschrift für gefährliche Güter im Seeschiffsverkehr (insbesondere verpackte gefährliche Güter)
KrWG	Gesetz zur Förderung der Kreislaufwirtschaft und Sicherung der umweltverträglichen Bewirtschaftung von Abfällen (Kreislaufwirtschaftsgesetz – KrWG)
KrWaffKontrG	Gesetz über die Kontrolle von Kriegswaffen
LC	Lashing Capacity – Zurrkraft im direkten Zug bei Ladungssicherungsmitteln
LQ	Limited Quantities – „Begrenzte Menge“
MEGC	Multiple Element Gas Container – Gascontainer mit mehreren Elementen
MEMU	Mobile Explosives Manufacturing Unit Fahrzeug mit dauerhaft verbundenem Aufbau oder Gerät zum Transport auf einem Fahrzeug zur Herstellung von Explosivstoffen.
n.a.g.	Nicht anderweitig genannt – Zusatz für bestimmte UN-Nummern, die spezifischen oder allgemeinen Stoffgemischen zugeordnet sind; hier sind in der Regel die Gefahrenauslöser in Klammern hinter der Bezeichnung „n.a.g.“ anzugeben
RID	Reglement international concernant le transport de marchandises Dangereuses par Chemin de fer Ordnung für die internationale Eisenbahnbeförderung gefährlicher Güter (RID)
RSEB	Richtlinien zur Durchführung der Gefahrgutverordnung Straße, Eisenbahn und Binnenschifffahrt (GGVSEB) und weiterer gefahrgutrechtlicher Verordnungen (Durchführungsrichtlinien-Gefahrgut RSEB)
SADT	Self-accelerating decomposition temperature – Die niedrigste Temperatur, bei der sich ein Stoff in versandmäßiger Verpackung unter Selbstbeschleunigung zersetzen kann
SAPT	Self-accelerating polymerization temperature – Die niedrigste Temperatur, bei der die Polymerisation eines Stoffes in den zur Beförderung aufgegebenen Verpackungen, Großpackmitteln (IBC) oder Tanks auftreten kann
SprengG	Gesetz über explosionsgefährliche Stoffe (Sprengstoffgesetz – SprengG)
StrlSchG/StrlSchV	Gesetz zum Schutz vor der schädlichen Wirkung ionisierender Strahlung (StrlSchG) / Verordnung zum Schutz vor der schädlichen Wirkung ionisierender Strahlung (Strahlenschutzverordnung – StrlSchV)
StVO	Straßenverkehrs-Ordnung (StVO)
TBC	Tunnelbeschränkungscode
TRBS	Technische Regeln für Betriebssicherheit
TRGS	Technische Regeln für Gefahrstoffe

11 Stichwortverzeichnis

A
Abfahrtskontrolle ... 158
Abfälle ... 46, 61
Abgabearmaturen ... 107
Additivierungseinrichtungen ... 106
ADR-Schulungsbescheinigung ... 78
ADR-Tunnelvorschriften ... 178
Aerosole ... 126
Allgemeinverfügungen ... 76
Altverpackungen, leer, ungereinigt ... 61
Anbringen oder Entfernen der orangefarbenen Tafeln ... 134
Angaben im Beförderungspapier ... 55
Anlage A ADR ... 8
Anlage B ADR ... 8
Ansteckungsgefährliche Stoffe ... 38
Antiblockiersystem (ABS) ... 177
AT-Fahrzeuge ... 96
Atomgesetz ... 12
Ätzende Stoffe ... 40
Aufbau der GGVSEB ... 8
Aufbau eines Tanks ... 105
Auffangbehälter ... 113
Auffrischungsschulung ... 79
Aufsetztanks ... 92
Augenspülflüssigkeit ... 111
Ausnahmen ... 11, 77
Ausrichtungspfeile ... 130
Ausrüstung der Fahrzeuge ... 109
Ausrüstungsgegenstände ... 109, 113
Ausschließliche Verwendung ... 87, 136

B
Batterie-Fahrzeug ... 92
Batterietrennschalter ... 108
Bedeckte Fahrzeuge ... 89
Bedeutung der Kennzeichnungsnummern ... 145
Bedienungsausrüstung ... 106
Beförderungsarten ... 87
Beförderungseinheiten ... 95
Beförderungspapier ... 54, 55
Beförderungspapier in elektronischer Form ... 55
Begaste Güterbeförderungseinheiten ... 148
Begleitpapiere ... 52
Begrenzte Mengen ... 55, 100, 150
Beladen eines Tankfahrzeugs ... 172
Beschädigte Versandstücke ... 171, 208
Bescheinigung über die Prüfung des Aufsetztanks ... 74
Besen ... 113
Besondere elektrische Anlage ... 107
Besonders ausgerüstete Fahrzeuge zur Beförderung erwärmter flüssiger und fester Stoffe ... 90
Besonders gefährliche Güter ... 76
Beteiligte Personen ... 197
BetrSichV ... 12
Be- und Entladen ... 161
Bezettelung der Fahrzeuge ... 131
Bezettelung der Versandstücke ... 125
Big bag ... 102
Bindemittel ... 113
BK1 ... 95
BK2 ... 95
BK3 ... 91
Brandfördernd ... 36
Brandklassen A, B und C ... 109
Buß- und Verwarnungsgeldkatalog ... 195

C
Checkliste Abfahrtkontrolle ... 158
Container ... 89
Container-/Fahrzeugpackzertifikat ... 62
CTU-Code ... 162

D
Dampfdruck ... 30
Desensibilisierte explosive feste Stoffe ... 31
Diagonalzurren ... 168
Digitale Fahrerkarte ... 14
Dokumente ... 52
Domarmaturen ... 115
Druckgaspackungen ... 126
Druckgefäß ... 100
Durchführung der Beförderung ... 176

E
Eimer ... 113
Einkammer-Tank ... 104
Einwirkung auf den menschlichen Körper ... 44
Einwirkung auf die Umwelt ... 42
Elektronische Zigarette ... 171
Elektrostatische Aufladung ... 29
Entzündbare feste Stoffe ... 31
Entzündbare flüssige Stoffe ... 28
Entzündbare Flüssigkeiten ... 138
Entzündend (oxidierend) wirkende Stoffe ... 35
Erdreich, Verunreinigung ... 42
Erscheinungsformen gefährlicher Güter ... 22
Erstickend ... 26
Erstickungswarnkennzeichen ... 148
EX/II-Fahrzeuge ... 97
EX/III-Fahrzeuge ... 97
Explosionsgefahr ... 207

Explosionsgeschützt 107
Explosive Stoffe 24

F
Fahreignungsregister 13
Fahrpersonal 177
Fahrwegbestimmung 76
Fahrzeugarten 87, 97
Fahrzeugbezeichnungen 96
Fahrzeuge 95
Fahrzeugführer 195, 198
Fahrzeugschein 52
Fässer 100
Festverbundener Tank 92
Feuer 29
Feuerlöscher 109
Feuerlöscher, in Deutschland hergestellt 110
Flammpunkt 29, 30
Flexible Schüttgut-Container 89
FL-Fahrzeuge 96
Fliehkraft 162, 185
Freigestellte Mengen 100, 126, 178
Füllgutgruppen 104
Füllstelle 172

G
Gascontainer mit mehreren Elementen 93
Gase 26, 128
Gedeckte Fahrzeuge 89
Gefahren durch Explosivstoffe 45
Gefahreneigenschaften 20, 26
Gefahrenpotenzial 14
Gefahrgut-Ausnahmeverordnung 77
Gefahrgutbeförderung 7
Gefahrgutumschließungen 99
Gefahrklassen 23
Gefährlicher Güter mit hohem
Gefahrenpotenzial 14
Gefahrstoffverordnung 12
Gefahrzettel 125
GefStoffV 12
Gegenstände mit Explosivstoff 24
Geschlossene Ladung 87
Gewitter 172
GGAV 77
GGKontrollV 12
GGVSEB 8
Giftige Stoffe 37
Großpackmittel 101
Großverpackung 100
Großzettel 130
Grundwasser, Verunreinigung 42

H
Halten und Parken 177
Höchstzulässige Mengen 63, 132, 178
Horizontalzurren 168

I
IBC 102
Infektiöse Stoffe 38
Inhalation 44
Inkorporation 44

K
Kanalabdeckung 113
Kanister 100
Kennzeichen 130
Kennzeichen für umweltgefährdende Stoffe . 13, 43, 127, 132
Kennzeichnung 125
Kennzeichnung begrenzter Mengen 150
Kennzeichnung und Bezettelung
der Fahrzeuge 125, 130
der Versandstücke 125
Kennzeichnung von Batterie-Fahrzeugen . . . 141
Kennzeichnung von Tanks 137
Kippsicherheit eines Fahrzeugs 188
Kippverhalten 188
Kisten 100
Klasse 1 . . . . . 24, 81, 137, 175, 207
Klasse 2 26
Klasse 3 28
Klasse 4.1 31
Klasse 4.2 33
Klasse 4.3 34
Klasse 5.1 35
Klasse 5.2 36
Klasse 6.1 37
Klasse 6.2 38
Klasse 7 . . . . . 39, 81, 136, 175
Klasse 8 40
Klasse 9 41
Klassifizierungscode 21
Klinischer Abfall 38
Kombinationsverpackungen 100
Kontamination 44
Kreislaufwirtschaftsgesetz 12
KrWG 12
Kryo-Behälter 100
Kühl- oder Konditionierungsmittel 148

L
Ladefläche 168
Ladungssicherung 162
Ladungssicherungsmittel 165
Längsschwall 186
Lastverteilung 163

Leeres Tankfahrzeug 65
Lichtbildausweis 72
Limited Quantities (LQ) 126
Lithiumbatterien 130

M
Mehrkammer-Tank 103
Mehrkammertankfahrzeuge 137
Mehrprodukten-Tank 103
MEMU 82, 90
Mineralölprodukte 42
Multilaterale Vereinbarung 7, 11, 77

N
Nach dem Füllen 174
„n.a.g.“-Eintragung 54
Nahrungs-, Genuss- und Futtermittel 170
Nichtelektrische Ausrüstung 108
Niederzurren 168
Notfallfluchtmaske 112
Nummer zur Kennzeichnung der Gefahr 146

O
Oberflächengewässer 42
ODV 12
Offene Fahrzeuge 88
Orangefarbene Tafeln 132
Organische Peroxide 36
Ortsbeweglicher Tank 93

P
1000-Punkte-Regel 64
Polymerisierende Stoffe 31
Prüffristen bei Tanks 107
Punkt im Fahreignungsregister 13, 196

Q
Querschwall 186

R
Radioaktive Stoffe 39, 44, 136
Radioaktive Strahlung 44
Radioaktivtransporte 136
Rauchverbot 171, 201
Reaktion mit Wasser 33
Regelwerke zum Gefahrgutrecht 7
Reibung 29
Rundtank 104
Rutschhemmende Unterlagen 166

S
Säcke 100
Sammeleintragungen 21
Sattelkraftfahrzeuge mit Siloaufbau 134
Saug-Druck-Tankfahrzeuge 104
Schaufel 113
Schlechte Witterung 161
Schlechtwetterregel 15, 161
Schrägzurren 168
Schriftliche Weisungen 66, 67, 208
Schulungspflicht 78
Schüttgut-Container 89, 91
Schutzabstand 207
Schutzausrüstung 111
Schutzhandschuhe 112
Schwallwand 105
Schwallwirkung 185
Schwerpunkt 163, 188
Selbstentzündliche Stoffe 33
Selbstschutz 206
Selbststehende Warnzeichen 111
Selbstzersetzliche Stoffe 31
Sicherheitspflichten 195
Sicherung der orangefarbenen Tafel 134
Sicherung gegen Terror 14
Sicherung schwerer Ladungsteile 168
Siedepunkt 29
Silofahrzeuge 90, 91
Spraydosen 126
Sprengstoffgesetz 12
Stapellast 102
Stoffbenennung 20
Stoffe, die in Berührung mit Wasser entzündbare
Gase entwickeln 34
Straftaten gegen die Umwelt 196
Straf- und Bußgeldvorschriften 195
Strahlenschutzverordnung 12
Straßenverkehrs-Ordnung 13
StVO 13

T
Tabelle „höchstzulässige Mengen“ 63
Tankakte 93
Tankausrüstung 106
Tankcontainer 93
Tankfahrzeug mit Heizöl 172
Tank-Querschnitt 103
Tanks 103
Tanks auf gedeckten/bedeckten Fahrzeugen 140
Tanktransporte 92
Tätigkeiten beim Beladen 172
Tragbares Beleuchtungsgerät 112
Trägerfahrzeuge von Tankcontainern 108
Trockeneis 127, 148
Tunnelanlagen, Merkblatt 208
Tunnelbeschränkungscode 9, 22, 182
Tunnelbeschränkungscode (TBC) 178
Tunnelkategorie 179
Tunnelregelungen 178

U

Überfüllsicherung 173
Überholverbot 161
Überwachung 177
Umschließungen 99
Umverpackung 102, 128
Umweltgefährdende Stoffe 131
Unfallmeldung 206
Ungereinigte leere Umschließungsmittel 60
UN-Nummer 20
Untenbefüllung 173
Unterklassen 24
Unterlegkeil 111

V

VC1 . . . . 91, 95
VC2 . . . . 91, 95
Verantwortliche 195
Verätzung 36
Verbindungsleitungen 177
Verbot von Feuer und offenem Licht 171
Verbrennung 44
Verdampfung 28
Verhalten bei schlechtem Wetter 161
Verhütung von Feuergefahren 108
Verpacker 200
Verpackungen 99, 100
Verpackungsgruppe 20
Versandstücke 88
Verschiedene gefährliche Stoffe und Gegenstände 41
Verträglichkeitsgruppe 25, 170
Verzeichnis der gefährlichen Güter 10, 145
Vor- oder Nachlauf zu einem Seetransport . . 133

W

Warnkennzeichen für begaste Güterbeförderungseinheiten 148
Warnweste 111
Wassergefährdende Stoffe 42
Wasserhaushaltsgesetz 15
Wechselbehälter 135
WHG 12

Z

Zentrifugalkraft 162
Zerbersten 207
Zulassungsbescheinigung (ADR-) 72, 96, 97
Zündpunkt 29
Zurrgurte 164
Zusammenladeverbote 169
Zusammenladeverbote der Klasse 1 170
Zusammenladung 169
Zylindrischer Tank 103